Georges THIBOUT

DOCTEUR EN MÉDECINE

DOCTEUR EN DROIT

MAIRE D'ÉPINAY (SEINE)

La Question de l'opium à l'époque contemporaine

PARIS

G. STEINHEIL, ÉDITEUR

2, RUE CASIMIR-DELAVIGNE, 2

1912

A MES MAITRES DANS LES HOPITAUX

MM. les Docteurs :

Le Gendre,

Bazy,

Jeanselme,

Faisans,

Boulloche,

G. Labey,

Potocki,

Déjerine.

A M. le Docteur P.-H. Papillon.

AVANT-PROPOS

Lorsqu'en 1899, alors étudiant en droit, nous visitions les fumeries d'opium de Hong-Kong et de Shanghaï, nous ne nous doutions guère qu'un jour viendrait où nous ferions nos études médicales, et encore moins que nous entreprendrions un travail sur l'opium.

C'est sous l'inspiration de M. le Dr Jeanselme, que nous nous sommes mis à l'œuvre ; il a bien voulu nous faire bénéficier du fruit de ses recherches et de ses observations en la matière ; mettre ses documents à notre disposition ; qu'il trouve ici l'expression de toute notre gratitude.

Le sujet d'ailleurs n'était pas fait pour nous déplaire ; bien au contraire, il nous a séduit immédiatement.

Il nous apportait un parfum d'Extrême-Orient qui nous rappelait les jours intéressants et agréables que nous avions passés dans ces pays encore mystérieux et fermés.

Il était en outre d'une saisissante actualité. D'un côté, nous voyons la vieille Chine, le pays de l'opium par excellence, essayer de secouer sa torpeur séculaire, et entreprendre depuis plusieurs années une lutte vigoureuse contre le poison ; d'un autre côté, depuis plusieurs années aussi, l'opium s'infiltre en Europe. Les gens blasés, les déséquilibrés, les anormaux, les originaux, les dégénérés, ceux qui recherchent l'ivresse voluptueuse et chez qui le sens moral et les idées élevées ont plus ou moins disparu, se sont précipités vers ce plaisir nouveau et inconnu. Sur une scène parisienne, nous voyons paraître, entre deux danses échevelées, la fumeuse d'opium avec gestes câlins et à la mort tragique. Les journaux politiques publient des articles sur la question. Tout le monde actuellement s'occupe de l'opium. Et pendant que nous finissions de rédiger notre travail, la conférence internationale de l'opium se réunissait à la Haye, pour tenter d'élaborer des mesures que les différentes nations représentées appliqueraient à l'égard de la drogue.

Enfin, le sujet nous intéressait aussi, parce qu'il dépassait en quelque sorte l'opium et visait tout un état d'esprit de l'humanité. Il est devenu banal de dire, tant cela a été répété, que de tout temps et chez tous les peuples, on s'est servi d'excitants physiques et surtout cérébraux pour se procurer des jouissances factices, une stimulation, un état de bien-être qui masque pour un moment les maux de l'heure présente et fait voir l'avenir sous les couleurs les plus favorables ; pour réveiller aussi « des sensations vives sur des sens blasés et faire vibrer d'impressions rares des cerveaux devenus trop compliqués » (1). Que ce soit la kola, le bétel, le haschich, l'opium, l'alcool, l'éther ou la morphine, le mobile qui y pousse les individus, et le résultat sont les mêmes.

(1) Paul Gide. *L'opium*. Avant-propos.

Sans doute, bien que cette vérité soit moins générale aujourd'hui qu'autrefois, l'idéal du blanc est l'activité, qu'il s'agisse de labeur ou de plaisir; l'idéal des Orientaux est l'inertie, la passivité; et tandis que l'Européen prend de l'alcool pour obtenir un surcroît de forces passagères, l'Hindou et le Chinois cherchent dans l'opium l'annihilation de la personnalité, la volupté du néant. Mais au fond, l'idée première est la même.

Ces substances cependant, sagement et habilement maniées, peuvent être pour l'homme des remèdes précieux. « Votre rôle, disait le Ministre des Affaires étrangères des Pays-Bas en ouvrant la conférence internationale de l'opium, sera de ramener le petit pavot somnifère à son rôle véritable de médecine salutaire ». Mais les hommes ont faussé et vicié l'usage de ces produits. « Comme si nous avions l'attouchement infect, écrivait Montaigne, nous corrompons par notre maniement des choses qui d'elles-mêmes sont belles et bonnes ».

Ce sont les méfaits de l'opium ainsi employé que nous allons étudier. Afin de bien limiter notre sujet, nous ne nous occuperons que des fumeurs. Ce moyen d'absorption le plus répandu qui consiste à fumer l'opium, a d'ailleurs, au dire de certains auteurs, tous les avantages. « En Occident comme en Orient, écrit Matgioï, l'aspiration de la fumée d'un opium, cuit sur le moment, reste le moyen définitif et parfait de l'assimilation. La ration peut en être indéfiniment divisible; le réglage est des plus faciles; l'action directe s'opère sur des organes parfaitement connus, simples et toujours semblables à eux-mêmes. L'effet se produit lentement, progressivement, sous la conduite de la volonté toujours en éveil de l'opérateur. Enfin, ce mode délicat permet, par des différences de cuisson et d'aspiration, par des variations opportunes dans les mélanges de la matière, par d'habiles choix dans les moyens employés, de diversifier les buts à atteindre, de la façon la plus tenue, et d'obtenir aussi la source la plus complète de tous les résultats possibles. Et à chacun de ces résultats correspondent des sentiments, des sensations et des perceptions différentes » (1).

Nous verrons par la suite que les résultats ne sont pas toujours aussi favorables que ceux que signale l'auteur. Quoi qu'il en soit, nous n'aurons en vue que l'opium fumé. Nous n'avons pas l'intention ni la prétention de tout dire sur ce sujet, ni même d'apporter beaucoup de documents nouveaux ; nous n'entrerons pas dans de nombreux détails et nous ne citerons pas beaucoup de chiffres ; nous voulons seulement étudier la question dans ses grandes lignes et en donner une vue d'ensemble.

Après quelques pages destinées à mettre rapidement le lecteur au courant de la culture du pavot, de la récolte de l'opium et de sa préparation ; à lui décrire les fumeries et à lui présenter les fumeurs, nous envisagerons les effets de l'opium sur l'individu et ses conséquences sur la famille, la société et l'humanité. Enfin, et ce sera la partie la plus importante de notre travail, nous étudierons les remèdes ; d'abord les remèdes destinés à guérir le fumeur ; ensuite les remèdes destinés à prévenir le mal par des mesures d'ordre général.

(1) Matgioi (A. de Pouvourville). *L'esprit des races jaunes*, p. 23-24.

Après avoir exposé la législation des différents pays et les tentatives d'ententes internationales sur ce sujet, nous verrons les difficultés de toute nature que ces mesures ont rencontrées ; et nous terminerons par les remèdes tirés de la morale et de la religion, les plus lents, les plus difficiles à mettre en œuvre, mais aussi, à notre avis, les plus sûrs et les plus durables. M. le professeur Déjerine, que nous remercions très vivement de la bienveillance qu'il nous a toujours témoignée, nous a appris que dans bon nombre d'états pathologiques, il était nécessaire et suffisant de traiter le moral, de changer la mentalité de l'individu pour obtenir la guérison ; nous pensons qu'il en est de même dans bon nombre d'états pathologiques sociaux, et que le meilleur moyen de les traiter et de les guérir est encore d'essayer, par des moyens appropriés, de changer la mentalité des individus.

PREMIÈRE PARTIE

LE PAVOT ET L'OPIUM. — LES FUMERIES. — LES FUMEURS

CHAPITRE PREMIER

Historique du pavot et de l'opium.

Parmi les peuplades établies aux rives de l'Amour, règne une gracieuse légende sur les origines du pavot à opium (1).

Le fils d'un pêcheur avait aperçu à la fenêtre du palais du gouverneur une jolie princesse dont il était tombé amoureux; après plusieurs tentatives infructueuses, il parvint, au moyen de subterfuges et de dons en argent, à l'entraîner chez lui. Mais, obligé au bout de quelque temps, de retourner au pays de son père, il se maria sans oublier sa jolie princesse.

Or, une nuit, il eut un songe : la princesse était devenue mère, et, comme elle était déshonorée, on l'avait brûlée elle et sa maison. Mais, lui faisait savoir le songe, il trouverait sur les ruines de cette maison une petite pierre intacte : c'était le cœur pétrifié de la morte ; qu'il prît ce cœur, et toutes les nuits il reverrait la princesse.

Une fois réveillé, il se mit en route, trouva la pierre et le songe se réalisa ; toutes les nuits, la princesse venait lui tenir compagnie. Mais un jour, sa femme

(1) Cf. R. Millant, *La Drogue*, p. 179-183.

légitime trouva la petite pierre et, sans y prendre garde, la jeta dans la cour où elle se brisa en mille éclats qui rejaillirent de tous côtés, donnant naissance à de hautes tiges fleuries de corolles blanches et mauves, comme on n'en avait encore jamais vu.

La nuit suivante, la princesse apparut pour la dernière fois ; elle conseilla au jeune homme de recueillir le suc de cette nouvelle plante et de le fumer après l'avoir épuré par le feu : il trouverait ainsi l'oubli de la douleur et le souverain remède.

Sans nous attarder à ces pittoresques origines, et pour rentrer dans le domaine de la réalité, nous dirons que le pavot apparaît pour la première fois selon toute probabilité en Asie, dans le bassin de la Méditerranée.

Bien que certains auteurs affirment qu'il en est fait mention dans les plus anciens poèmes de l'Inde, le Dr Martin pense qu'il leur est postérieur, puisqu'on ne le rencontre ni dans le Râmayana, ni dans le Mahâbharata. Mais, tous les dictionnaires sanskrits mentionnent le pavot auquel ils donnent le nom de khaskasa, et l'opium qu'ils appellent khaskasarasas, c'est-à-dire jus ou essence de khaskasa. On peut conclure de ces données que le pavot est connu depuis longtemps dans l'Inde ; mais il est difficile de fixer une date.

D'autre part, les recherches faites dans les tombes pharaoniques ne font pas découvrir le pavot, mais le coquelicot ; de plus, certains documents, notamment des lexiques coptes-arabes du ve ou vi^e siècle de notre ère, mentionnent la plante sous son nom grec Μήκον ; on peut donc déduire avec vraisemblance que le pavot, n'ayant pas de nom égyptien, était seulement cultivé en Egypte, où il aurait été introduit avec son appellation grecque, et qu'il n'a pas été connu dans ce pays avant la période gréco-romaine.

Existait-il dans la flore hellénique ? Aucun document ne permet d'affirmer qu'il existait avant Homère, mais ce dernier le connaissait et souvent il s'en sert dans ses descriptions.

Quant à la Perse, le poème de l'Avesta, qui est le plus ancien, n'en fait pas mention.

Les propriétés de l'opium étaient connues d'Hippocrate et des Romains ; mais, bien que certains auteurs (1) considèrent la vallée du Nil comme le foyer primitif d'où la funeste habitude de se servir de l'opium comme excitant partit à la conquête de l'Asie, d'autres auteurs estiment que ce sont les Arabes, qui les premiers, l'employèrent comme tel, à une période pas très reculée, mais difficile à préciser : « Peuples nomades, écrit le Dr Martin, vivant sous un climat torride, ayant à parcourir de vastes déserts, exposés à souffrir de la faim, ils s'aperçurent que le suc de la plante constitue un agent toxique et capable de ranimer les forces. Ils partagent avec leur monture fatiguée le suc, et reprennent leur chemin » (1).

Dans tous les cas, il est intéressant de remarquer que ce sont les Arabes qui ont apporté le pavot et l'opium aux différents pays qu'ils ont visités ; comme plus tard,

(1) FONSSAGRIVES, Article in *Dict. encyclopédique des Sciences Médicales*.

(2) Dr MARTIN, *L'opium, ses abus : Mangeurs et fumeurs d'opium : Morphinomanes*, p. 13.

ce seront les Chinois qui feront pénétrer l'habitude de fumer cet opium dans les contrées où ils séjourneront.

C'est en effet des Arabes que les Persans le reçurent ; l'opiophagie est décrite par le P. Raphaël, qui écrivit un livre sur la Perse en 1660. Quant à la pratique de fabriquer des cigarettes d'opium et de les fumer, elle ne remonte pas à plus d'une soixantaine d'années

Ce seraient encore les Arabes qui auraient introduit l'opiophagie dans l'Inde asiatique, bien que certains auteurs estiment que cette pratique est originaire de ce pays. Au XVIe siècle, l'habitude de consommer l'opium y était très répandue. Quant à la pratique de fumer, elle appartient surtout à la fraction exotique de la population, c'est-à-dire aux Chinois.

Ce sont les Arabes que nous voyons au XIVe siècle apporter le pavot dans les Indes néerlandaises, avant les Portugais. Au XVIIe siècle, la pratique de l'opium avait pris une extension abusive.

Le pavot n'apparaît dans la flore chinoise qu'à une époque relativement récente ; la première mention qui en est faite se trouve dans les écrits du VIIIe siècle ; il semble avoir aussi été importé en Chine par les Arabes qui la visitèrent en 763. Jusqu'en 975 il est cultivé dans les jardins comme fleur d'agrément, et ses charmes inspirent les poètes : « Quand j'ai pris une infusion de la fleur, dit Su-Tche, je me sens courir le long des rives embaumées du fleuve. » Et un autre compare un champ de pavot à une superbe nappe de neige (1).

(1) Cf. Dr MARTIN, *op. cit.*, p. 58.

En 1666, l'opium commence à être fumé sur quelques points du littoral, tels que Macao, Canton, etc. Mais jusque vers 1740, époque à laquelle Wheeler, vice-résident des Indes, et le colonel Watson eurent l'idée de l'importer en Chine et d'en dénaturer l'usage en le faisant servir, comme celà existait aux Indes et en Perse, à la production de jouissances factices au moyen d'une excitation délétère, l'opium était à peine entré dans la pratique. Ce n'est qu'à partir de cette époque — fin du XVIIIe siècle et commencement du XIXe — qu'il fut introduit définitivement dans l'empire du Milieu et que la culture du pavot s'y répandit dans de grandes proportions.

Lorsque les Chinois se furent adonnés à la drogue, ils la transportèrent dans d'autres pays, et en même temps qu'elle, la funeste habitude de la fumer. C'est ainsi qu'ils l'introduisirent très vite en Cochinchine. Les îles Hawaï, les Philippines, la presqu'île malaise, le Siam, l'Australie, l'Amérique du Sud, le Cap, avec les mineurs de la colonie, ne furent pas épargnés. Aux Etats-Unis, la construction du transcontinental Rail-Road, reliant New-York à San-Francisco en 1864, amena pendant cinq ans une grande quantité de Chinois et avec eux la pratique de l'opium. Cette même habitude se propagea aussi au Canada avec les Célestes. Enfin des officiers, des fonctionnaires coloniaux, au contact des Chinois, contractèrent l'habitude de fumer l'opium et rapportèrent cette habitude dans les différents pays d'Europe.

Ainsi la drogue se répandit, insidieusement mais sûrement, presque dans le monde entier.

CHAPITRE II

Culture du pavot, récolte de l'opium et sa préparation pour l'expédition.

Quel est donc ce produit dont le succès a été si grand ? qui, malgré les détestables effets que nous lui verrons engendrer, tient encore sous sa domination un si grand nombre d'hommes ? D'où vient-il ? Comment l'extrait-on et comment le prépare-t-on ?

L'opium est tiré du pavot. On cultive trois sortes de pavots à opium : le papaver album (sommiferum), de l'Inde et de la Chine ; le papaver setigerum de la Grèce et de Chypre ; le papaver glabrum de la Perse, de l'Egypte et de l'Asie-Mineure.

Le pavot est une plante de la famille des papaveracées ; les capsules sont formées par la réunion d'un certain nombre de carpelles, dont les bords indupliqués se dirigent, sous forme de cloisons, vers le centre du fruit, sans toutefois se rejoindre. Elles sont globuleuses, ovales ou arrondies ; leur grosseur moyenne est celle d'une mandarine ; elles sont couronnées par un disque stigmatique déprimé à son centre et divisé en plusieurs lobes. Leur couleur est brun jaunâtre ; elles renferment un grand nombre de petites graines blanchâtres et réniformes.

Le pavot blanc, le seul vraiment utilisable, se rencontre encore en Europe, en Morée, en Corse, bien que cette variété ait à peu près définitivement émigré en Asie. Le climat qui lui convient le mieux est celui des régions tempérées et suffisamment humides jusqu'au moment de la récolte. La culture se fait d'octobre à mai ; car, si la plante résiste assez bien au froid, elle redoute la grande sécheresse et les chaleurs excessives. Aussi cette culture se trouve-t-elle soumise à deux influences : l'altitude et la latitude. Dans les pays tropicaux et subtropicaux, elle n'est pas impossible, mais il faut des altitudes variant de 400 à 2,000 mètres. A Java, elle réussit entre 1,200 et 1,500 mètres et au Bengale entre 250 et 500. Dans les climats plus septentrionaux, elle est encore praticable si l'altitude est basse. C'est ce qui explique les essais infructueux tentés dans différentes régions pour acclimater le pavot dans l'espoir des résultats lucratifs produits par sa culture. En Cochinchine notamment, cette culture est impossible. Au Laos et au Tonkin, elle n'a pas donné de résultats à cause de la cherté de la main-d'œuvre. Différents essais faits en France, dans les Landes et aux environs de Corbeil, ont également échoué.

Actuellement, les deux grands centres de production de l'opium sont la Chine et les Indes. En Chine, à la suite de l'introduction de l'opium de l'Inde, la culture du pavot fit de rapides progrès, surtout dans les provinces méridionales. Au début, les graines importées étaient de qualité inférieure, et les Chinois étaient fort peu expérimentés dans cette culture. Aussi les produits n'étaient-ils employés que pour la consommation de la dernière classe de la société. Mais peu à peu les marchands chinois se décidèrent à aller eux-mêmes aux Indes, d'où ils rapportèrent de bonnes semences, en même temps que de bons principes agronomiques (1).

Après des labours successifs pour amender le sol, le pavot est semé en octobre ou on novembre, au moins dans la Chine méridionale, par graines légères, dans de petits trous faits en terre, peu profonds et également espacés ; aussitôt que la tige atteint 0m25 de pousse, on irrigue par infiltration. Le développement se fait rapidement jusqu'à 1m20. En mai, les fleurs apparaissent, la capsule se forme, la tige se ramifie en trois ou quatre brins, portant chacune une tête ovoïde. Dès que les feuilles et les capsules prennent une teinte jaune et que les pétales des fleurs tombent, on commence à recueillir le suc, localisé dans un appareil lacticifère spécial, courant dans l'épaisseur de la capsule. Pour cela, au coucher du soleil et par un temps sec, on pratique de bas en haut deux ou trois légères incisions des têtes de pavot, suivant les nervures ; il en surgit immédiatement des gouttelettes fluides et blanches ; l'oxygène de l'air les épaissit et les brunit. On les recueille le lendemain après la rosée du matin, soit avec un couteau, soit avec une écuelle en bois munie d'une lame métallique plate servant de racloir ; on recommence ainsi pendant quatre

(1) Cf. Dr Martin, *L'opium en Chine, étude statistique et morale*, p. 10.

jours en moyenne. Le produit, mis à mesure dans de petits récipients de faïence, forme les bols d'opium brut. Ces bols sont exposés au soleil quelques heures par jour pendant un temps variable, une ou plusieurs semaines, et mis dans le commerce sans autre préparation : c'est l'opium brut de Chine (1).

Deux récoltes annuelles sont certaines, quelquefois trois, mais le pavot est une plante qui épuise rapidement le sol ; aussi sa culture se pratique-t-elle surtout aux environs des villes et des villages, pour avoir l'engrais nécessaire. Dans les districts éloignés, où il n'y a pas d'engrais, la récolte ne peut se faire qu'une fois tous les deux ou trois ans dans le même terrain. Après la récolte du pavot, on irrigue le sol et le riz lui succède.

La culture du pavot est pratiquée presque partout en Chine ; mais c'est surtout au Yunnan, où elle se répandit le plus rapidement, qu'elle continue à être la plus florissante et la plus difficile à déraciner.

Aux Indes, la culture du pavot est la même qu'en Chine. Les centres principaux sont échelonnés au niveau de la partie moyenne du cours du Gange, sur une étendue de 600 milles de longueur et 200 milles de largeur. Des travaux d'irrigation ont développé considérablement la zone cultivable, et le gouvernement a dépensé des millions de dollars pour ces œuvres gigantesques. Au centre et dans le sud, de vastes lacs artificiels ont été établis pour assurer la distribution des eaux. Les autres centres de culture sont situés dans les plaines du Pendjab,

(1) Cf. MATGIOI (A. DE POUVOURVILLE). *L'esprit des races jaunes ; l'opium, sa pratique*, p. 24-25.

FIG. 1. — Révolte de l'opium en Mandchourie

G. STEINHEIL, Éditeur.

dans les vallées du Ravi et du Béas et surtout sur le versant des monts Vindhya et le vaste plateau de Malwa (1). Cette culture s'est d'ailleurs réduite dans de notables proportions depuis les récents traités concernant l'opium, passés entre l'Angleterre et la Chine.

Aux Indes, une notable proportion de la récolte est utilisée sur place en paquets cubiques de 350 grammes, pour la consommation locale et les usages médicinaux. Le surplus des feuilles et des pétales servant à l'emballage, imbibées de l'opium qu'elles renferment, est également cédé comme opium inférieur à la classe pauvre : c'est qu'en effet, si les fumeurs sont peu nombreux et ne se rencontrent guère qu'à Bombay, l'opiophagie est très répandue chez les Hindous — environ 8 à 10 °/₀ de la population — surtout chez ceux qui habitent les régions de culture, bien qu'ils en fassent difficilement l'aveu à un Européen. Tout le reste de la récolte est expédié en Chine, dans les établissements des détroits, à la régie d'Indo-Chine, à Ceylan, à Java et en Amérique. Il est donc intéressant de voir ce que devient l'opium après la récolte et comment on le prépare pour l'expédier.

Avant de récolter l'opium, on fait la récolte des pétales, au moment où celles-ci vont tomber d'elles-mêmes. Elles sont alors placées dans un récipient plat qu'on pose sur un feu doux, on les recouvre d'un linge humide jusqu'à ce que la vapeur d'eau qui s'en dégage les ait fait adhérer entre elles, grâce à la substance résineuse qu'elles contiennent. Les feuilles sont alors retournées et l'on fait la même opération pour l'autre côté. On forme

(1) Cf. MILLANT, *op. cit.*, p. 164-165.

ainsi avec ces pétales agglomérées des sortes de feuilles appelées « leaves »; elles servent à envelopper les pains d'opium brut aux Indes, ou « cakes », auxquels elles donnent un arome ; elles forment ce qu'on appelle la peau de l'opium (1).

Le suc qui coule de la capsule est versé dans des vases de terre où on le laisse reposer, exposé à l'air ; au bout de quelques jours il s'en est séparé un liquide brunâtre, presque noir, le passéwa. On décante ce produit avec soin et on l'utilise pour constituer le léwa, mélange de passéwa, d'opium inférieur et d'eau ayant servi à laver les récipients de l'opium de bonne qualité. C'est ce léwa qu'on emploie au moment de la confection des pains d'opium pour coller les leaves entres elles et autour de l'opium.

Au bout d'un mois environ, l'opium est apporté aux magasins de l'Etat, où il est soumis à un premier examen par les agents du Gouvernement anglais de l'Inde. Les experts apprécient sa teneur en eau et aussi en morphine, par sa consistance, sa contexture, son arome et sa couleur.

Il est accepté ou refusé ; s'il est accepté, on lui donne un numéro qui, correspondant à une certaine quantité d'opium, servira de base pour payer le producteur ou l'intermediaire qui l'a apporté. Une fois accepté, l'opium est conservé dans des magasins spéciaux de l'agence, où on le pétrit jusqu'à ce qu'il ait une consistance suffisante, soit 70 °/₀ d'opium et 30 °/₀ d'eau.

(1) Paul Gide, *L'opium*, p. 32.

Pour fabriquer les cakes, chaque ouvrier est muni d'une mesure en étain et d'une coupe hémisphérique en cuivre ; il met dans la coupe, légèrement chauffée au préalable, les leaves, en les collant avec le léwa, de façon à former une couche d'un centimètre d'épaisseur, qui dépasse les bords de la coupe. Un poids fixe d'opium pris avec la mesure y est alors introduit. On pose par dessus de nouvelles leaves ; on relève celles de dessous qui dépassent et on les colle avec celles de dessus. On laisse au sommet une ouverture pour que les gaz puissent s'échapper ; on la refermera plus tard. On roule les cakes dans une poudre faite avec les autres organes de la plante, des débris de tiges et de feuilles, pour éviter la moisissure, et on les met sécher au soleil pendant trois jours. Dès que la consistance est assez dure, on les emballe dans des caisses en bois divisées en deux rangées de vingt cases chacune.

Chaque cake a la forme d'une balle sphérique de 15 centimètres environ de diamètre, contenant 1370 gr. d'opium.

L'opium qui se présente ainsi, est le grand opium, de qualité supérieure, d'odeur pénétrante et agréable ; mais il existe une autre forme : le petit opium, produit de seconde marque, qui se présente en petits pavés de 10 centimètres de côté, recouverts d'une couche de feuilles hachées (1).

En Perse, on cultive un opium qui est souvent parfait;

(1) Cf. sur ces questions : MILLANT, *op. cit.*, p. 165-166 et GIDE, *op. cit.*, p. 34-38.

une partie vient en Europe, l'autre s'en va vers la Chine par caravanes.

L'Afghanistan et Beloutchistan le cultivent également, mais n'en expédient pas et leur production suffit aux besoins locaux.

Dans le Turkestan, on fait une récolte assez abondante, mais l'opium est souvent de qualité inférieure.

L'opium que l'on cultive au Japon suffit à la consommation locale et il faut entendre par là : consommation pharmaceutique, car le Japonais n'a jamais fumé comme nous le verrons plus tard. Aujourd'hui, cet opium provient des manufactures de Miye et de Osaka.

En Asie-Mineure, où l'on cultive également le pavot, les transactions donnent lieu à des formalités intéressantes et se font de la manière suivante : les marchands en gros passent dans les centres de culture, achètent l'opium aux cultivateurs et le façonnent en masses de 300 grammes à un kilo qu'ils enveloppent de feuilles de pavot. Ces masses de pains d'opium sont alors réunies dans des sortes de corbeilles appelées couffes, garnies à l'extérieur d'un feutre épais revêtu d'une toile grossière et tapissées intérieurement d'un sac de toile blanche. On empêche ces pains d'adhérer les uns aux autres par des fruits de rumex interposés entre eux. Chacune de ces couffes contient environ 75 kilos d'opium.

Au fur et à mesure des besoins, les marchands en sortent des entrepôts pour les mettre en vente sur les marchés de Smyrne ou de Constantinople. Intervient alors le visiteur, dont le rôle consiste à examiner le contenu des couffes en présence de l'acheteur et du vendeur. A Smyrne, cette surveillance spéciale fait l'objet d'un privilège reconnu par le gouvernement ottoman et que les membres d'une famille israélite assermentée se lèguent de père en fils depuis plus de trois siècles.

A Constantinople, au contraire, où le commerce de l'opium fit une apparition beaucoup plus tardive, il n'existe pas de visiteur assermenté : ce sont des courtiers spéciaux, choisis du consentement réciproque des parties intéressées, qui se chargent de la visite. Cette visite de l'opium est une formalité assez rudimentaire : l'expert fait une fente au couteau, jette un coup d'œil, tandis qu'il soupèse de la main la marchandise. Il classe ainsi l'opium dans différentes catégories : opium de qualité supérieure ou moyenne, opium de refus ou opium falsifié.

La Turquie d'Europe, depuis 1860, fournit une bonne partie de l'opium turc. Une quantité notable de cet opium est employé par la pharmacie ; il provient surtout des vilayets de Monastir et de Salonique. Quant à l'opium destiné plus spécialement à être fumé, il vient du centre et de la partie Est de la péninsule (opium d'Adette et de Bagaditz) ou même de Salonique (1).

(1) Cf. Millant, *op. cit.*, p. 137-139.

CHAPITRE III.

Préparation de l'opium à fumer.

Nous voici donc en possession de l'opium qu'on appelle brut; cet opium n'est nullement propre à être fumé; il devra subir auparavant un grand nombre de transformations et de manipulations compliquées dans des établissements qu'on appelle des bouilleries.

Il existe des bouilleries d'opium dans toute la Chine, surtout au Yunnan et à Canton; aux Indes néerlandaises; en Birmanie; au Siam; à Malacca et en Indo-Chine. Aux Indes, les deux agences d'opium de Béhar et de Bénarès, ont chacune, pour préparer le produit, leurs manufactures respectives à Patna et à Ghazipur.

Nous n'entrerons pas dans les détails de fabrication de l'opium à fumer; une étude complète en a été faite dans la thèse de Simon Nikolaus, où l'on trouve les différentes manipulations qu'on lui fait subir; les températures auxquelles il doit être porté; ainsi que le temps que l'on doit consacrer à chacune des phases de la préparation (1). Nous décrirons seulement la bouillerie de

(1) Simon Nikolaus, thèse de l'Université de Berne, 1903. *Über Darstellung und Zusammensetzung von Rauchopium sowie die im Opiumrauch wirksamen Stoffe.*

Saïgon que nous prendrons pour type en indiquant les divers travaux qu'on y effectue.

La manufacture est installée sur un terrain d'un hectare ; entourée de hauts murs. Elle comprend à la fois la bouillerie et les ateliers, dirigés par quelques chefs et surveillants européens, sous les ordres desquels s'agite un nombreux personnel asiatique, en grande partie chinois.

Les cinq grandes opérations que l'on fait subir à l'opium pour le transformer en opium à fumer sont les suivantes :

1° Transformation en premier extrait ; elle a pour but de réduire la proportion de l'eau de l'extrait à environ 10 °/₀ ;

2° Transformation de la masse d'opium en feuilles minces et friables par une torréfaction mitigée. Cette opération s'appelle crêpage et les feuilles crêpes ; l'extrait perd encore 7 °/₀ d'eau ;

3° Reprise des crêpes par un lavage à l'eau bouillante ;

4° Filtration de la liqueur ainsi obtenue ;

5° Evaporation jusqu'à consistance d'extrait qui prend le nom de chandoo.

Cependant, la préparation n'est pas encore achevée ; il faut permettre au chandoo d'acquérir un parfum agréable par un séjour d'au moins trois mois dans des salles où il est maintenu dans des vases de cuivre ou mieux de terre à l'abri des poussières de l'air. Ce phénomène de fermentation spontanée se divise en deux phases : l'une très courte serait due à un saccharomyces ; la seconde, causée par des levures, se prolongerait indéfiniment. Le Dr Calmette a proposé de remplacer ce phénomène par une fermentation artificielle qui ne durerait qu'un mois; il y aurait donc une immobilisation moins longue du capital qui dépasse quelquefois un million de piastres (1), représenté par le chandoo et un moindre risque de vol.

Le chandoo est ensuite enfermé dans des boîtes. Ces boîtes sont fabriquées sur place, dans les ateliers qui construisent et réparent les machines et les mécaniques employées à la manufacture. Parmi celles-ci, on distingue un appareil de pesage automatique grâce auquel un ouvrier expérimenté doit peser 10,000 boîtes par jour.

C'est ce chandoo qui est ensuite expédié pour être mis aux mains des détaillants suivant différents systèmes selon les pays, et c'est lui qui va être fumé (1).

Il arrive souvent qu'avant d'être fumé, il subit de nombreuses falsifications : la première consiste à y ajouter une matière lourde : poudre siliceuse (opium de Perse), gypse (opium de Chine), terre; la deuxième à y ajouter des plantes ou des macérations : gommes, résines, sucres de couleur et d'odeur identiques à celles du pavc'; la troisième, à y introduire des extraits de plantes similaires, ou des préparations venant du pavot lui-même, par exemple le dross, résidu noir, brillant et cassant, qui reste dans le fourneau de la pipe après que l'on a fumé — environ 30 °/o du chandoo employé.

M. de Pouvourville indique une préparation simple de

(1) La piastre représente environ 2 fr. 50.

(2) Cf. MARTIN, *Des abus de l'opium*, p. 122 et s.; et J.-B. CLAIR, *Annales de la Société des Missions étrangères*, janvier-février 1909.

l'opium par les particuliers. Voici sa méthode. On mélange en quantité indéterminée l'opium et l'eau de source non distillée ; on chauffe lentement. Quand la pâte est entièrement délayée, on pousse à l'ébullition et immédiatement on filtre. On recommence ainsi trois fois au moins, pour que toute la matière utile puisse passer, et qu'il ne reste que les résidus. Ensuite, on fait bouillir la liqueur filtrée en la tournant constamment avec une baguette, jusqu'à consistance sirupeuse. On met ensuite en vase clos ayant à l'air la plus petite surface possible. Pour un kilo d'opium brut, on obtient 750 à 800 grammes d'opium utilisable. Pour faciliter la cuisson et augmenter l'influence du mélange, on y précipite généralement une certaine quantité de dross.

Le même auteur prétend qu'on peut obtenir à volonté, par des manipulations simples, un opium soporifique, excitant ou toxique, en éliminant la thébaïne, la papavérine ou la morphine, et que les poumons du fumeur ne gardant pas plus de 1/8 de la morphine que la fumée leur apporte — la proportion de morphine atteignant à peine 10 °/ₒ dans l'opium le plus concentré — les « jouissances de l'opium deviennent presque inoffensives » (1).

Quoi qu'il en soit, tous les opiums ne peuvent être employés pour la fabrication du chandoo : ceux qui sont trop riches en morphine ne le sont pas ; ils sont réservés aux usages pharmaceutiques. Simon Nikolaus indique comme proportion maxima 16,14 °/ₒ de morphine dans

(1) MATGIOÏ (A. DE POUVOURVILLE), *op. cit.*, p. 30 et s.

l'opium turc et 4,18 °/₀ dans l'opium indien. Moissan, dans l'opium de Patna, indique 8,79 °/₀ de morphine ; dans l'opium de Chine 6,2 ; dans le chandoo de Saïgon, 7.30. D'après Stœder, la proportion de morphine varierait de 7 à 17 °/₀ : d'après Dietrich de 7.7 à 16.24.

C'est ce qui explique que les opiums d'Asie-Mineure, de Turquie, de Perse, d'Egypte, sont peu employés pour la fabrication de chandoo, tandis que ceux de Chine, du Yunnan en particulier et de l'Inde, le sont presque exclusivement.

Cependant, un fumeur, quelqu'expérimenté qu'il soit, ne peut arriver à apprécier la teneur en morphine d'un chandoo, comme un palais exercé peut le faire pour la teneur alcoolique d'un vin ; c'est seulement par la rapidité et la durée de son sommeil que cette teneur lui sera fournie. M. Lalande a incorporé 10 °/₀ de morphine en sus de la teneur normale du chandoo : le fumeur ne s'en est pas aperçu, il a seulement dormi cinq heures de plus.

M. de Pouvourville, se basant sur la qualité de l'opium et les jouissances qu'il peut procurer, conseille l'ordre suivant : en premier lieu, l'opium du Yunnan (Chine) ; ensuite celui du Quang-Si (Chine) ; celui de Bénarès (Inde) ; celui traité dans les régies de Cochinchine ; celui du Tonkin et de l'Annam ; celui de la Perse ; enfin celui d'Asie-Mineure, d'Egypte et d'Europe.

Nous ajouterons que certains fumeurs, plus raffinés, parfument leur chandoo avec des substances odoriférantes, telles que les râpures de certains bois, comme le tùn-you et le qui-nam dont le prix s'élève à 400 francs le kilo.

CHAPITRE IV

Comment on fume l'opium.

L'opium ainsi préparé va être fumé.

Le matériel du fumeur, tel qu'il a été maintes fois décrit, tel que nous l'avons observé nous-même dans les fumeries de Shanghaï, se compose :

1° D'un fourneau de terre cuite, à pâte fine, brune ou rouge, demi sphérique, rappelant la forme d'une coupe à champagne renversée, creux à l'intérieur et muni d'une douille s'adaptant à la garniture métallique du trou de la pipe. Au centre de la surface supérieure du fourneau, est percé un petit trou d'un millimètre de diamètre, allant en s'évasant vers les bords, et fréquemment doublé d'une petite armature en cuivre ;

2° D'une pipe, qui est un long tuyau de 0^m50 environ, généralement en bambou, muni d'une garniture métallique jusqu'au trou du fourneau, situé lui-même à 0^m40 de l'embouchure ; l'extrémité voisine du fourneau est fermée ; le diamètre du tuyau est d'environ 4 centimètres ;

3° D'une lampe, réservoir métallique plein d'huile, avec mèche veilleuse. Le réservoir est couvert d'une enveloppe de verre tronconique, dont la petite base laisse passer l'air et la chaleur, mais dépasse sensiblement le niveau de la flamme, et par où le fumeur cuit l'opium.

Le verre peut se recouvrir d'une armature métallique qui permet au fumeur d'emporter sa lampe quand il va fumer en ville ;

4° D'une aiguille, sorte de stylet en acier, très fin, à pointe effilée, ayant 0m20 de long.

Telles sont les parties essentielles de l'outillage du fumeur ; il se complète d'un couteau, d'un racloir qui sert à détacher le résidu du fourneau.

Le bambou est la substance la plus commune et la moins chère pour fabriquer les pipes ; d'autres lui sont préférables ; c'est ainsi que l'on en fait en corne, en ivoire, en écaille et surtout en canne à sucre. Enfin, certaines pipes sont garnies de pierreries et d'incrustations de métaux précieux qui leur font atteindre des prix quelquefois considérables. On prétend que la fumerie d'un roi d'Annam représentait une valeur de 400.000 francs.

Pour charger la pipe chinoise, il faut d'abord priver de son eau par dessication au-dessus de la lampe, le chandoo trop fluide pour y être introduit tel quel ; ensuite le ramollir par une chaleur ménagée et le façonner pour qu'il puisse être fixé dans le fourneau.

Pour ce faire, on plonge l'aiguille dans le chandoo et on la met au-dessus de la cheminée en verre de la lampe, en la roulant entre le pouce et l'index ; l'opium boursoufle en une bulle sphérique, se dessèche peu à peu et reste à l'état pâteux, grâce à la chaleur ; on le roule avec l'aiguille sur la plate-forme du fourneau pour lui donner une forme conique. Dès qu'il est arrivé à la consistance pilulaire par refroidissement, on introduit

Fig. 2. — Matériel du fumeur.

Boite servant à enfermer l'opium de Bénarès, s'exportant par Shanghaï. Poids : 250 grammes environ.

Boite servant à l'opium de la régie du Tonkin (jusqu'en 1895). Poids : 200 grammes environ.

Lampe à opium avec soubassement de cuivre et d'étain.

Coupe à dross en cuivre.

Billot d'ivoire pour arrondir la boulette.

Fourneaux de terre détachés de leurs pipes.

Petit pot en corne de cerf pour contenir une petite dose d'opium.

8. Couteau à racler le dessus du fourneau.

9. Curette courbe pour racler l'intérieur du fourneau.

10. Aiguille à malaxer la boulette sur la lampe.

11. Huilier en cuivre.

12. Double plateau en cuivre.

13. Petite coupe en porcelaine pour l'eau et l'éponge.

14. Pipes.

15. Grand plateau de fumerie, en bois de fer, dit « trac ».

G. Steinheil, éditeur.

l'aiguille dans la cuvette du fourneau ; on fixe la boulette et on retire rapidement l'instrument par un double mouvement de torsion en deux sens. Il faut pour cela un tour de main que certaines personnes acquièrent tout de suite, que d'autres au contraire exécutent difficilement. La boulette engagée reste percée d'un canalicule qui sert de cheminée. La pipe est prête et chargée ainsi de 0 gr. 20 à 0 gr. 30 centigrammes d'opium.

Quant à la lampe, elle est garnie d'huile, dont la plus appréciée des fumeurs asiatiques est l'huile de camélia ; mais celle-ci est d'un prix élevé, et ordinairement, ils emploient l'huile d'arachides ou l'huile de coco.

Aux Indes, les indigènes se servent de la pipe indienne, qui diffère de la pipe chinoise ; elle n'exige pas la position couchée ; elle est mixte, c'est-à-dire qu'elle sert en même temps au tabac et à l'opium. Ce dernier repose sur un grillage, et on place à côté de lui un charbon embrasé au-dessus duquel s'adapte un récipient qui contient du tabac ; la fumée se compose donc de celle qui résulte de la combustion des deux agents associés. Le but est de dissimuler l'opium dont on craint d'afficher la pratique, considérée comme vicieuse (1).

En Indo-Chine, beaucoup de commerçants se servent de la pipe à eau où ils fument un tabac plus ou moins opiacé ; cette pipe s'appelle ké-diou.

Pour fumer avec la pipe chinoise, l'individu est couché sur une sorte de lit de camp, la tête soutenue par un oreiller. Il retourne le fourneau chargé d'opium au-dessus

(1) Cf. MARTIN, *op. cit.*, p. 29, 30 et 47 ; MATGIOI, *op. cit.*, p. 42.

du verre de la lampe, dans la position donnée à une pipe de tabac qu'on allume au-dessus d'une lampe, puis il respire lentement mais largement, de façon à se remplir les poumons de fumée qu'il rejette par les narines avec la même lenteur.

L'opium doit toujours se fumer dans la position couchée, les membres naturellement étendus, les vêtements légers et lâches. Le meilleur moment paraît être celui où la digestion sans être terminée est trop avancée pour pouvoir être arrêtée. Pendant l'aspiration, le fumeur est sur le côté gauche, la main droite opérant, ou ce qui est préférable, sur le côté droit, si quelqu'un en face de lui le supplée dans la fabrication des pipes ; cet aide est indispensable pour un débutant : les gros fumeurs qui arrivent à 200 pipes, s'en adjoignent souvent un deuxième. Après l'aspiration, on se tient généralement sur le dos.

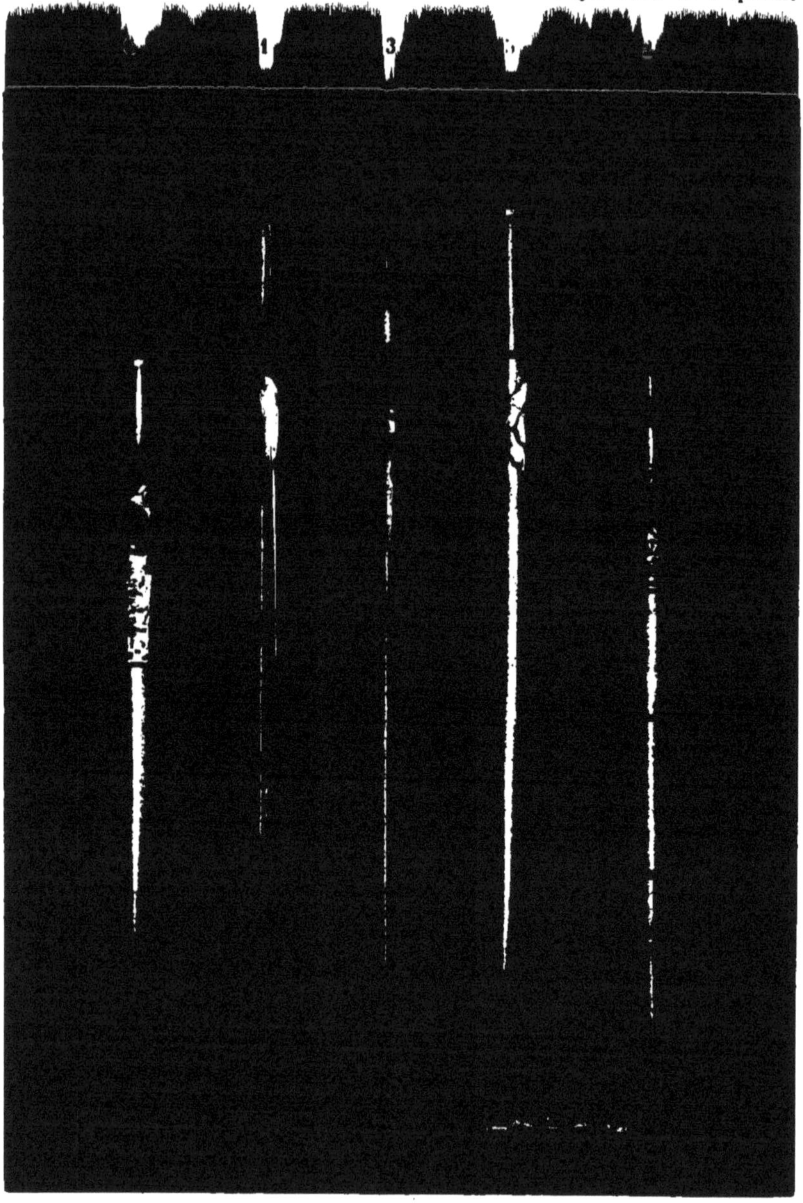

FIG. 3. — Un lot de pipes à opium.

1. Pipe en écaille blonde dite « doi-moi » ayant appartenu à Luu Vinh-Phuoc, chef des Pavillons Noirs, et prise sur sa fumerie, à Sontay, en 1883, le jour de l'entrée de l'amiral Courbet dans cette ville.
2. Pipe en ivoire, ornée d'une tubulure en étain ciselé.
3. Pipe en bambou royal, dit « pór », d'un écartement exceptionnel entre les nœuds du bambou.
4. Pipe en bambou, dite « pipe de voyage », se séparant en deux moitiés pour la facilité du transport. Provient d'un chef pirate de la région Thô, au Tonkin.
5. Pipe en bambou noirci et fort ancien. C'est le type de la « pipe d'amateur ».
6. Pipe en bambou brun rouge très ancien. Type court, qui provient d'un mandarin du Yunnan.

CHAPITRE V

Les fumeries.

Pénétrons maintenant dans une des fumeries que nous avons visitées à Shanghaï. C'est une vaste pièce, assez élevée, où l'on est immédiatement saisi par l'odeur, très agréable d'ailleurs, qui y est répandue (1). Cette pièce est divisée en plusieurs compartiments par des cloisons en planches, recouvertes d'étoffes chinoises ; de chaque côté de ces séparations se trouvent des lits de camp en bois sculpté, pour les fumeurs. Quelques plantes complètent la décoration. Au premier étage sont les cabinets particuliers.

Vêtus du large pantalon noir et de la veste bleue flottante que portent les Célestes, les fumeurs sont généralement deux par deux et chaque groupe se sert d'une seule lampe. Ils sont dans les positions les plus diverses : ici, le bambou aux lèvres, ils aspirent la fumée, « aspiration de néant et de jouissance à la fois, qui creuse affreusement les joues du fumeur, si affreusement qu'on dirait qu'elles vont se rejoindre dans un suprême dé-

(1) Cette odeur est difficile à comparer à une autre ; beaucoup de comparaisons ont été tentées. L'odeur du veau cuit à l'étouffée dans la casserole et bien rissolé, est celle qui nous semble s'en rapprocher le plus.

clanchement de la mâchoire. Les yeux chavirent dans ce masque inouï, les prunelles plafonnent. Puis voici que le bambou abandonne maintenant la bouche violâtre, et par cette bouche, devenue cratère, la fumée lourde et noire de la drogue, remontée des poumons, fuse droite. » (1).

A côté, c'est un fumeur couché sur le dos, à qui la pipe a échappé des doigts ; « il a tout à fait sombré dans le gouffre sombre de la torpeur. Les yeux, un instant ridés, semblent regarder à vide, dans la tête qui creuse lourdement le coussinet de l'oreiller chinois ; tous les traits du masque sont affaissés : c'est l'abrutissement complet, l'immobilité absolue, l'abominable nirvana » (2).

Ajoutez à ce spectacle des Chinois qui vont et viennent, portant l'opium et le thé aux clients et vous aurez une idée de la fumerie, telle qu'elle est restée dans notre souvenir.

Mais toutes les fumeries ne sont pas les mêmes. Les unes offrent plusieurs appartements ; ce sont des jeunes filles ou des jeunes femmes qui préparent les pipes, qui éventent les fumeurs, qui servent les friandises et le thé. Ce thé, que prennent les riches fumeurs, n'est pas le thé ordinaire : c'est le thé d'opium (3), fait exclusivement avec les fleurs de cet arbuste ; il ne laisse aucun arrière-

(1) Fabrice Delphi, *L'opium à Paris*, p. 83-89.

(2) Fabrice Delphi, *op. cit.*, p. 47.

(3) Cette fleur de thé, qu'en Chine les mandarins se réservent avec un soin jaloux, a été introduite en France sous le nom de Tôt-lam ; sa consommation commence à s'étendre.

FIG. 4. — Chinois fumant l'opium — Photographie rapportée de Shanghai.

G. STEINHEIL, Éditeur

goût d'amertume et n'est nullement surexcitant, chose essentielle pour les fumeurs, « l'énervement, la fébrilité étant contraires au nirvana, point suprême auquel aboutissent toutes les visions, tous les rêves. »

Les autres fumeries, semblables à celle que nous avons décrite, n'emploient que des aides chinois et on n'y sert que le thé ordinaire.

Vient enfin la dernière catégorie, les opium shops, qui se composent d'une pièce rectangulaire de 6 à 7 mètres sur 3 ou 4, salle sombre, noire et humide, ordinairement au rez-de-chaussée, avec des volets et des portes hermétiquement fermés. Les murs sont blanchis à la chaux, mais noircis par la fumée, cette fumée lourde que, selon l'expression des Anglais pour définir certains brouillards, on pourrait couper au couteau, « fumée fluante et poisseuse, fumée londonienne des soirs de novembre sur les quais de la Tamise. » A ces murs noircis sont suspendues quelques sentences de Confucius. Tout autour de cette salle, sur le sol en terre battue, court un lit de camp en bois dur, recouvert de nattes et portant des rouleaux de paille sur lequel les fumeurs sont étendus pêle-mêle, « le visage rembrandtesquement éclairé par des lampes minuscules et huileuses posées sur le sol, des lampes qui encrassent encore l'atmosphère de relents d'huile » (1). Il est facile de supposer l'insalubrité de pareils bouges.

Les riches professionnels ne fréquentent guère les établissements publics ; ils ont leur fumerie à la maison :

(1) Delphi, *op. cit.*, p. 19.

c'est souvent un appartement réservé, décoré à l'orientale, orné parfois de peintures lubriques, meublé avec profusion et souvent avec un goût irréprochable et garni de canapés ouvragés avec soin. Quelques-unes sont d'un grand luxe, comme celle que nous décrit J. Boissière : « Des nattes doublées de soie couvrent le lit sculpté que décorent aux quatre angles des appliques de métal ; et sur la fine sparterie versicolore, la fumerie est étalée : lampe d'argent ciselé, boites de laque dorée, massive pipe d'ivoire jaunie par les fumées, ovale plateau de bois dur, fleuri de papillotantes nacres. A portée de la main, un gong de cuivre blanc, aux claires sonorités de clochettes est suspendu dans un cadre d'ébène. En avant du lit, sur une table, le minuscule service à thé, la boite à bétel et la coupe de bronze niellé, garnie de cigarettes roulées en très minces cornets » (1).

Existe-t-il des fumeries en Europe ? Si l'on entend par fumerie un endroit où peuvent se rencontrer des personnes fumant l'opium, on peut dire qu'il en existe. Mais, de crainte d'être inquiétées, ces personnes dissimulent plus ou moins leurs rendez-vous et se renferment chez elles. Delphi nous décrit bien à Paris des fumeries où l'on ne pénètre qu'avec un initié ; il nous montre « dans une salle brumeuse et de cauchemar, des hommes et des femmes vautrés, le faux-col ou le corsage dégrafés, la boucle de pantalon ou le corset lâches, la tête prise sur une façon de socque de bois, les jambes recouvertes de peaux de chèvres. »

(1) J. Boissière, *Fumeurs d'opium* (*comédiens ambulants*), p. 91.

FIG. 5. — Une fumerie d'opium.

G. STEINHEIL, éditeur.

Il fait successivement défiler devant nous une maison près du Crédit Lyonnais, dirigée par une Mme Léa, au type de supérieure de maison close et de vieille concierge, au verbiage extraordinaire, à faconde toulonnaise, qui vous propose en riant la « chose », c'est-à-dire l'opium. — maison fréquentée par de nombreux comédiens, hommes et femmes ; puis la fumerie des Ternes, semblable à un salon et tenue par une authentique femme du monde ; la fumerie de la rue Blanche, où se rencontrent les grands fumeurs, artistes connus, hauts fonctionnaires ; la fumerie du quartier latin, près du pont Saint-Michel et de la rue de la Huchette, dans une sordide ruelle, où, en plus de l'opium, on se livre à des expériences d'occultisme expérimental ; la fumerie de Saint-Ouen, installée dans un vulgaire débit de vins, dans une pièce sale, garnie d'idoles et de bouddhas de pacotille, fumerie que fréquentent des contremaîtres, des employés et aussi de simples ouvriers, des biffins, qui ont pris l'habitude de l'opium dans les colonies et qui viennent là pour fumer les résidus.

L'auteur nous transporte ensuite dans la maison de bains-fumerie, fréquentée par le monde de la finance ; enfin dans le quartier Fontaine, où des boutiques d'herboriste, de parfumerie, de papeterie, de mercerie, de pâtisserie, masquent une arrière-boutique, où l'on fume l'opium. La clientèle de ces maisons serait composée de femmes, maîtresses d'employés de grandes administrations ou de ministères, anciens modèles à qui l'opium s'est présenté comme une véritable occupation, après tous les aléas, tous les hasards de la vingtième année à

Montmartre ou au quartier latin, pour tromper leur ennui, leur veulerie et aussi surtout leur tristesse de femmes blasées, revenues de toutes les noces et de toutes les orgies.

Malgré nos recherches et les renseignements que nous avons pris à différentes sources, il nous a été impossible de trouver trace de maisons semblables à celles qui viennent d'être décrites. Par contre, nous savons qu'il existe à Paris un certain nombre de maisons particulières où l'on fume, et celà un peu dans tous les quartiers, mais surtout dans les quartiers riches.

Nous avons eu l'occasion de voir, tant à Paris que dans les environs, quelques-unes de ces fumeries privées. Les unes sont de simples bureaux plus ou moins luxueux, ornés de tentures, meublés à l'européenne, avec un divan sur lequel on s'étend pour fumer. D'autres, au contraire, offrent un aspect tout à fait asiatique : le lit, les chaises en bois sculpté, les dragons, les bouddhas, les tentures ornées de caractères chinois, les petits objets en ivoire et en jade, les cadres en bois doré, tout nous a rappelé l'Extrême-Orient. Le jour y est soigneusement tamisé par des rideaux rouges ; et le soir, une lampe électrique minuscule, formant veilleuse, répand le minimum possible de clarté, qui permet aux fumeurs de goûter les joies de la drogue sans être dérangés par les sensations extérieures.

La plupart de ces fumeries, mais non pas toutes, appartiennent à des femmes du demi-monde, chez lesquelles on se réunit le soir pour causer et passer la nuit.

Ce n'est d'ailleurs que vers 1880 que la drogue apparut en France; avant, on ne la connaissait guère que par ouï-dire. Ce sont les coloniaux, les officiers de marine qui la rapportèrent dans les ports de guerre. Toulon, Rochefort, Lorient, Brest, Cherbourg, virent éclore de vraies fumeries; on en signala aussi dans les ports marchands : à Nice, à Marseille, à Bordeaux, au Hâvre, etc. C'est surtout vers 1905 que la pratique de l'opium atteignit son apogée dans ces villes. Mais à la suite des mesures dont nous parlerons plus loin, les fumeries tant soit peu publiques disparurent : c'est ce que nous avons pu constater par l'enquête que nous avons faite sur place à Marseille et à Toulon. Dans cette dernière ville, un certain nombre de femmes, environ une cinquantaine, « font le port », selon l'expression consacrée ; chez elles des coloniaux, des officiers de marine fument l'opium ; pour être reçu, il faut être connu ou amené par un habitué. Là, chacun est vêtu d'un ample kimono ; les femmes portent des roses dans les cheveux : tout est fait pour donner l'illusion de l'Orient.

A Lyon, quelques fumeries s'étaient ouvertes, fréquentées par les étudiants ; mais le nombre des fumeurs ne s'étendit pas.

Dans plusieurs villes, on rencontre même des fumeries familiales, où le mari et la femme goûtent ensemble les jouissances de la drogue.

En Angleterre, il existe à Londres un quartier appelé la « cité chinoise », où l'on fume. Ce quartier, composé de deux ou trois pâtés de maisons, est interdit aux profanes et aussi jalousement gardé que la Banque d'Angleterre. Devant les douze ou quinze boutiques qui s'y trouvent, on peut contempler un assemblage hétéroclite d'objets exposés aux carreaux de la devanture : nattes de Chine, thé, boîtes de conserves, pipes d'opium et leurs accessoires habituels : aiguilles, fourneaux de terre brune, lampes, bouliers (1).

Il n'est presque pas de boutique dans Chinatown où les Célestes ne se réunissent chaque soir pour fumer l'opium et jouer des jeux d'argent jusqu'à une heure avancée de la nuit.

Ces Chinois qui habitent Londres sont, pour la plupart, des coolies venus avec des paquebots qui débarquent journellement dans cette ville les produits d'Extrême-Orient ; ils sont environ 5.000 Célestes qui font un séjour de quelques semaines ou de quelques mois dans la petite cité chinoise de l'East End londonien, où plusieurs de leurs compatriotes établis fournissent pour des prix modiques le souper, le gîte et le reste : c'est-à-dire pour ces parias, le jeu et l'opium, leurs deux grandes passions.

La majorité des boutiques présente une disposition analogue à celle que l'on observe encore dans la plupart des villes du céleste empire ; elles sont tristes et nues ; la banalité de quelques chromos ne parvient pas à les égayer.

Telles sont les fumeries de Londres ; et l'on peut dire que toutes les portes qui s'ouvrent sur Limehouse Causeway, conduisent à une fumerie (2).

(1) Le boulier ou swan-pan, est une machine à calculer primitive. Les Chinois s'en servent pour faire le compte des pipes fumées et éviter ainsi de dépasser le chiffre qu'ils se sont fixé pour un certain laps de temps.

(2) Cf. Millant, in « *A travers le Monde* », 19 novembre 1910.

CHAPITRE VI

Les fumeurs.

Les fumeurs peuvent se diviser en plusieurs catégories suivant le point de vue auquel on les envisage.

A un point de vue tout à fait matériel et pratique, on peut les classer en six catégories d'après la quantité d'opium fumé. En dehors de ceux qui dans des orgies exceptionnelles vont jusqu'à 200 pipes, c'est-à-dire près de 100 grammes d'opium, la première catégorie comprend ceux qui fument antant qu'on peut fumer, lorsqu'on le fait tous les jours ; ils absorbent jusqu'à 2 et 3 piastres : c'est-à-dire 5 à 7 francs d'opium par jour, fumant le matin, à midi et le soir. Ils vident à chacun de ces moments 2 ou 3 chees d'opium (1). Certains vont jusqu'à 10 et 12 francs par jour. C'est la mesure des riches qui ne font rien.

La deuxième catégorie est celle des hommes qui fument une piastre ou une piastre et demie par jour : ce sont les gens riches qui ont de vagues occupations.

Dans la troisième catégorie, on fume 50 à 60 cents, soit environ 1 fr. 30 par jour : ce sont les gens qui tra-

(1) Le chee est une coupelle contenant environ 4 grammes

vaillent, mais dont le travail est assez rémunéré : gens de bureau, fonctionnaires.

La quatrième comprend les fumeurs vulgaires, ouvriers pour la plupart, qui fument 30 à 40 cents (70 à 90 centimes) et ne fument que deux fois par jour.

La cinquième renferme les journaliers qui, peu à l'aise, fument 15 cents (30 à 40 centimes).

Dans la sixième sont les gueux, qui fument le dross ou résidu, ou absorbent l'écorce des feuilles qui a servi à envelopper les boules d'opium non bouilli, et qui se débite à prix réduit ; ils dépensent de 5 à 10 centimes.

Il faut ajouter ceux qui fument de temps à autre, au hasard d'une rencontre, d'une invitation, d'une visite, un jour de fête publique ou privée ; ils sont encore hors cadres ; mais c'est une abondante et inépuisable réserve pour le recrutement de l'armée des fumeurs (1).

Au point de vue de la quantité d'opium absorbé, envisagée par rapport aux effets produits sur l'organisme, il y a les fumeurs, que nous venons de voir en dernier, qui se contentent de quelques pipes très espacées, comme d'autres personnes se contentent d'un petit verre d'alcool. Ceux-ci mènent une vie absolument normale, et la santé n'en souffre aucunement.

Il y a ensuite ceux qui fument 12 à 15 pipes de bon opium par jour, sans jamais dépasser ce nombre ; s'ils ont par ailleurs des conditions de vie hygiéniques, ils peuvent se maintenir très longtemps, mener une vie

(1) Cf. J.-B. Clair, *loc. cit.*, p. 25-26.

extérieure normale, au moins en apparence, et dans la plupart des cas conserver l'intégrité de leurs facultés ; ceux-ci sont les gourmets de l'opium et en jouissent en délicats.

Viennent enfin ceux, et ce sont malheureusement les plus nombreux, qui augmentent constamment la dose de poison, ou qui fument des résidus de mauvaise qualité : ils arrivent à l'intoxication au bout d'un temps variable, et à la déchéance physique et morale la plus complète. Ce sont les gourmands de l'opium ; la catégorie précédente les méprise profondément.

Envisageons maintenant les fumeurs au point de vue de leur profession, de leur situation sociale et de leur mentalité.

En Chine, l'habitude de fumer a pénétré dans presque toutes les classes de la société. « Dans la marche que nous avons faite avec l'ambulance du corps expéditionnaire en Chine, des forts de Takou à Pékin, écrit le Dr Liberman, nous en avons trouvé des preuves tout le long du chemin.

« Lors de notre débarquement à Pétang, ville de 30.000 âmes environ, qui était abandonnée à notre arrivée, j'eus l'occasion de parcourir tout le campement ennemi ; 277 maisons, sur les 380 qui le composaient, contenaient de l'extrait d'opium, des pipes et des ustensiles d'usage, tels que lampes, stylets, fers tranchants pour nettoyer les pipes.

« Les camps tartares, établis dans les forts de Takou, en possédaient des approvisionnements considérables ;

les tentes des grands dignitaires, militaires surtout, se distinguaient par leur profusion de tous objets qui servent à cette habitude ruineuse et funeste.

« Enfin, dans les villes comme dans les villages, dans la maison la plus pauvre comme dans l'habitation fastueuse des plus riches mandarins, nous avons retrouvé les mêmes traces.....

« Dans le palais d'été, nous trouvâmes également un grand approvisionnement d'opium en pains et en extrait ; plusieurs appartements de l'empereur et des grands dignitaires de la couronne étaient transformés en fumoirs et attestaient les débauches de l'impérial fumeur et de ses courtisanes, autant que leur mépris pour les prohibitions qu'ils imposaient sous des peines sévères, aux populations placées sous leurs ordres » (1).

« Il n'en est pas moins vrai, ajoute le même auteur, que les fumeurs sont surtout recrutés parmi les mandarins, les fonctionnaires et les lettrés ; et dans la classe pauvre, parmi les ouvriers, les journaliers ; la classe moyenne fume beaucoup moins.

Dans toute l'Indo-Chine, ceux qui fournissent le plus gros contingent à l'armée des fumeurs sont les fonctionnaires, les mandarins, les chefs de canton et les notables, les secrétaires d'administration française à titre indigène. Les fonctionnaires débutent jeunes ; sortant des écoles, avides de liberté, pourvus d'une solde qui, augmentée de certains profits, leur procure des ressources assez importantes, ils s'entraînent volontiers à l'opium comme à la boisson et aux longs amusements frivoles.

(1) LIBERMAN, *Les fumeurs d'opium en Chine, étude médicale*, p. 7-9.

Parmi la population ouvrière, on peut mettre en première ligne les matelots des jonques, qui transportent le riz et les marchandises sur les grandes artères fluviales.

Les tireurs de pousse-pousses donnent un fort contingent, ainsi que la corporation des bûcherons de la partie méridionale de la province de Phantièt, qui touche aux confins de la Cochinchine française ; ceux-ci se recrutent parmi les joueurs qui ont perdu une cinquantaine de piastres dont ils n'ont pas le premier sou.

Enfin, tout à fait au dernier échelon de l'échelle sociale, les proxénètes, les souteneurs, les boys prostitués, les coolies qu'emploient les officiers en qualité de porteurs lorsqu'ils font colonne à l'intérieur, s'y adonnent avec passion.

Les artisans ne s'y livrent que s'ils exercent leur métier à la maison : forgerons, charpentiers, orfèvres ; encore ceux-ci doivent-ils être prudents, car leur clientèle s'en défie.

Les cuisinières et les domestiques des Européens fument aussi, mais un peu en cachette de leur patron qui voit la pipe d'un mauvais œil, car elle les porte à la négligence et les excite à commettre des indélicatesses.

Tous les comédiens annamites fument, ainsi que les agents d'affaires et les clercs d'avocat.

Les cultivateurs et les ouvriers agricoles, sauf de rares exceptions, ne s'adonnent pas à l'opium (1).

En Perse, nous voyons fumer les plus hauts Mollahs et les pauvres pogions.

Parmi les Européens, aux colonies, les fonctionnaires

(1) Cf. J. B. Clair, *loc. cit.*, p. 245 et suivantes.

civils et militaires les plus élevés en grade comme les plus modestes, se livrent à la drogue.

Si nous nous plaçons au point de vue des causes qui assurent le recrutement des fumeurs, nous rencontrons encore plusieurs classes; cette recherche des causes va aussi nous donner en partie l'explication des catégories sociales que nous avons établies plus haut.

Un certain nombre de personnes commencent à fumer l'opium pour calmer une douleur physique, une névralgie rebelle par exemple; un moment vient où elles n'ont plus la volonté nécessaire pour renoncer à leur habitude ou même pour ne pas augmenter les doses.

A côté de ces fumeurs par nécessité médicale, il y a ceux qui souffrent moralement, que cette souffrance provienne d'un choc, ou qu'elle provienne des misères ou des injustices que supporte la classe pauvre en Chine et en Perse. Cette classe demande à l'opium le calme partiel qui l'aiguille vers la résignation factice ou vers l'oubli de la pauvreté, du servage et des maux qu'engendre pour elle l'état social ou la paresse.

Sans aller jusqu'à la souffrance morale, bon nombre d'hommes, qui ne sont pas soutenus par une idée d'ordre supérieur, éprouvent le besoin impérieux de se créer une vie cérébrale factice, qui leur voile pour un temps les sévères et froides réalités de l'existence ordinaire. En Occident ce sera surtout l'alcool qui les y aidera, en Orient, ce sera surtout l'opium (1).

(1) Jusqu'à ces derniers temps, l'alcool était peu répandu en Chine; il y avait peu d'hommes ivres; les Chinois avaient bien différentes espèces d'eau-

Pour certains, c'est le désir du plaisir et surtout le désir du fruit défendu, la recherche d'une volupté inconnue et l'attrait du mystère qui les pousse à l'opium.

D'autres, gens blasés, êtres de luxure, revenus de toutes les orgies, ont cherché dans les paradis artificiels créés par l'opium ou autres substances excitantes à ressaisir un plaisir qui les fuit de toutes parts.

Pour d'autres, le coupable a été le « détestable snobisme », le désir de se donner une pointe d'originalité, ou bien encore le caprice, la mode.

Pour d'autres encore, il faut chercher l'ennui, le désœuvrement, surtout chez les Orientaux. C'est d'abord parmi les personnes de la classe riche, hommes et femmes, parmi les mandarins, que l'opium s'est répandu, par suite de leur oisiveté ; ces personnes ont éprouvé le besoin de chercher une excitation factice pour supporter le spleen, ce fléau des riches. Le Chinois, en effet, ne connaît guère la vie extérieure, le travail indépendant, les voyages d'agrément, les sports, le confortable intérieur, même la promenade ; les arts, les sciences, la sociabilité, l'amour de l'humanité existent à peine. Alors que fait cet individu désœuvré ? Il fume (1).

L'ennui n'agit pas seulement sur la classe riche, mais aussi sur certaines personnes auxquelles leurs occupations laissent beaucoup de loisirs. C'est ainsi que nous voyons en Indo-Chine les agents des Postes et Télé-

de-vie, produit de la distillation du sorgho, du millet et du riz ; mais ils en faisaient un usage très modéré.

(1) Cf. sur ces questions, J.-B. Clair, *loc. cit.*, p. 245 ; — Liberman, *op. cit.*, p. 18 ; — Martin, *op. cit.*, p. 61 et *Commission d'enquête Américaine pour les Philippines*.

graphes adonnés à l'opium, parce qu'ils sont condamnés à une vie sédentaire et à peu près oisive. Les chefs de canton y trouvent également un passe-temps agréable, durant les longues stations qu'ils doivent faire à la porte de l'administrateur, du chef de la province ou du procureur de la République. Les sampaniers qui, avec leurs grosses barques massives, transportent des marchandises sur les fleuves, fument presque tous : « Durant ces longs voyages, écrit le P. Clair, toujours les mêmes, où défile sans cesse la monotonie du paysage, durant ces longues heures où la voile est gonflée par le vent, las de causer, las de dormir, on se livre au jeu, ou on aspire la fumée du bambou. »

Il en est de même pour les bûcherons de la province de Phantiet. Le soir, ils regagnent la hutte de bonne heure, dans la crainte des fauves : ils habitent seuls ou à deux ou trois ; la plupart vivent dans le célibat. Alors, que faire en attendant le sommeil ? « Pensez-vous, disait l'un d'eux au P. Clair, qu'on pourrait rester un ou deux mois à abattre, équarrir, scier, sans se procurer la moindre jouissance ? Notre vie serait plus intolérable que celle du plus malhèureux esclave. Le Maître du Ciel, voyez-vous, y a remédié en nous mettant à la main la pipe d'opium, qui tient lieu de toutes les douceurs dont nous sommes sevrés. »

Il n'est pas jusqu'aux troupes de l'armée coloniale, échelonnées dans les postes, que l'ennui ne pousse à fumer. « Depuis mon arrivée à Tinh-Dao, écrit un sergent colonial, je me suis laissé prendre invinciblement par cette habitude redoutable.

« Pendant l'été, lorsque les pluies diluviennes noient la campagne, et que les jours mornes se succèdent, l'ennui s'appesantit sur les âmes. Dans le poste étroit, tour à tour brûlé par le soleil ou cinglé par l'orage, point de livres, point de jeux. L'esprit lourd s'engourdit et défaille : le spleen envahissant abat les énergies ; le dégoût vous prend de l'inutile existence ; l'ardent désir de s'évader hors de la prison monotone et des occupations coutumières. Le divin opium a calmé mes soucis, adouci les tristes heures.. ... Dans des cadres divers, malgré les dangers, la fatigue, la misère, j'ai toujours su trouver un coin solitaire, éclairé doucement par la lueur pâle de ma petite lampe et parfumé par l'opium » (1).

Enfin, beaucoup de fumeurs sont recrutés par contagion. Le voyageur, ou le nouvel arrivé en Extrême-Orient, surtout depuis que la vie est devenue plus intime avec la race jaune, aime à se rendre compte de leurs habitudes et de leurs plaisirs ; il va donc voir une fumerie d'opium de Chinois ou d'Annamites par curiosité ; malgré la tristesse du tableau, l'envie lui vient d'essayer ; et s'il répugne à accepter les offres tentatrices d'indigènes toujours disposés à guider les premiers essais des débutants dans l'espoir d'en profiter, il trouve facilement un ami ou une personne de connaissance qui le conduit dans une fumerie européenne et l'initie aux premières pipes. Chaque fumerie d'opium devient ainsi un centre de propagande faisant sans cesse de nouveaux adeptes. Le fumeur, en effet, accueille chez lui, facilite

(1) Notes d'un sergent colonial cit. par BRUNET. *Une avarie d'Extrême-Orient*, p. 22 et suivantes.

les réunions, initie les profanes : non seulement il est heureux de rencontrer des gens qui partagent son goût, mais il les encourage, entraîne les hésitants, attire les ignorants, forme des réserves. C'est sans doute, comme on l'a dit, parce qu'il ressemble à un enfant vicieux qui ne veut pas être seul à jouer aux jeux défendus (1).

Et cette initiation ne se produit pas seulement d'individu à individu de même rang social, elle existe entre personnages de situations différentes ; c'est ainsi qu'en Indo-Chine, les chefs de canton qui fréquentent les fonctionnaires pour affaires administratives, ne sont pas réfractaires à l'exemple ; de même les notables ne résistent pas non plus aux exemples venus d'en haut.

En résumé, nous voyons que les fumeurs qui se livrent à l'opium d'une façon habituelle et continue, à quelque classe qu'ils appartiennent, sont des individus qui manquent d'idéal et ne sont pas soutenus par une idée supérieure. Ils cherchent le bonheur là où il n'est pas, où ils ne peuvent pas le trouver et ruinent du même coup leur santé physique et morale, comme nous allons le voir dans l'étude qui va suivre.

(1) Cf. Fonssagrives, *loc. cit.* ; — Liberman, *op. cit.*, p. 16 ; — Brunet, *op. cit.*, p. 9 et 23 ; — Bonnetain, *L'opium*, p. 303.

DEUXIÈME PARTIE

EFFETS DE L'OPIUM ET SES CONSÉQUENCES

Effets de l'opium et ses conséquences.

Si nous interrogeons les littérateurs, nous trouvons bon nombre de pages de leurs ouvrages qui chantent les louanges de l'opium.

« O juste, subtil et puissant opium ! s'écrie Thomas de Quincey dans un magnifique élan d'enthousiasme, Toi qui au cœur du pauvre comme du riche, pour les blessures qui ne se cicatriseront jamais et pour les angoisses qui induisent l'esprit en rébellion, apportes un baume adoucissant ; éloquent opium ! toi qui par ta puissante rhétorique discernes les résolutions de la rage et qui, pour une nuit, rends à l'homme coupable les espérances de sa jeunesse et ses anciennes mains pures de sang, qui à l'homme orgueilleux donnes un oubli passager des torts non redressés et des insultes non vengées ;

« Qui cites les faux témoins au tribunal des rêves pour le triomphe de l'innocence immolée, qui confonds le parjure, qui annules la sentence des juges iniques, — tu bâtis, sur le sein des ténèbres, avec les matériaux imaginaires du cerveau, avec un art plus profond que celui de Phidias et de Praxitèle, des cités et des temples qui dépassent en splendeur Babylone et Hékatompylos ; et du chaos d'un sommeil plein de songes, tu évoques à la lumière du soleil les visages des beautés depuis longtemps ensevelies et les physionomies familières et bénies, nettoyées des outrages de la tombe. Toi seul, tu donnes à l'homme ces trésors et tu possèdes les clefs du paradis, o juste, subtil et puissant opium » (1).

De nos jours, Matgioï lui consacre des vers qui ne sont pas moins élogieux :

« Cachés aux noirs ravins perdus d'Yenbinh, la Plante
Distille en paix, au fond de son lointain abri,
Le dictame secret de la fleur odorante
Où dort le népenthès, qui calme et qui guérit.

« Le repos éternel en son suc est pétri.
Sous l'effluve embaumée de la sèvre enivrante
Et divine, il n'est pas d'homme qui n'ait tari
Les cris désespérés et la larme navrante.

« O Tasse aux ors pompeux, aux placides argents,
Le suprême remède aux âmes offensées
Gît dans l'apaisement lucide des pensées
Que donne le breuvage à nos cœurs indigents !
Vous qui souffrez, voilà le Trésor qui vous reste.
Buvez. Et vous, soyez bénits, dieux indulgents
Qui mîtes le bonheur à la merci d'un geste » (2).

Et le même auteur, dans un autre ouvrage, écrit une page où il montre l'opium procurant à l'homme le bonheur idéal — bonheur qui est loin de répondre à la conception que nous nous en faisons : — « Que ce soit sous les moustiquaires de soie et sur les peaux rares, au fond d'un logis sombre et muet, dans une salle dallée

(1) Thomas de Quincey, *Confessions of a English opium eater* (Traduction Beaudelaire).

(2) Matgioi (A. de Pouvourville), *op. cit.*, p. 5.

de marbre et remplie d'ivoires et de bois précieux : que ce soit sur la natte fine et simple, dans la maison isolée et fraîche, au milieu des plantes de la campagne rase ; ou que ce soit sur le lit de bois dur et grossier de la maison de thé, au carrefour des chemins poussiéreux, sous le toit délabré par où passent les rayons ardents du soleil, parmi les cris des coolies et le grouillement des marchés populaires, la drogue joue son rôle prépondérant et continuel ; et dans les pipes d'ivoire et d'écaille cerclée d'or, où se complait le luxe artistique des mandarins, ou dans le bambou noirci de l'amateur, ou dans le tube infect du malandrin, l'opium verse à tous, avec la force du corps, la pitié générale du cœur et l'acuité de l'esprit, le triple don qui seul peut rendre l'humanité heureuse : l'oubli du passé, le dédain du présent et l'indifférence du futur » (1).

« Oh ! écrit aussi Claude Farrère, se sentir de seconde en seconde moins charnel, moins humain, moins terrestre ; — guetter le libre envol de l'esprit qui s'échappe de la matière, de l'âme désentravée des lobes du cerveau ; — admirer la multiplication mystérieuse des facultés nobles ; — intelligence, mémoire, sens du beau ; — devenir en quelques pipées l'égal des héros, des apôtres, des dieux ; — comprendre sans effort les pensées d'un Newton, dominer le génie d'un Napoléon, corriger les fautes de goût d'un Praxitèle, unir enfin dans un cœur devenu trop vaste, toutes les vertus, toutes les bontés, toutes les tendresses ; aimer démesurément tout le ciel

(1) A. DE POUVOURVILLE, *L'Empire du Milieu*.

et toute la terre ; confondre en une même douceur amis et ennemis, bons et méchants, heureux et misérables ; — certes l'olympe des Helléniques et le paradis des chrétiens réservent à leurs élus des béatitudes moins pleines. Et pourtant ce sont là mes béatitudes à moi » (1).

Pour que l'opium mérite de tels éloges, il faut qu'il procure de bien grandes jouissances à ses adeptes ; ces jouissances existent en effet, et nous essayerons de les analyser. Mais pour qu'elles se maintiennent semblables à elles-mêmes pendant un certain temps et pour que les pénibles effets de la drogue ne soient pas supérieurs aux agréables, il faut souvent augmenter la dose, et l'on arrive vite à l'état de besoin impérieux, irrésistible, qui conduit plus ou moins rapidement à l'intoxication et à la mort.

Ces effets néfastes ne se font pas sentir seulement sur l'individu isolé ; ils retentissent forcément sur la famille, sur la société et aussi sur l'humanité.

(1) CLAUDE FARRÈRE, *Fumée d'opium*.

CHAPITRE PREMIER

Effets de l'opium sur l'individu.

---

§ 1. — Jouissances et avantages des fumeurs

Il ne faudrait pas croire qu'il suffit de fumer une ou plusieurs pipes d'opium pour éprouver les jouissances dont parlent les fervents de la drogue. Au contraire, en général, le premier contact avec l'opium est plutôt désagréable. Le fumeur passe par une première période qu'on peut appeler période d'initiation, où l'économie lutte contre le narcotique et où les symptômes sont ceux qu'occasionne la fumée de tabac.

Dans cette première période, l'individu éprouve de la céphalée, des vertiges, des nausées, une vive douleur épigastrique ; il est pris de vomissements, de défaillances et même de syncopes. L'intelligence est pesante, les idées confuses et faibles ; le sommeil lourd, pénible et peu réparateur. Chez certains, les premières pipes occasionnent une insomnie de plusieurs jours. Liberman, qui a expérimenté sur lui-même, dit que chez lui les vomissements ont cessé à la fin du deuxième septénaire ; chez d'autres, les phénomènes que nous avons décrits disparaissent seulement au bout de quatre semaines ; quelquefois ils durent quatre à cinq mois ; enfin certains, malheureusement ils sont rares, ne peuvent s'habituer à l'opium et sont obligés d'y renoncer.

Il est inutile de dire que si les choses en restaient là et si ces effets désagréables persistaient, peu de personnes se livreraient à la drogue. Cependant, même chez ceux à qui l'opium n'occasionne pas tous ces malaises et qui qualifient le premier contact avec la pipe de « bizarre et très amusant », les jouissances n'apparaissent pas immédiatement.

Paul Bonnetain nous a décrit dans un style imagé les premières impressions d'un de ces fumeurs : « D'abord une fumée chaude lui titilla le palais, le caressa d'une saveur à la fois âcre et douce. Puis, ce fut un chatouillement de ses bronches ; puis un sentiment d'oppression comme on en éprouve dans un bain, dans un plongeon ou sur les lèvres amoureuses d'une femme pâmée quand son baiser boit votre souffle, le temps d'un spasme. Et il étouffa ; ses yeux s'élargissaient, ses narines se pinçaient, ses tempes se lustraient de sueurs. A bout, il rejeta quelques flocons par les narines, sans cesser d'aspirer ; et tout à coup, il ne vint plus rien à sa succion. La pipe enlevée, il dégonflait ses joues, sa poitrine, et chassait de gros nuages bleus, dont les volutes fugitives l'embuaient, dont son regard éteint suivit l'agonie jusqu'au plafond. Et il savoura le fort parfum, si étrange, si neuf de cette fumée distrayante. »

Alors, il veut immédiatement fumer une autre pipe, par une curiosité impérieuse qui le tient et qu'il ne raisonne pas. A cette heure, sa fièvre vit plusieurs vies, et il réalise en lui les féeries des poètes, les impressions de leurs voyages au pays des rêves. Une sorte d'ivresse multiplie et paralyse à la fois son intelligence. Toutes ces choses d'ailleurs sont confuses, il note seulement « un vacarme sous son crâne, un roulis de pensées, comme il en avait ressenti, enfant, en s'endormant après des heures de chemin de fer, dans la réentente des trépidations des trains et du vacarme des plaques tournantes. »

Il continue à fumer. Va-t-il jouir de ces rêves voluptueux que l'on dit indissolublement liés à la fumée d'opium ? En aucune manière ; il se sent plus léger, mais son front reste grave, avec une barre entêtée et une volonté fixe entre les sourcils, ses yeux disent sa désillusion et la poursuite inutile du rêve.

Il fume toujours et il s'endort. Est-ce dans ce sommeil qu'il va trouver les jouissances attendues ? Non encore, car si par moments son rêve reste flottant et très doux, comme une « promenade en ballon, la nuit, au-dessus d'une ville endormie, et s'il se sent courir sur les toits des sampans avec la légèreté d'un danseur de corde, dans d'autres, il est environné par le silence absolu, par le noir, par une eau muette dans laquelle il flotte, sans efforts de nage, comme une épave. Dans cette eau qui file autour de lui, il émerge immobile, semblable à une bouée entraînée par la marée. Dans cette immensité et dans ce silence, il s'endort ; il lui semble qu'il n'est plus, mais quelque chose en lui sent encore. Des bêtes froides, visqueuses, emportées par le courant, passent près de lui, se cramponnent à ses jambes, s'y fixent de leurs suçoirs, tirent son sang, le fument comme l'opium. Et sous de semblables visions, après avoir frissonné, soupiré, il s'éveille » (1).

L'opium, jusqu'à présent, ne lui a procuré aucune joie et il en sera ainsi pendant plusieurs jours. C'est donc chez un fumeur habitué, entraîné, que nous devons chercher les satisfactions et les jouissances causées par l'opium.

Après la 5e ou 6e pipe le plus souvent ou un plus grand nombre suivant les fumeurs, il se produit une légère agitation, un peu de trémulation musculaire, une sensation de chaleur et de soif vive, un vague sentiment d'ivresse ; en même temps, l'excitation cérébrale se produit insensiblement ; les idées sont plus nettes, les facultés imaginatives s'exaltent. On peut comparer cet état à celui dans lequel on se trouve quand on a bu plusieurs verres de champagne. Cette modification dans l'état mental se manifeste tout d'abord au compagnon de fumerie par une tendance très nette à la loquacité. La conversation, d'ailleurs, est intéressante et bien enchaînée ; il y a seulement une hyperactivité de la mémoire et de l'association des idées, se traduisant par une abondance plus grande des mots prononcés plus rapidement ; mais cette excitation ne dépasse jamais un certain degré, jamais elle n'atteint celle que produit le haschich, où elle arrive à gêner le langage ; de même l'excitation de l'intelligence ne dépasse pas celle que l'attention et la volonté pourraient déterminer chez un homme normal (2).

(1) Bonnetain, *op. cit.*, p. 179 et s.

(2) Cf. Laurent, *Essai sur la psychologie et la physiologie des fumeurs d'opium*, p. 6 et 8.

Peu à peu s'installe l'état d'euphorie progressive et persistante; état qui n'est lui-même qu'une résultante comprenant la détente du corps, des muscles dans le repos, avec une impression de légèreté; la détente aussi de l'esprit par la diminution et l'abolition des pensées désagréables; tout cela coïncidant avec une activité douce, facile, des fonctions intellectuelles.

Donc l'opium produit d'abord un apaisement bienheureux, comme « la joie d'un bain glacé, délassant le corps en nage, le régal d'une limpidité froide dans laquelle on boit » (1). En même temps, les sensations réflexes extérieures et intérieures sont diminuées : la chaleur et le froid sont moins perçus; de même les mille petits soucis, les mille petites misères que provoque le fonctionnement de notre organisme disparaissent: le poids du corps lui-même n'existe plus; ce corps devient une loque dont le fumeur n'a cure. Dans le domaine psychique, des phénomènes analogues se produisent : les réflexes mentaux inconscients sont abolis.

Or, comme le dit le Dr Laurent, ceux qui ont l'épiderme sensible, au propre et au figuré, sont des inquiets et dans leur état normal, n'entrevoient pas souvent l'euphorie. Diminuer chez eux l'activité réflexe non consciente équivaudra pour eux à diminuer l'inquiétude du danger intérieur ou extérieur, et à leur enlever toute entrave à la liberté de leur pensée.

L'on sait en effet que rien n'empêche la pensée de se donner libre cours comme les sensations extérieures ou

(1) Bonnetain, *op. cit.*, p. 280.

intérieures désagréables. Ceux qui veulent travailler de tête se mettent à l'abri du bruit, s'isolent du froid, de la trop vive lumière, et de tous les agents physiques qui pourraient impressionner l'organisme d'une manière trop intense ; de même la moindre douleur, une sensation d'oppression, une colique, et même les sensations obscures de la digestion écartent le travail cérébral. Isolement et sobriété sont les moyens employés pour réduire au minimum ces sensations. Or, l'opium peut produire le même résultat, mais au prix de troubles plus grands (1).

Dans ce premier état, le fumeur étendu vit pour ainsi dire sans le sentir ; il jouit du reposant non-penser ; il ne songe à rien ; il regarde monter la fumée bleuâtre ; il se trouve bien : sensation primitive qui n'est provoquée par aucune pensée, par aucune autre sensation. Voilà une des premières jouissances, négative en quelque sorte, du fumeur.

Une autre jouissance consiste dans l'état de supériorité où il se trouve : sous l'influence d'une plus forte dose d'opium, son esprit s'exalte ainsi que ses sens ; il a la sensation de facilité et de fidélité de la mémoire. L'élocution est abondante, lès idées viennent en foule ; le fumeur, s'il a quelqu'un près de lui, passe un bon moment à échanger ses impressions. Il devient un aimable et intarissable causeur, qui captive son auditoire et lui inspire le désir de l'imitation. Cette faconde

(1) Cf. Laurent, *L'opium*. Extrait *du Bulletin de l'Institut général psychologique*, de décembre 1902, p. 24-25.

lucide produit chez les assistants une tentation irrésistible.

Ajoutons que les discussions entre fumeurs sont toujours empreintes de courtoisie et de condescendance. Comment en serait-il autrement ? Une gaîté sereine leur fait voir tout en rose ; ils sentent couler en eux un optimisme satisfait : il ne saurait être question d'animosité. Nous nous en sommes aperçu nous-même en visitant les fumeries chinoises : alors que tout-à-l'heure dans les cafés de Shanghaï, dans la rue des bouchers à Pékin ou dans les villages des rives du Péi-Ho, les gens nous regardaient avec haine et excitaient leurs chiens contre nous, dans les fumeries, au contraire, ils nous accueillaient de l'air le plus affable et avec le sourire le plus bienveillant (1).

L'intelligence du fumeur s'amplifie et acquiert une lucidité « consolante et sans nuage » : il lui semble qu'il comprend tout ; les idées sont nettes ; tout paraît s'expliquer avec une merveilleuse clarté ; il se sent en possession de moyens qu'il ne possédait pas auparavant : « Est-ce que je savais quelque chose, s'écrie l'un d'eux, avant d'avoir fumé l'opium ? »

L'opium, en réalité, décuple l'intérêt des choses. Le fumeur prend-il un livre, une belle page dans la fumée

(1) Il n'en est pas toujours ainsi : à Bornéo, Sumatra, Java, dans la race malaise, la fumée d'opium produit quelquefois une excitation extraordinaire ; le fumeur se précipite dans la rue avec l'intention de tuer les personnes qu'il rencontrera ; cet acte s'appelle hamück ; aussi l'autorité hollandaise fait-elle monter la garde à la porte des établissements pour tuer au besoin le forcené qu'on ne pourrait mettre hors d'état de nuire. Reveil suppose que les Malais mêlent à l'opium d'autres substances.

lui apparaîtra vivante, il la goûtera comme un fruit suave et délicieux. Quelqu'un nous racontait un jour avoir vu, dans un salon, des fumeurs prendre un intérêt tout à fait exagéré et hors de proportions à une lecture absolument insignifiante. Si le fumeur est artiste, les sons pour lui ont des couleurs, et les couleurs contiennent de la musique. Cela nous était confirmé par quelqu'un qui nous disait avoir ressenti, sous l'influence de quelques pipes, des effets tout particuliers et très vifs à l'audition d'une valse de Chopin qu'il avait entendue bien des fois.

Les sens eux-mêmes se mettent de la partie : ils acquièrent tous une acuité inconnue. L'oreille perçoit le cliquetis de chaque insecte immobile dans la brousse ; le bruit imperceptible des pattes du flamant sur les briques, du vol velu de la chauve-souris, presque de l'herbe qui pousse : selon la pittoresque expression de Farrère, on n'entend plus le silence. Les yeux découvrent entre les poutres les yeux d'une araignée aux aguets dans sa toile, et comptent la poussière grains à grains. Les narines aspirent à travers un store le vague parfum des corolles des fleurs fermées par la chaleur ; et les doigts distinguent sur le plateau de fumerie, au seul toucher, les aiguilles neuves d'avec les anciennes (1).

Au fur et à mesure qu'on fume, tout grandit — dans une proportion moindre toutefois que sous l'influence du haschich — ; l'espace s'ouvre, la durée s'allonge, la nature s'élargit ; les montagnes s'élèvent jusqu'au ciel,

(1) BONNETAIN, *op. cit.*, p. 280, et J. BOISSIÈRE, *op. cit. La prise de Lang-Xi*, p. 42.

les édifices aux nues ; les instants se transforment en cycles incommensurables, la goutte d'eau en océan, l'étincelle en météore, la lueur en astre éblouissant (1). L'amoureux voit « les cascades prolongeant la robe de l'aimée jusqu'au pied des monts en traine immense : et les seins gonflés s'étendent, emplissant l'horizon, pareils à l'Océan et palpitant au rythme des lames » (2).

« Qu'une femme épouse un fumeur, fait dire Boissière à l'un de ses héros, c'est comme si elle se donnait à un génie. Le moustiquaire écarté, d'abord elle voit la lampe, claire comme une étoile ; et près de la lampe un homme étendu, dans la majestueuse attitude de Confucius, avec un livre. La main droite manie l'aiguille comme Trieu-Teu jadis son sabre victorieux : le couteau qui sert à râcler les résidus, ressemble au pinceau de Trân-Huyên, qui trouait la pierre ; et la pipe est inflexible comme le désir d'un bonze galant » (3).

Et c'est la même idée qui faisait écrire à Beaudelaire :

« L'opium grandit ce qui n'a pas de bornes,
Allonge l'illimité
Approfondit le temps, creuse la volupté,
Et des plaisirs noirs et mornes
Remplit l'âme au delà de sa capacité » (4).

Mais, en fait, l'opium ne crée pas d'idées nouvelles ; il se résume dans l'exaltation de la personnalité. Il semble au fumeur qu'il possède plusieurs cerveaux ;

(1) Cf. MARTIN; *Les abus de l'opium*, p. 155.
(2) BOISSIÈRE, *op. cit.* (*Comédiens ambulants*), p. 123.
(3) J. BOISSIÈRE, *ibid.*, p. 106.
(4) Cité par GIDE, *op. cit.*, p. 99

mais, poète, il reste poète avec un lyrisme peu élevé ; analyste, observateur, il acquiert une plus subite acuité de perception : sensitif, il devient sensible davantage ; souffrant d'amour, il tombe au martyre. En résumé, une loupe, appliquée aux regards spirituels, voilà l'opium ; mais la lentille se teinte de la couleur d'esprit de l'observateur, et celui-ci, tout en utilisant sur l'extérieur le grossissement du foyer, s'y mire lui-même complaisamment (1).

Tout cela d'ailleurs n'est pas du rêve : le jugement et la raison restent sains, les idées logiques ; le fumeur n'ayant plus de soucis matériels ni moraux, sentant son corps plus léger, toutes ses facultés intellectuelles développées et agrandies, se considère comme une sorte de surhomme. Alors, l'esprit plane comme dégagé de ses liens terrestres ; le fumeur « échappe pour un temps à la vie, à l'époque et à soi-même ; il n'est plus un individu, mais une parcelle indéfinie de matière pesante étrangère à tous les corps, et contemporaine à sa fantaisie de Cléopâtre et du xxxe siècle » (2) A ce moment, il éprouve le besoin de rester en place, de ne pas parler, de laisser rouler les mondes sans y toucher, satisfait de les voir et de les comprendre du haut de son intelligent et lucide anéantissement : « Je ne rêve pas, dit le fumeur de Boissière, je ne suis pas ivre ; non, je pense, je vois, j'entends mieux que de mon vivant » (3).

La volonté qui se sent encore maîtresse souveraine de

(1) Cf. BONNETAIN, *op. cit.*, p. 389.
(2) CLAUDE FARRÈRE, *Fumée d'opium*.
(3) BOISSIÈRE, *op. cit.* (*Prise de Lang-Xi*, p. 40.

ce mécanisme qui fonctionne si bien exerce peu son pouvoir ; elle suit l'influence des impulsions extérieures ; les pensées, à cause de ce peu de pouvoir, se succèdent décousues, ainsi que s'éparpillent les perles du kaléidoscope ; le fumeur les regarde couler comme il regarderait couler une eau. Après quelques pipes de plus et un laps de temps variant de 4 à 6 heures, il se laisse facilement envahir par la rêverie. Si dans la conversation, il ne joue pas un rôle actif ; si son esprit n'est pas sans cesse éperonné par l'idée, par le mot à trouver ; s'il écoute, la distraction survient rapidement ; les phrases sont entendues mais nullement comprises ; par un léger effort, il écoute un instant, mais la non-pensée revient très rapidement. S'il lit, s'il veut s'abstraire à une réflexion, à un problème, il en est de même ; au bout de quelques minutes d'attention, l'esprit flotte ; il y a un moment d'arrêt bien net de l'intelligence, et il retombe dans sa rêvasserie (1).

Cette rêverie, le Dr Laurent l'a bien analysée : c'est une rêverie presque sans pensée, avec hypermnésie latente.

Au premier point de vue, si aucune cause d'excitation ne survient, le fumeur ne pense presque pas ; les idées flottent très vagues, à peine reconnues par la conscience ; s'il veut graver dans son esprit une idée qui vient de lui plaire et qu'il fasse effort pour la formuler une deuxième fois, elle a disparu. Il a presque la sensation de tableaux

(1) Cf. LAURENT, *Essai sur la psychologie et la physiologie des fumeurs d'opium*, p. 13.

grisâtres, vagues, ondulant devant l'esprit qui n'a pas la force de s'apercevoir nettement de ses pensées.

Parfois cependant, dans cette insomnie, une idée paraît à l'esprit, très simple ; la conscience s'en empare, la médite lentement, la retourne sous toutes ses faces sans jamais l'approfondir. Les choses sont vues d'ailleurs sous leur meilleur aspect : un travail à accomplir semble facile, une pensée paraît bonne ; et longuement, lentement l'esprit ressasse la même idée, la revoyant cent fois de la même façon, sans jamais se lasser ; puis un incident survient : un bruit, l'intention de regarder l'heure, qui coupe la rêverie et celle-ci reprend un instant après sur la même idée ou sur une autre (1).

Quelles sont les idées qui se présentent ainsi à l'esprit du fumeur qui rêve éveillé? Elles sont très variables selon les individus ; l'opium ne donne pas en effet une direction spéciale à l'imagination, et il ne la lance pas forcément dans les rêves voluptueux et lubriques, comme on le croit si souvent. Peut-être, le fumeur, s'il fait danser devant lui des femmes nues, comme cela se fait quelquefois, verra-t-il ses rêves se diriger dans ce sens ; mais si l'opium exalte l'imagination, qui acquiert momentanément une puissance plus grande, cette imagination ne se meut que dans la sphère des idées habituelles au fumeur, des idées auxquelles il est naturellement porté. C'est ainsi que l'ambitieux verra ses plans de fortune réalisés de la façon la plus splendide ; l'avare verra ses coffres pleins d'or et savourera la vue de ses lingots imagi-

(1) Cf. Laurent, *op. cit.*, p. 8 et 9.

naires ; le poëte sera transporté dans les sphères enchantées de l'idéal ; un esprit vindicatif détruira son ennemi par une série de guet-apens et une chaine de crimes ; il l'anéantira jusque dans sa postérité ; le libertin rêvera de plaisirs inconnus, de femmes aux formes gracieuses et suaves. Mais ce sont là des phénomènes tout individuels : l'influence génésique et voluptueuse n'est que le fait de l'individu que sa nature ou sa constitution poussera aux plaisirs vénériens (1).

En résumé, l'opium n'apporte pas une satisfaction identique pour tous : mais donne à chacun suivant ses penchants et son développement cérébral l'ivresse en rapport avec ses goûts, ses aptitudes et sa capacité. Toutefois, pendant la rêverie, par la volonté un tableau peut se présenter à l'esprit ; mais l'effort psychique pur ne durera pas longtemps. Certains fumeurs néanmoins affirment qu'ils peuvent diriger leur rêverie et qu'en choisissant avant de fumer le thème qu'ils désirent, celui-ci se présentera.

Quoi qu'il en soit, dans la rêverie pas plus que dans la période précédente d'excitation, l'opium n'apporte avec lui aucun élément étranger ; on ne trouve dans les rêves du fumeur que des réminiscences plus ou moins déformées, plus ou moins capricieusement combinées de la vie réelle et de l'expérience, réminiscences qui ne correspondent pas toujours aux choses elles-mêmes, mais à des impressions connexes ; de même que la jumelle marine ne saurait mettre dans le champ de l'observateur

(1) LIBERMAN, *op. cit.*, p. 19.

ce qui n'y est pas : elle rend simplement plus sensibles les objets qui s'y trouvent (1).

Ajoutons enfin à propos de ces rêves que le fumeur serait presque dans l'impossibilité de les mettre à exécution : le voluptueux préfère de beaucoup l'illusion à la réalité ; et celui qui se réjouit de détruire son ennemi ne léverait pas le pied pour lui donner un croc en jambes : il lui faudrait pour cela faire un surhumain effort de volonté dont il est incapable.

L'autre caractéristique de cette rêverie est l'hypermnésie ; mais il semble que pour qu'elle se manifeste, il soit besoin d'une excitation par l'acte moteur graphique ou verbal ; ou simplement par le heurt inattendu d'une réflexion suggérée par une banale sensation. Si l'on cause avec ce fumeur, on voit ses yeux s'animer et il répond en pleine possession de ses facultés ; sa mémoire est d'une netteté remarquable ; elle lui ouvre des horizons sans bornes, des abîmes d'impressions emmagasinées jadis, mais oubliées depuis et mortes ; les souvenirs se présentent en foule et sans effort ; les mots, les phrases viennent facilement et l'hyperexcitation de la mémoire est très nette. Qu'au lieu de parler le fumeur veuille écrire, les mêmes phénomènes se produiront et la plume sera facile (2).

Maintenant, si nous augmentons la dose d'opium, les jouissances que nous venons de passer en revue vont-elles augmenter? Plus l'intoxication progresse, plus la rêverie s'installe en maîtresse, il devient impossible au

(1) Cf. Millant, *op. cit.*, p. 23.
(2) Cf. Laurent, *op. cit.*, p. 9 et 10 ; Bonnetain, *op. cit.*, p. 283.

fumeur de fixer sur un chapitre spécial les réveils de sa mémoire ; l'association des idées fait complètement défaut ; il doit jouir au hasard et ne pas choisir les réapparitions des scènes par lui vécues, entendues ou lues autrefois. Bientôt la mémoire engourdie à son tour ne lui fournit plus que de peu nombreux sujets, dont quelques-uns sont ressassés pendant un temps infini. A ce moment, pour que la mémoire et l'association des idées, qui disparaissent en dernier, revinssent momentanément, il faudrait une excitation extérieure très forte.

La jouissance alors va changer de caractère ; il survient une véritable anesthésie physique, touchant peu les sens de la vie de relation : vue, ouïe, toucher ; mais portant sur le sens de la douleur ; cette anesthésie s'étend au sens musculaire et est nettement perçue dans la rêverie ; de sorte que le fumeur, qui tout à l'heure encore avait besoin de ses aises, se trouve bien n'importe où. Du côté des sensations internes, il en est de même : les vomissements peuvent se produire sans qu'ils soient accompagnés de nausées.

Parallèlement à cette anesthésie physique, s'installe l'anesthésie mentale et morale. La volonté a depuis longtemps disparu ; la sensibilité elle-même est abolie ; l'individu est indifférent à ses propres malheurs et à ceux des autres ; il est « seul dans son univers » ; il n'écoute plus les gémissements des malades couchés à côté de lui : c'est un amoral. Et pourtant, l'euphonie existe toujours ; mais elle n'est plus positive ; l'individu n'a plus conscience de son état de supériorité, il ne se croit plus le surhomme, il ne jouit plus de ses rêves grandioses; l'euphonie devient négative par absence de tout sujet de douleur physique et morale. A ce moment, cette anesthésie est telle, qu'elle va jusqu'à l'indifférence de la mort (1).

Dans la littérature de l'opium, les exemples abondent de ce mépris de la mort. C'est J. Boissière qui fait parler un sergent tonkinois : « Je ne me lèverais pas pour saluer le Bouddha lui-même, s'il daignait venir. Qu'a-t-il de plus que moi en somme ? Il ne peut pas me faire de mal ; personne ne peut me faire de mal ; d'ailleurs, je m'en moque ; je suis heureux, Et si ce soir, les ennemis entraient par la brêche, si je voyais, à deux pas de moi, un pirate levant son coupe-coupe pour m'assassiner, eh bien ! moi aussi je tendrais le cou, et en mourant, j'aurais un bienveillant et pas même dédaigneux sourire pour mon assassin. »

Plus loin, c'est le même sergent qui raconte l'histoire d'un vieil annamite couché, fumant l'opium, qui se laisse tuer sans une plainte et meurt avec un bienveillant sourire, comme dans l'extase « comme si nous eussions été impuissants — et nous l'étions — à troubler par la force sa surhumaine joie de thériaki » (2).

Puis, c'est Liberman qui nous raconte un épisode de l'expédition de Chine : « Un jour, côtoyant les rives du Peï-Ho, je rencontrai une hutte dont les habitants venaient de fuir à notre approche. Une marmite de fonte contenait les restes d'un repas de la plus pauvre

(1) Laurent, *L'opium*. Extrait du *Bulletin de l'Institut général psychologique*, p. 25 et 26.

(2) Boissière, *op. cit.* (*La prise de Lang-Xi*), p. 35 et 43

espèce : riz et débris de poisson sec ; tous les meubles étaient sales et délabrés. Dans un réduit obscur, séparé du reste de l'habitation par des nattes, je vis étendu sur un misérable lit de camp, un Chinois d'une quarantaine d'années ; il était maigre et décharné et tenait à la bouche une pipe à opium dont il paraissait savourer la fumée avec délices ; il ne bougea pas cependant. Le malheureux avait surmonté la frayeur qu'inspiraient alors les Français ; il avait bravé la mort peut-être pour pouvoir se livrer quelques instants de plus à sa funeste débauche » (1).

Quand le fumeur est parvenu à cette anesthésie complète, l'euphonie, le non-besoin sont tels, qu'à ce moment la pipe échappe des mains et la fumerie s'arrête d'elle-même. Ce moment survient 2 à 6 heures après le début de la rêverie. Le sommeil arrive alors, lourd et pénible, entrecoupé de soupirs et de gémissements. Certains n'en conservent aucun souvenir ; pour d'autres, il est peuplé de rêves bizarres qui sont dépouillés des couleurs de l'opium et qui répondent aux préoccupations individuelles, sans avoir aucun caractère particulier. Ce sommeil dure de 2 à 12 heures, selon la prédisposition du fumeur et la quantité d'opium absorbé.

Nous venons de suivre pas à pas et d'une façon un peu trop schématique sans doute, les différents états par lesquels passe le fumeur dans une séance complète de fumerie non troublée. Il n'en est pas toujours ainsi, et

(1) LIBERMAN, *op. cit.*, p. 8.

bon nombre de personnes ne peuvent ou ne veulent épuiser toutes les jouissances que procure l'opium.

Il en est certains, et ce sont probablement les plus nombreux, dans le cerveau desquels les rêves de grandeur ne peuvent éclore, chez lesquels l'imagination, allanguie par les vapeurs d'opium, n'engendre rien de pareil. La nuit, dans les opiagies, dans ces bouges infects et noirs, les malheureux qui s'accommodent de dross détestables achetés à vil prix, ces êtres décharnés et plongés dans la torpeur, font-ils des rêves charmants et voluptueux ? On l'a dit, mais beaucoup restent sceptiques. D'ailleurs, ils se contentent de beaucoup moins ; les jouissances matérielles que leur procure leur opium leur suffit : ils font comme les buveurs et les fumeurs de tabac ; si l'opium est de bonne qualité, ils en obtiennent des effets agréables ; si au contraire il est frelaté, âcre, irritant, ils s'en contentent, grâce à leurs gosiers habitués, comme les alcooliques endurcis se contentent des spiritueux les plus détestables (1).

D'autres fumeurs, soit par économie, soit par sagesse, ne vont pas jusqu'au bout de la séance de fumerie ; ils s'en tiennent, au moins pendant un certain temps, à une dose moyenne d'opium, répartie en plusieurs fois, pour en obtenir les effets excitants. Sous l'influence de cette excitation, l'écrivain composera un article, le joueur se livrera au jeu, le libertin aux femmes. A ce dernier point de vue, l'opium, fumé modérément, favorise les rapports sexuels ; les érections sont plus rapides, mais

(1) Cf. Martin, *op. cit.*, p. 155 et 156

la virilité proprement dite n'est nullement augmentée, au contraire. Chez la femme, comme elle est passive, l'action de l'opium pris dans les mêmes conditions, s'exerce par une sorte d'ivresse : elle se trouve dans un état de rêverie idéalisée, de béatitude dans lequel elle éprouve un grand charme et un grand bien-être (1).

D'autres fumeurs ne vont pas même jusque là. Les uns absorbent seulement une petite quantité d'opium pour voir la vie en rose ou sous un jour résigné ; les autres pour éprouver une sorte de bien-être intellectuel et physique où ils se sentent plus alertes, plus dispos de corps et d'esprit : ce qui leur permet sur le moment de vaquer avec plus de liberté aux affaires. C'est ainsi que les chanteurs chinois et annamites y trouvent une virtuosité supérieure à leurs facultés naturelles : la souplesse et la grâce de leur voix en sont augmentées, au dire de leurs concitoyens (2).

L'opium peut-il servir dans l'accomplissement d'un travail important, dans la préparation d'un examen ? Peut-être grâce à lui, un fumeur non intoxiqué, qui a des connaissances antérieures, pourra-t-il utiliser plus facilement ces connaissances pour la rédaction d'un travail ou la réponse à un examen, mais c'est tout ; si l'opium peut exciter la mémoire de reproduction, il ne peut que gêner la mémoire d'acquisition (3).

(1) Cf. Bosc de Vèze, *De l'opium et de la morphine*, p. 49.

(2) Personnellement, nous n'avons jamais éprouvé aucun agrément dans les théâtres chinois à entendre leurs cris et leurs voix de fausset.

(3) Cf. Laurent, *Essai sur la physiologie et la psychologie des fumeurs d'opium*, p. 14.

Dans ce sens, le P. Clair cite le cas d'un administrateur des affaires indigènes, aujourd'hui en retraite, qu'il a connu en Cochinchine : il faisait partie des principales commissions gouvernementales. De son propre avis, il ne prenait la plume pour rédiger ses rapports, qu'après avoir absorbé une ration de dix pipes d'opium. Il pouvait alors y aller de confiance.

De même, dans un rapport de l'administrateur principal Long-Xugen, en Cochinchine, nous lisons : « L'usage de la drogue aurait fait bénéficier des Chinois riches et aisés d'une activité qu'ils n'auraient peut-être pas eue sans cela ; et de ce fait, ces Chinois, très sérieux, géraient leurs affaires d'une façon remarquable » (1).

Certains Chinois vont même, paraît-il, jusqu'à mettre à la tête de leurs sociétés industrielles et commerciales, des fumeurs modérés : la lucidité et l'activité intellectuelle que leur apporte l'excitation de la drogue, tout en donnant un essor extraordinaire à la mémoire et à l'imagination, leur permettent de concevoir, de combiner des plans de campagne, des stratagèmes, des pièges pour développer les affaires et concurrencer les rivaux. Après la séance de fumerie, ils se rappelleront et communiqueront leurs combinaisons. Ils ne seront gênés par rien et diront son fait à chacun, sans vergogne et sans violence. La hardiesse des projets qu'ils conçoivent dans les nuages de fumée, n'est arrêtée à leurs yeux par aucun obstacle, ni aucune considération d'honnêteté, de conscience ; assurés du succès, ils sauront convaincre les

(1) Cité par MILLANT, *op. cit.*, p. 37.

sous-ordres, leur inspirer la confiance et l'audace nécessaires à l'exécution (1).

C'est peut-être prêter beaucoup de qualités aux fumeurs même modérés, que de les croire capables de si bien diriger les affaires. Un fumeur de Boissière nous dit avoir essayé d'emprisonner dans une case de son cerveau les idées subtiles engendrées par l'opium ; il n'avait trouvé à son réveil qu'une pensée banale, baroque ou misérable, qui ne pouvait lui être d'aucune utilité.

De plus, en opposition avec l'excitation du haschich, où la mémoire est très tenace, les souvenirs de la période d'excitation de l'opium paraissent être peu profonds et s'effacer très vite.

§ 2. — L'état de besoin.

Si les choses en restaient là, si les effets de l'opium se bornaient aux jouissances et aux avantages que nous venons d'étudier, on comprendrait facilement l'attraction que la drogue exerce sur les individus. Mais en réalité, l'opium ne procure que des jouissances et avantages factices ; au début même, il n'engendre que des sensations désagréables ; dans la suite, il entraine avec lui un cortège de maux de toute nature. Pourquoi y revient-on et pourquoi continue-t-on à fumer malgré tout ?

Au lendemain du jour où l'on a fumé pour la première fois, on éprouve à la même heure le besoin impérieux

(1). J.-B. Clair, *loc. cit.*, p. 144.

de refumer. L'individu espère d'abord que ses rêves ne seront plus des cauchemars : il a entendu dire tant de bien de l'opium : il a vu des fumeurs dans une attitude si béate, qu'il veut quand même persévérer. Souvent aussi, il endure « la petite mort » : une douleur lancinante le torture, sans qu'il sache pourquoi ; et il pressent qu'une seule bouffée de cette fumée le guérira de suite, arrêtera la main qui le supplicie. Enfin, raison plus profonde parce que plus générale, cette hantise de la fumée bleue, cette « envie de femme grosse », ce besoin est souvent un réveil de la brute. Certains fumeurs, privés de l'alcool par leur éducation, tombent à la seule ivrognerie compatible avec leurs mœurs et leur rang social ; ivrognerie qui, selon le mot de Farrère, les rend ivres-vivants au lieu de les rendre ivres-morts. Ils désirent l'opium comme d'autres désirent l'eau-de-vie : si le désir est changé, la bassesse du penchant ne l'est pas. Et ils reviennent voir les autres fumer et ils s'exposent à la tentation « comme l'enfant regarde l'armoire aux confitures et certaines femmes les étalages des grands bazars. »

Dans ces conditions, malheureusement trop fréquentes, il est presque impossible que l'individu résiste. Comme le dit Paul Bonnetain, il savoure la progressive noyade de sa volonté avec une joie mauvaise, spontanée, d'aller au mal volontairement. Une force le pousse, et s'il lutte encore, « c'est parce que la lutte elle-même est exquise, et parce que la certitude de sa défaite tout-à-l'heure chatouille sa perversité : Elle lui souffle le souvenir de combats intimes, ainsi livrés, ainsi perdus, devant des lèvres souriantes, des gorges offertes, et des yeux veloutés de lascives promesses. C'est bon de sentir s'éveiller la bête, de se retrouver bestial quand on a trop fait l'ange, de céder aux sensualités dangereuses et pour mêler un ragoût de souffrance aux premières passions, de pressentir les nausées du réveil, la rancœur du plaisir banal » (1).

C'est qu'en effet, chez un fumeur qui va continuer à fumer, qui va s'habituer à l'opium, tout ne sera pas agrément. Après son sommeil, il aura le vide dans l'esprit pendant toute la journée. Peu à peu, à son réveil, il sera malaise, courbaturé, affaibli : il éprouvera des nausées, des envies de vomir ; sa démarche sera embarrassée, sa langue pâteuse, sa gorge sèche, sa mine pâle, son cerveau incapable de se livrer à un travail sérieux. Mais ces troubles sont éphémères, ils disparaissent d'eux-mêmes, et le fumeur ne garde de l'opium que le souvenir d'une nuit délicieuse où il a pu s'élever au-dessus de lui-même et secouer pour quelques heures le fardeau de la vie. Il oublie tous les malaises et est prêt à recommencer. Il cède ; comment résister à un si merveilleux moyen de n'avoir plus en tête que ce qu'on aime, que ce qui flatte le plus les penchants personnels ? Il subit donc encore une fois l'ivresse et les charmes de l'opium ; et de plus en plus il se livre à sa passion. Le plaisir momentané, la courte période d'excitation, les heures de vivacité ont porté des fruits et ont rendu mille pour un : il se laissera entraîner pour sa vie tout entière

(1) BONNETAIN, *op. cit.*, p. 249 et suiv.

et forcera petit à petit les doses d'opium ; cette augmentation est presque fatale, si l'équilibre psychique du fumeur n'est pas parfait ; — et il l'est rarement chez la plupart des hommes.

Au fur et à mesure que l'individu fume, les malaises augmentent ; de plus en plus, aux délices de la nuit succèdent les tristesses du lendemain ; plus l'excitation nerveuse est grande, plus la dépression est accablante. Quand le fumeur arrive à 50 pipes, chiffre moyen et vite atteint, il éprouve un violent mal de tête le lendemain des séances de fumerie ; une sensation de langueur, de lassitude, de fatigue générale ; une incapacité presque complète pour tous les mouvements et pour tous les exercices, de la faiblesse musculaire ; un sentiment de brisement dans les membres ; il souffre de la sécheresse de la gorge, du manque d'appétit, du dégoût de tous les aliments, de constipation opiniâtre, d'embarras gastrique, de sueurs abondantes ; la dépression de l'intelligence est complète, accompagnée de mauvaise humeur et de dispositions à tout voir en sombre ; l'impossibilité de travailler et d'avoir des vues nettes et précises est absolue ; l'indolence et la paresse intellectuelles invincibles ; le fumeur présente un aspect d'accablement et d'hébétude profonde (1).

Sachant que la pipe va faire disparaître tous ces troubles comme par enchantement, il reviendra à son poison et y reviendra de plus en plus souvent. Suivant l'auto-

(1) Cf. BRUNET, *op. cit.*, p. 9 et suiv., et LITTLE, On the habitual use of opium in Singapore (*British and foreign Review*, 1859), in BROUARDEL, *Cours de médecine légale*... Opium, morphine et cocaïne, p. 47 et 49.

observation d'un malade du Dr Luys (1), il abrégera la période de malaise : les premiers jours il se contentera de 5 pipes, soit environ 2 grammes 5 d'opium ; l'influence se prolongera de 18 à 20 heures ; après 8 à 10 jours, l'influence cessera le lendemain vers midi : le malaise sera trop long, il fumera deux fois, soit 5 grammes. Ensuite, il augmentera toujours et arrivera vite à 100 pipes.

D'autres causes le pousseront encore à forcer la dose. D'abord, il devra fumer une certaine quantité d'opium pour faire cesser les troubles et se ramener à l'état normal : ce n'est qu'après qu'il éprouvera les satisfactions qu'il recherche. Il en serait de même, s'il avait une sensation désagréable à neutraliser : fatigue, crampes d'estomac, colique néphrétique ou chagrin moral. Il faut en effet dans ces cas employer une dose d'opium plus forte qu'à l'état normal, dose qui ne sera pas nuisible comme elle le serait si la sensation pénible ou douloureuse n'existait pas (2).

Ensuite, l'économie s'habitue au poison : la quantité qui au début procurait l'excitation cherchée, ne la procure plus au bout d'un certain temps chez la plupart des fumeurs ; on augmente la dose. Dans quelques cas, l'accroissement sera très lent, mais ce sont de rares excep-

(1) Cité par Brunet, *op. cit.*, p. 11.

(2) Laurent, *L'opium* (Extrait du *Bulletin de l'Institut général psychologique*), p. 25-26. — C'est ce qui a été constaté dans le même ordre d'idées par M. Lancereaux, pour les cas d'excitation cérébrale due au delirium tremens alcoolique où l'on emploie des doses que l'on craindrait en toute autre circonstance.

tions : et plus rares encore sont les cas où il n'est pas besoin d'augmenter.

Les troubles de toute nature vont croitre parallèlement à la dose absorbée, et avec eux l'état de besoin : c'est-à-dire cette physiologie nouvelle, morbide, qui se substitue au fonctionnement normal. C'est à peine alors si le fumeur recherchera les jouissances que lui procurait la drogue : il les a toutes épuisées ; il ne pensera plus qu'à se débarrasser des maux qui l'assaillent et qui constituent le seul résultat, le seul reliquat de sa funeste passion : « Je suis le damné, écrit Farrère, qui, pour se débarrasser de la braise ardente, trouve seulement le plomb fondu ».

Le matin, après de longues heures d'insomnie et de cauchemars affreux, il se réveille les yeux ternes, caves, ridés, secrétant du mucus et comme pleins de sable ; la salive se rassemble dans sa bouche ; les lèvres et la gorge sont sèches et rôties ; la langue de plus en plus pâteuse ; l'estomac se révolte et les nausées sont persistantes ; le fumeur mouche et crache ; une toux irritante le secoue ; il grelotte par des températures de plus de 35° ; des douleurs lui enserrent tout le corps, se prolongeant dans les membres et dans la face : il éprouve une sensation de pesanteur au creux de l'estomac et de pénibles crampes intestinales. Par suite de la faiblesse du système musculaire, il se tient courbé ; la démarche est difficile, lente, hésitante et chancelante ; la fatigue survient très vite ; les muscles de la face et des paupières se contractent ; les mains tremblent au point de ne pouvoir tenir un verre ou saisir un petit objet. Les mictions sont pénibles : la défécation presque impossible : l'impuissance absolue : la céphalée va croissant : l'apathie est complète, le regard hébété ; l'affaiblissement intellectuel ne permet plus aucun travail et pousse à l'inertie.

On comprend, en présence de ces souffrances, jusqu'où doit aller l'état de besoin, puisque l'opium va les faire disparaître, va permettre au fumeur d'avoir quelques bonnes heures dans la journée, le rendre présentable et lui donner la possibilité du minimum de travail qu'il est obligé d'accomplir.

S'il veut résister à ce besoin, il s'enfonce « dans un véritable enfer » et endure de longues heures de douleur et d'angoisse, de mélancolie et de désespoir. Les forces physiques et morales l'abandonnent ; il endure des névralgies rebelles, dans les cuisses surtout, avec des lancinements douloureux ; il éprouve des spasmes et des inquiétudes dans les jambes, une sensation d'oppression à la poitrine, des bouffées de chaleur et des frissons, des énervements, des crises de larmes ; il est inondé de sueurs ; les douleurs des membres inférieurs s'exaspèrent ; il traîne à peine les pieds et demeure cloué sur place ; il ne peut rester ni debout, ni assis, ni couché, ni obtenir le sommeil ; il tousse, crache ; le goût est mauvais ; les extrémités se refroidissent malgré les couvertures et les boules d'eau chaude ; les vomissements apparaissent, ainsi que les tendances à la syncope (1).

Pour résister encore, il faudrait une volonté énergique et intacte ; or c'est précisément la perte la plus

(1) Cf. Brunet, *op. cit.*, p. 12 et suiv. — Kane, *Drugs that enslave*, p. 20-21.

rapide qu'ait faite le fumeur. La maxime stoïcienne : vouloir c'est pouvoir, n'a plus de sens pour lui ; voué à une désorganisation organique fatale, il assiste au naufrage de ses facultés intellectuelles et affectives : l'opium est devenu son maître. Il retourne à son poison, ou pour mieux dire, il s'y précipite. Il faut voir avec quelle passion il prépare sa pipe ; il tremble de joie au maniement de la drogue ; ses yeux pétillent : « facies d'Hébreu, écrit Delphi, qui entrevoit la Terre promise ; son visage resplendit de convoitise ; et on y lit clairement tout le bonheur qu'il se promet de réaliser d'ici quelques minutes dans sa pauvre cervelle ».

Lorsque la pipe est prête, sa satisfaction desserre ses lèvres en un soupir de contentement ; il hume goulûment la fumée comme quelqu'un qui asphyxie, comme si l'opium lui était aussi nécessaire que l'oxygène de l'air. « Avec ses yeux brillants et comme hilares, la pâleur de son visage s'accentue davantage : une béatitude, j'allais dire céleste, semble l'avoir envahi » (1). Et en fait, une sensation agréable de chaleur remplit le corps ; l'esprit s'éclaire et semble luire comme la lampe elle-même ; les mains deviennent stables ; la marche naturelle ; les douleurs s'évanouissent : les nausées cessent ; tout cela « remonte dans l'inconnu à la manière d'un rideau qu'on lève au théâtre » ; et l'existence recommence supportable.

Cet état de besoin est si incessant et si tyrannique, que ce qui effraie le plus les fumeurs à la prison et à l'hôpital, c'est l'impossibilité d'y fumer.

(1) Delphi, *op. cit.* p. 29-30.

Beaucoup d'individus préfèrent même l'opium à la liberté. Les Chinois qui travaillent à l'île Billiton, à la récolte du poivre et aux mines, sont traités en véritables esclaves pendant les quatre ou cinq années de leur engagement ; s'ils se laissent tenter par les petites maisons qui pullulent aux abords des travaux, et où ils trouvent de l'opium, ils ne peuvent plus quitter et perdent pour leur vie tout espoir de libération. De même, parmi les lépreux internés à l'île de Jerajak (straits settlements) fort peu réclament leur élargissement, parce qu'on leur délivre gratuitement de l'opium.

Deux citations nous serviront de conclusion, et nous montreront jusqu'à quelles extrémités l'état de besoin peut pousser l'individu. Voici d'abord quelques lignes du journal d'un sergent du 10e tirailleurs tonkinois : « J'avais si fort besoin de fumer! Je baillais invinciblement ; un larmoiement piquait et rongeait mes paupières ; d'horribles crampes tordaient mon estomac. Je tombais en défaillance et je fusse allé tout droit et sans escorte au milieu des pirates pour leur demander à genoux la permission de fumer, quitte à me laisser empaler après les premières pipes ». Et plus loin : « Devant l'ennemi, j'avançais le premier, rageant, la tête perdue, avec, en mon cerveau défaillant, l'idée fixe que nous allions tous être tués et que je n'aurais pas fumé auparavant » (1).

Voici enfin une page d'Alfred Schreiner, publiciste apprécié à Saïgon : « Je vois une espèce de squelette

(1) J. Boissière, *op. cit.* (*Prise de Lang-Xi*), p. 32.

vivant, un paquet de hardes à l'épaule, appuyé sur un long bâton, s'arrêter devant ma porte. Il prononce quelques paroles incohérentes, et me tend une main affreusement décharnée ; son regard vague, sa maigreur effrayante m'ont révélé ce que sa bouche ne semble pas savoir dire : c'est un fumeur annamite au bout de sa course, sans feu ni lieu. La nuit, dans les fumeries au milieu des coolies chinois et des voleurs; le jour, dans les rues, se traînant de porte en porte, en quête d'un peu de nourriture et de quelques sapèques qui lui permettront de retourner à sa pipe.

« Je lui fais remettre quatre sous par mon boy et, de la véranda, je suis du regard le triste personnage. Où va-t-il ? Au marché acheter quelques victuailles ? Je le crois un moment ; il le croit peut-être lui-même. Et le voilà qui s'arrête à cinquante pas de ma demeure devant un bouge infect. Le malheureux vient d'apercevoir le drapeau couvert de deux caractères chinois qui sert d'enseigne à la fumerie. Il s'arrête, hésite un moment ; mais la buée d'opium qu'exhale le taudis doit avoir ranimé ses membres inertes et avec eux le désir de se satisfaire. Il fait un pas, puis deux ; le seuil est franchi ; le misérable s'arrête devant le grillage en bambou du comptoir de l'établissement. Je vois sa main fermée s'allonger lentement à travers le guichet, cette main qui tenait les quatre sous. Il la retire ouverte, la monnaie est restée sur le comptoir du Chinois. Puis, il va s'allonger tout au fond sur le lit de camp, couvert de vieilles nattes crasseuses et la tête appuyée sur un traversin en terre cuite. Le patron de la maison le connaît : c'était autrefois un bon client. Il lui apporte lui-même les ustensiles avec le peu de poison qui lui revient. Le malheureux n'aura pas à déjeuner ce matin, mais il a eu de l'opium » (1).

Cet état de besoin, que les Annamites appellent « guien », n'atteint pas toujours de telles proportions. Chez un certain nombre d'individus, que les uns évaluent à 25, les autres à 35 p. 100, fumeurs moyens d'opium, qui ne renoncent pas à la vie courante, les troubles intenses que nous avons étudiés ne se produisent pas. L'état de besoin, la soif de l'opium se manifeste seulement aux approches de l'heure habituelle de la fumerie par un peu d'hébétude, par la fuite de la personnalité et de l'expression qui la traduit, par l'incapacité de l'esprit, la perte de la résolution ; l'individu est abandonné par tous ses ressorts physiologiques, à moins que pour le fumeur il ne se substitue à l'opium un stimulum occasionné par les circonstances : stimulant de substitution auquel l'individu réagira très bien.

Pendant cette période de besoin, si l'individu ne peut

(1) Cité par J.-B. Clair, *loc. cit.*, p. 91-92.

Il est intéressant de remarquer, à propos de l'appétit et du besoin de l'opium, que les animaux eux-mêmes les éprouvent. Les punaises grouillent sur la natte lorsque l'appartement est embué des nuages de la fumée odorante. Le lézard, compagnon de chambre du voyageur dans les pays chauds, s'approche du plateau et s'étend lui aussi sur la natte. Les chats prennent l'habitude de se placer sur le lit de camp pendant que leur maître fume. Les singes surtout sont très friands de l'opium et se placent dans la fumée ; et lorsque ces animaux y sont habitués, ils ne peuvent plus s'en passer. On cite plusieurs cas de chiens, de chats, de singes, qui, à l'approche de l'heure, tiraient sur leur chaîne, poussaient des cris plaintifs ; plusieurs même sont morts pendant l'absence de leur maître, parce qu'ils ne pouvaient plus respirer la fumée de l'opium.

se satisfaire, dans un dîner ou une soirée par exemple, on remarque la chute de l'entrain, l'agitation sur la chaise ou sur place, la brièveté des phrases, une tendance très nette à ne plus faire qu'effleurer, qu'ébaucher les idées ; l'impossibilité d'avaler une bouchée. Quand la maîtresse de la maison est au courant, elle sait mettre le fumeur à son aise, lui permettre de s'absenter ; et il rentre bientôt dans la vie normale avec son activité physique, intellectuelle et morale.

Si le fumeur est en chemin de fer, il s'arrêtera n'importe où, coupera son voyage pour pouvoir fumer.

S'il est chez lui, il perd sa gaîté, devient irritable, se répand en récriminations contre sa femme qui l'énerve en vaquant aux soins du ménage, contre ses enfants à cause de leurs jeux et de leurs cris, contre les domestiques qui font tout de travers, jusqu'à ce qu'absorbé par la préparation de sa pipe il devienne étranger à tout ce qui se passe.

Mais, si ces cas moyens existent, il n'en est pas moins vrai que le fumeur, poussé par un besoin aussi tyrannique que celui-là, a beaucoup de chances d'arriver à la période d'intoxication caractérisée.

§ 3. — L'intoxication.

Nous n'avons pas l'intention de rechercher ici comment et pourquoi se produisent l'intoxication et les altérations de l'organisme ; nous nous bornerons à signaler les travaux qui ont été faits sur cette question, travaux qui d'ailleurs paraissent donner des résultats un peu paradoxaux : puisque les symptômes accusés par les fumeurs se rapprochent de ceux qu'on rencontre chez les morphinomanes, et qu'on ne trouve pas ou presque pas de morphine dans la fumée de l'opium.

Réveil, dans sa thèse, expose longuement ses recherches et constate qu'il n'a jamais pu recueillir de morphine dans les nombreuses expériences qu'il a tentées en ce sens. Il aurait tendance à incriminer le gaz hydrogène carboné, l'oxyde de carbone et le cyanhydrate d'ammoniaque (1).

Le Dr Martin a fait des recherches avec M. Moissan et ces auteurs arrivent aux conclusions suivantes : il faut considérer deux cas : 1° celui où le fumeur se sert de chandoo de bonne qualité et où la fumée n'apporte aux poumons qu'une minime quantité de morphine et de parfums agréables (vers 250°) ; dans ce cas, l'intoxication est plus lente ; 2° celui où le fumeur emploie un dross ou chandoo falsifié, dont la décomposition ne s'effectue qu'à 300° en produisant des composés toxiques, tels que pyrrol, acétone et bases hydropyridiques. Dans ce cas, l'intoxication est beaucoup plus rapide (2).

Enfin, dans un travail récent, Simon Nikolaus exprime la même idée. Il affirme en se basant sur ses expériences que la morphine et les autres alcaloïdes contenus dans l'opium ne passent pas dans la fumée, ou y passent en si petite quantité qu'ils ne comptent pas en présence de

(1) Réveil, *op cit.*, p 83-92.

(2) Martin, *op. cit.* p. 146.

leurs produits de décomposition beaucoup plus nocifs. Il en est de même pour la nicotine dans la fumée de tabac. Il ajoute qu'il tient pour exactes les recherches de Moissan, d'après lesquelles les résidus, le dross et le chandoo falsifié seraient plus nocifs encore (1).

Quoi qu'il en soit, l'intoxication se produit, mais elle se produit dans des conditions très diverses au bout d'un laps de temps plus ou moins long, selon l'individu, la quantité et la qualité de l'opium absorbé, et le genre de vie du fumeur. Il y a même des cas, très rares, où elle paraît ne pas se produire malgré la consommation d'une dose assez considérable d'opium, ou, si elle se produit, n'engendre aucun des mauvais effets que nous étudierons plus loin.

Liberman cite le cas d'un vieillard de 83 ans et celui d'un autre de 75 ans, grands fumeurs, qui sont des exemples de l'innocuité presque complète de l'opium sur certaines constitutions... ils se portaient très bien et on venait même les consulter à cause de la droiture et de la rectitude de leur jugement (2).

Le Dr Gastinel, médecin principal de la marine, a bien voulu nous communiquer fort aimablement plusieurs cas de personnes qu'il a connues et suivies et auxquelles l'opium n'avait jamais occasionné de dommages.

Un haut dignitaire militaire de l'armée chinoise avait atteint un âge avancé (70 ou 72 ans) ; et cependant, comme beaucoup de fumeurs, il demandait à l'opium à deux ou trois reprises dans la journée le retour de sa

(1) Simon Nikolaus, *op cit.*, p. 83.
(2) Liberman, *op. cit.*, p. 28.

personnalité et de l'expression qui la traduit, l'une et l'autre défaillantes et fuyantes aux approches de l'heure consacrée ; il avait en outre conservé une remarquable intégrité de l'organisme et du cerveau.

X..., médecin-major des Colonies arrivé en Indo-Chine, ne tarde pas pendant la période d'acclimatement à subir des atteintes de diarrhée à retentissement fâcheux sur l'état général, cédant plus ou moins facilement au traitement habituel, mais récidivant et en tous cas créant une prédisposition à l'infection amibienne endémique. Il eut l'idée de recourir à l'opium ; le bénéfice en fut presque immédiat et définitif ; il en fit un usage modéré de délicat, d'intellectuel, d'artiste, prolongé pendant trois années ; il le délaissa pendant un séjour de plusieurs mois en France et le reprit pendant un nouveau séjour en Cochinchine : et cela avec un développement très heureux de l'état organique et une intégrité absolue des facultés intellectuelles.

Y..., officier remarquablement doué, adepte de l'opium, en avait un besoin indispensable ; mais il en usait jusqu'aux limites de l'abus, mais pas au-delà ; il lui demandait deux fois par jour la reprise de sa personnalité et de ses facultés ; il arrivait toujours, en particulier dans l'après-midi, à son service à heure fixe, ayant toute l'apparence de l'homme normal d'habitudes. Il fit un séjour de près de deux ans sans opium, avec une privation relativement facile et rapide ; il fit un nouveau séjour en Indo-Chine, marqué par un culte nouveau à l'opium, revint encore en France ; le tout avec un organisme remarquablement intact.

Nous trouvons encore des cas analogues relatés dans le rapport de l'Administrateur provincial Long-Xugen, en Cochinchine : « J'ai connu, dit-il, beaucoup de Chinois riches et aisés qui fumaient l'opium deux ou trois fois par jour ; ils aspiraient un petit nombre de pipes, à certaines heures, régulièrement et ne dépassant jamais la quantité à laquelle ils étaient accoutumés. Ils m'ont affirmé n'avoir jamais eu à souffrir des effets de l'opium, tant au point de vue psychologique qu'au point de vue intellectuel » (1).

Mais, comme nous l'avons dit, ces cas sont rares ; plus rares encore doivent être ceux où un usage même relativement modéré ne produit pas quelques effets nuisibles.

Remarquons en passant, à propos de la quantité d'opium absorbé que les Européens résidant aux Colonies abusent en général plus souvent que les indigènes ; chez eux, les accidents sont plus fréquents et plus graves ; ils tombent vite dans l'intempérance. Georges Mannington, publiciste anglais, qui fit campagne au Tonkin en qualité de sous-officier de la légion étrangère, résume ainsi ses observations : « L'usage de l'opium prévaut chez les officiers et soldats français au Tonkin tout aussi bien que chez les soldats indigènes. Les Européens savent peu se limiter dans l'usage de la drogue, tandis que les indigènes, plus modérés, s'astreignent à ne pas dépasser une quantité déterminée, fixe » (2). En

(1) Cité par Millant, *op cit.*, p. 37.
(2) Cité par J.-B. Clair, *loc. cit.*, p. 139.

outre, le régime alimentaire des Européens est soumis à des excès et surtout à des abus alcooliques qui ont une influence néfaste sur la pratique de l'opium.

C'est qu'en effet, la quantité d'opium fumé n'est pas seule en jeu pour la marche plus ou moins rapide vers l'intoxication. Il faut tenir compte aussi, outre la qualité de la drogue et le tempérament de l'individu, de son régime de vie, des conditions dans lesquelles il fume et aussi de la vitesse avec laquelle il accroit la dose : celui qui augmente lentement est moins touché que celui qui augmente rapidement.

Les riches, jouissant d'une bonne hygiène, se nourrissant bien et capables de réparer les désordres gastriques qui marquent parfois le début de leur pratique, peuvent n'être que peu affectés, s'ils procèdent graduellement et savent suspendre et fréner leur passion au moment où leur résistance faiblit ; ceux-ci peuvent même au début, jouir d'une ère de prospérité passagère. Mais, répétons-le encore, ils forment la minorité des fumeurs.

Les personnes occupées toute la journée, ne pouvant donc fumer l'opium que le soir, à la fin du travail, doivent être très modérées, si elles ne veulent pas tomber très vite dans l'intoxication ; car, exposées aux insomnies que procure l'opium absorbé en assez grande quantité, et fatiguées par cette privation de sommeil, si elles s'efforcent de travailler, l'effort considérable fréquemment renouvelé, les épuisera rapidement.

Quant aux ouvriers des villes et des campagnes, dénués de ressources, ils s'accommodent de dross détestables, achetés à vil prix, qu'ils consomment dans des opiagies, où ils séjournent des nuits entières, au sein d'une atmosphère constamment saturée de fumée. Leur estomac, déjà débilité par une alimentation insuffisante, arrive à ne plus éprouver la sensation de faim, et on conçoit que l'action nocive de la drogue finisse par acquérir une puissance cumulative qui ouvre la scène des désordres auxquels l'individu ne tardera pas à succomber (1).

Mais, laissant de côté la manière dont l'on s'achemine à l'intoxication, nous allons étudier l'intoxiqué en lui-même et analyser son état mental et moral, ainsi que son état physique.

A. — **Etat mental et moral de l'intoxiqué.**

Il ne paraît pas surprenant que le fumeur, arrivé à un degré même moyen d'intoxication, qui conserve l'allure normale, présente des troubles psychiques, un déséquilibre mental : soit par suite du développement exagéré et de l'excitation sans frein de ses facultés imaginatives pendant les périodes d'ivresse, soit à cause des alternatives subites de bien-être et de malaise, soit à cause de l'action élective de l'opium sur le système nerveux. Et en fait, nous trouvons une diminution très nette de l'individu, tant au point de vue de son esprit et de son cœur, que de son sens moral.

Dans le domaine de la sensibilité, les sentiments

(1) Cf. MARTIN, *op. cit.*, p. 154-155 et note jointe au Rapport de M. BEAU en 1908, citée par MILLANT, p. 37-38.

affectifs s'affaiblissent et finissent par disparaître. L'amour pour la femme, l'affection pour les enfants et les parents, l'amitié, passent après l'attachement à la pipe, sur laquelle toutes les facultés du fumeur semblent concentrées. Souvent même, les sentiments affectifs qu'il éprouvait, se changent en aversion marquée.

Quant aux sentiments de charité et de solidarité que les hommes doivent éprouver les uns pour les autres, il n'en a cure : sa passion pour l'opium occupe trop exclusivement son cœur et le rend indifférent à ce qui l'entoure. Il s'endurcit, devient profondément égoïste ; le ciel et la terre se réduisent à sa personne et à l'indispensable drogue. Ses pensées, ses paroles, ses actions, convergent toutes vers ce double centre ; et son égoïsme est d'autant plus complet, qu'il souffre de vivre dans la réalité, qui lui donne l'envers de son rêve.

Bien peu de personnes trouvent grâce devant cet égoïsme. Cependant l'aide qui prépare les pipes, suscite souvent chez le fumeur un sentiment assez tendre, et même le fumeur à haute dose vouera un culte de reconnaissance à l'aide qui le sert à la perfection ; mais il sera tout de suite moins aimable avec celui qui gâte une pipe de temps en temps ou le fait attendre hors de propos.

Une autre personne pour laquelle l'intoxiqué a conservé des sentiments d'affection et pour qui il sait faire des sacrifices, c'est le compagnon de fumerie, le camarade de lit de camp, qui lui est devenu cher. S'il se fait attendre, il en souffre, mais il patiente et ce n'est pas une mince privation. Si après, il fume, la fumée lui odore mal ; le bonheur est incomplet parce que l'ami est absent (1).

Ces sentiments vont même jusqu'à la plus grande bienveillance. Un sergent colonial, trahi par un Annamite auquel il a fourni des renseignements sur son poste en fumant avec lui, rencontre de nouveau cet Annamite après la trahison : ils fument ensemble. L'autre lui avoue son crime ; le sergent souffle la fumée, pose sa pipe et apprécie placidement « non pas les causes et la valeur morale de l'acte de l'indigène, mais les incidents et hasards qui égarèrent les recherches de celui-ci lorsqu'il fouillait la brousse pour le trouver » et le tuer. « Du reste, ajoute-t-il, responsable ou non, je ne ressens pas la moindre haine pour mon joyeux Annamite » (1).

En dehors du compagnon de fumerie, sous l'influence de la drogue, le fumeur éprouve des sentiments fraternels pour tous les autres fumeurs, même s'il ne les connaît pas, uniquement parce qu'ils fument : « Je me sens, en toute sincérité de cœur, le frère du vieux chef tonkinois, écrit un sergent colonial dans ses notes, parce que j'ai beaucoup fumé et que d'un regard attendri, je vois qu'il fume comme moi » (2).

Et Claude Farrère fait dire à un fumeur : « L'opium est réellement une patrie, une religion, un lien fort et jaloux qui resserre les hommes. Et je me sens mieux frère des Asiatiques qui fument dans Fou-Tcheou-Road,

(1) Cf. J.-B. Clair, *loc. cit.*, p. 144.

(2) J. Boissière, *op. cit.* (*Le blockhaus incendié*), p. 171-172.

(3) Id., *ibid.* (*La prise de Lang-Xi*), p. 40.

que des Français inférieurs qui vivent à Paris, où je suis né.

« Autrefois, j'ai vu les Asiatiques séparés de nous par un abîme... Mais, aujourd'hui, je sais que l'opium peut merveilleusement combler le précipice. L'opium est un magicien qui transforme et métamorphose. Les Européens, les Asiatiques, sont pareils, nivelés, devant son sortilège tout puissant. Races, physiologie, psychologie, tout s'efface, et d'autres êtres viennent au monde, inconnus et neufs, les fumeurs, qui, proprement, ont cessé d'être des hommes.

« C'est bien celà. Chaque soir, dans Fou-Tcheou-Road, je dépouille mon humanité grossière, je m'en libère et je la jette dans la rue comme un haillon, moi et les autres fumeurs comme moi. Dès lors, nos cerveaux renouvelés, fils de l'opium, frères entre eux, se comprennent immédiatement, s'apprécient et se lient d'amitié » (1).

Enfin, certains fumeurs, bons par nature, acquièrent quelquefois sous l'influence de l'opium une bienveillance pour tout le monde qui dépasse les limites permises. J.-B. Clair cite le cas d'un magistrat colonial qui fumait avec ardeur et fut obligé de donner sa démission : après avoir fumé, son universelle condescendance le poussait à acquitter les prévenus même les plus coupables et les plus avérés.

Dans le domaine de l'intelligence, les troubles ne sont

(1) Claude Farrère. *Fumée d'opium.*

pas moins profonds, mais surviennent à une période très avancée de l'intoxication : la compréhension est moins nette ; le jugement se fausse ; le bon sens disparaît ; les idées cessent de coordonner et deviennent vagues, le style inextricable ; le fumeur est incapable de raisonnement ; il ne peut plus suivre sa pensée et arrive à faire dans la même minute des actions contradictoires ; sa conversation est d'une mobilité extraordinaire ; il passe d'un sujet à un autre sans suite et sans avoir la conscience de ce qu'il dit ou de ce qu'il pense. En réalité, si l'opium donne sur le moment un coup de fouet à l'intelligence, sous l'action continuée de la drogue, elle s'affaiblit et le fumeur devient vite inférieur à lui-même. « Penser par l'opium, dit Bonnetain, c'est risquer de ne plus bientôt penser sans lui. »

En dehors de ces troubles, l'intoxiqué devient la proie d'hallucinations effrayantes, soit le jour, soit surtout la nuit, pendant ses insomnies. Il est peureux, inquiet. Boissière nous a très bien décrit cet état d'esprit du fumeur dans la forêt, où il croit deviner des volontés et des intelligences éparses dans la matière brute et dans le vent qui siffle à travers les branches : « Hélas ! s'écrie-t-il, ce n'est plus pour moi que les vieux arbres sont muets et les minéraux inoffensifs... pour moi, derrière tous ces êtres que vous jugez privés de conscience et de vie, un mauvais démon s'est caché. » Et ces fantômes, il les considère comme réels, car, s'ils ne l'étaient pas, l'opium les chasserait. L'opium fait même naître en lui « ce sens intérieur qui lui présente l'environnante approche d'êtres intangibles, innommables, préparant l'assaut. » Ses guides causent-ils tout bas, à côté de lui, ils parlent de la mort et des Génies (1).

« Chaque nuit, écrit Farrère, l'opium rend visibles et tangibles pour les sens nouveaux qu'il m'a donnés, les êtres de l'autre monde, du monde dont je serai bientôt. Et je goûte, grâce à l'opium, la joie douloureuse de l'exilé qui contemple des hauteurs de son île le lointain rivage de la patrie ».

C'est encore un sous-officier, garde principal au Tonkin qui, dans son poste, s'est mis à fumer l'opium, et qui voit maintenant la montagne peuplée de génies hostiles à l'étranger ; et le matin, lorsqu'il s'éveille « les yeux larmoyants, le crâne vide, les flancs haletants en soufflet de forge, il lui semble que cette montagne vit d'une vie surnaturelle, qu'elle le guette par les gros yeux noirs de ses cavernes, et que de ses pics sombres elle lui fait les cornes » (2).

La nuit, les images les plus dégoûtantes, les scènes les plus atroces se déroulent devant l'intoxiqué : il est entouré de crapauds et d'animaux immondes ; des dragons de feu tournent autour de lui et l'entraînent ; il est soumis à toutes les tortures de l'enfer bouddhique ; d'autres fois « il croit embrasser sa femme, et c'est un spectre hideux qu'il serre dans ses bras et dont les débris informes viennent joncher la couche nuptiale » (3).

Pendant le sommeil, les cauchemars s'installent ; les fumeurs marchent sur le bord de précipices ; tombent

(1) J. Boissière, *op. cit.* (*Dans la forêt*), p. 2 et s.

(2) J. Boissière, *op. cit.* (*Les génies du Mont Tan-Vien*), p. 181.

(3) Libermann, *op. cit.*, p. 41.

de hauteurs vertigineuses; ils s'imaginent que leurs os s'écaillent, qu'ils sont brûlés vifs et qu'ils respirent l'odeur nauséabonde de leur propre chair brûlée. « La mort autour de moi rôde et stagne, elle bloque la porte et la fenêtre; elle rampe dans la natte; elle s'épanouit entre les molécules de l'atmosphère. Elle entre dans mes poumons avec la fumée noire, et quand je rejette la fumée, elle ne sort pas » (1).

Au bout d'un temps plus ou moins long, 5, 10 ou 15 ans, on peut voir quelquefois cet état, si la mort n'intervient pas, se terminer par la manie aiguë, l'idiotie ou l'aliénation mentale (2).

De son côté, la mémoire subit une déchéance et un affaiblissement progressifs: elle devient d'abord paresseuse: présente des lacunes : le fumeur oublie les faits qui se sont passés la veille pendant qu'il se rappelle avec détails les scènes de son enfance; certains individus retrouvent leur mémoire sous l'influence de l'opium; mais peu à peu elle baisse encore, et les souvenirs même acquis antérieurement à l'opium diminuent et ne laissent plus de traces.

On assiste donc à l'abrutissement de l'individu.

La volonté est plus touchée encore, et c'est elle qui disparaît la première; même après la guérison, si l'opiomane se guérit, elle restera souvent absente. Cela se comprend; car, sous l'influence de l'ivresse, le fumeur a pris l'habitude de lâcher toute bride à son imagination,

(1) FARRÈRE, *Fumée d'opium*.

(2) Sur 2,000 fumeurs, LIBERMAN cite 20 cas d'aliéna ion dans une année.

de suspendre toute tendance à réagir, et en supprimant les heurts de son existence, il écarte également les occasions de lutter contre eux.

Dans ces conditions, il devient comme un enfant qui se laisse aller à ses impulsions, sans pouvoir y mettre un frein ; il est fantasque, déconcertant ; une allure sombre, une maussaderie sans cause succèdent subitement à la bonne humeur et à l'expansion. Un projet arrêté avec entrain devient tout d'un coup une corvée insipide ; un exercice désiré, une fatigue ; un travail facile, une accablante besogne.

Il est hésitant, incapable de résolution virile, comme d'attention ou d'effort soutenus. Les exemples abondent : si un Annamite non fumeur, lutte avec un Chinois fumeur, le Chinois, quoique plus fort, est presque toujours vaincu, parce que son effort n'étant pas soutenu, son adversaire le fatigue et l'épuise. De même, on rapporte que les Pavillons Noirs, qui nous créèrent tant de difficultés au Tonkin, se comportaient bravement au premier choc, mais que par l'influence de l'opium, leur effort baissait rapidement.

L'individu perd bientôt toute énergie ; il devient apathique, paresseux, incapable de réagir ; il fait preuve d'une incurie complète pour ses affaires. M. Jeanselme cite le cas d'un fumeur qu'il a connu et qui ne quittait plus son lit de la journée ; il vivait sans prendre aucun soin de sa personne, dans un taudis sordide, où il n'admettait que le boy, chargé de la confection des pipes.

Enfin, le fumeur se laisse mener par n'importe qui ; il ne peut plus résister à ses désirs même les plus coupables et est susceptible de s'abandonner à toutes les faiblesses et à toutes les turpitudes.

Le sens moral, en effet, diminue aussi chez le fumeur. Le mensonge et la dissimulation lui deviennent familiers : et il arrive à les pratiquer presque inconsciemment. Il manque de droiture et de franchise envers tous et envers lui-même. Au début de sa passion, il dissimule pour la cacher à sa famille, à ses parents, à sa femme ; il recourt à toutes sortes d'artifices, de ruses, d'excuses, de prétextes, pour donner le change et dépister. Ce n'est que plus tard, quand il sera impossible de nier, quand il portera les stigmates de son vice, quand il sera vaincu par le besoin, qu'il installera sa fumrie à la maison ; mais il niera encore devant ses chefs ou devant ses supérieurs.

Quelquefois, il dissimulera son état pour faire croire qu'il est doué d'énergie et d'activité, alors qu'il en manque totalement : « Les fumeurs sont si rusés, quand il s'agit de tromper un profane sur l'état de leur intelligence et de leur vouloir » (1).

D'autres fois, il ruse, parce qu'il a laissé échapper, sous l'action de l'opium, des confidences d'intimité, dévoilé de secrètes faiblesses, parfois des perversions sensuelles devant des indifférents ou des personnes gênantes au réveil, Il éprouve alors le besoin de faire oublier, de dissimuler ou de colorer diversement ce qu'il regrette d'avoir dit ou ce qu'il suppose qu'on sait de

(1) Boissière, *op. cit.* (*Dans la forêt*), p. 10.

lui; et ce sont des détours, des combinaisons savantes pour rétablir le tout à son gré.

Plus tard, la vie cérébrale devient si désordonnée que entre deux rêves, deux cauchemars, il embrouille ses pensées et arrive à ne plus guère distinguer le vrai du faux, la réalité de la fiction. Les fumeurs se trompent entre eux, en avouant 8 à 10 pipes, alors qu'ils en fument 20 ou 30; et dans la conversation ils débitent des inexactitudes flagrantes plus ou moins consciemment, et surtout sur les sujets qui les concernent. Certains mentent même sans cesse, pour le plaisir de dire quelque chose, et vous lancent des inventions aussi effarantes qu'invraisemblables.

Donc, le maniaque d'opium ment d'abord par urgence, ensuite par goût, enfin par tic. Et ce défaut est plus frappant chez les Européens que chez les Orientaux. Chez ceux-ci, en effet, même en dehors de l'opium, le culte de la vérité est peu fervent. Qu'un Oriental raconte dans son intérêt le contraire de la vérité, nul, parmi ses congénères, ne proteste ni ne s'étonne. Aussi, dans ce milieu où le respect de la vérité est si peu connu, qui ignore l'amour du vrai, on s'explique que la déformation du sens véridique soit moins appréciable (1).

La perte de sens moral entraîne inévitablement avec elle la débauche : d'autant plus que les rêveries voluptueuses qui peuvent se présenter sous l'influence de l'opium y incitent déjà. Les personnes sensuelles cherchent l'aide de l'opium pour raffiner leur sensualité. Ajoutons toutefois que chez l'intoxiqué ces passions sen-

(1) Cf. J.-B. Clair, *op. cit.*, p. 47-49.

suelles sont souvent plus imaginatives que réelles, et que très souvent, comme nous le verrons, il n'aurait pas la puissance de réaliser ses visions. Cependant, l'opium peut mener aux liaisons les plus extraordinaires et les plus invraisemblables ; en outre, d'après plusieurs auteurs, il porterait à la pédérastie, par suite de la perte du sens moral, de l'affaiblissement de la volonté et aussi de l'affaiblissement des facultés viriles, qui déterminerait trop souvent une orientation anormale de l'instinct sexuel. « Dans l'atmosphère lourde et odorante de la fumerie où flottent des rêves épars, écrit Millant, les sens du fumeur s'émoussent à l'égal de sa volonté ; la drogue finit par le rendre incapable d'un véritable désir. Volontiers alors, il devient un frôleur ; et ce, d'autant plus aisément que les premières pipes déterminent un prurit qui énerve, notamment à la face et aux organes génitaux. C'est alors qu'intervient le boy préposé à la confection des pipes, plus séduisant que la congaï » (1). Liberman nous dit que, lorsqu'il était en Chine, c'était dans la province de Pet-Chi-Li, où l'on fumait le plus l'opium, que les plaisirs contre nature étaient les plus répandus. A Tien-Tsin, il a compté jusqu'à 35 maisons de prostitution où des garçons de 8 à 17 ans servaient à assouvir les passions honteuses de la population. D'après lui, depuis l'opium, le goût de ces plaisirs a pris une grande extension ; et dans les provinces du Sud où l'on fumait moins, ces vices étaient moins répandus et moins affichés (2).

(1) Millant, *op. cit.*, p. 294.
(2) Liberman, *op. cit.*, p. 63.

L'orgueil germe aussi dans le cerveau de l'intoxiqué, surtout chez l'intoxiqué de condition modeste. L'opium lui donne une haute estime pour ses capacités, dont il a pris l'idée dans l'excitation de la fumerie, qui l'a révélé à lui-même comme une intelligence supérieure. C'est le type du chef de poste colonial que nous représente Boissière : autrefois très soumis à ses chefs, soldat très discipliné, il devient fier, frondeur, n'admet pas une remontrance ; il finit par se considérer comme le propriétaire du poste et de la région, et se croire de bonne foi le civilisateur et le seigneur des races inférieures (1).

L'intoxiqué se met en colère presque sans causes ; le chef de poste de tout à l'heure rossait ses miliciens sans l'ombre d'un prétexte. Le fumeur devient méchant, s'offense et entre en fureur pour des raisons qui en temps ordinaire le laisseraient parfaitement indifférent.

Dans cette déroute générale, la conscience ne compte plus. L'opiomane pauvre, pour se procurer de l'opium, va d'abord recourir au jeu où il excelle à tricher ; puis s'il ne réussit pas, aux expédients, à la maraude, au vol ; il se décidera à mettre la main sur tout : les fruits du voisin, ses poules, ses canards. Dans le langage vulgaire, le qualificatif de grippe-sous flétrit la personne du fumeur ; et même l'Annamite qui, lorsqu'il veut donner du relief à sa pensée, emploie des mots doubles consacrés par l'usage, a doublé le mot fumeur du mot « xach » qui signifie agrippeur.

Les fumeurs de basse condition sont donc profondé-

(1) Boissière, *op. cit.* (*Les génies du Mont Tan-Vien*), p. 192.

ment méprisés ; ceux qui sont plus élevés dans la hiérarchie sociale le sont moins ; malgré cela, la pipe de bambou porte toujours plus ou moins atteinte à leur réputation. On fera bonne figure aux supérieurs parce que la politesse l'exige, et qu'on peut avoir besoin d'eux ; mais le dos tourné, on ne se gênera pas pour les traiter de « Thang-Nghien » intoxiqué ; de « Lao-Nhüa » vieux culot. L'opiomane est donc frappé de la déconsidération que la diminution de sa valeur d'homme lui a méritée. La femme est encore plus méprisée (1).

Le fumeur pauvre ne s'en tiendra pas toujours à des larcins timides ; s'il est poussé à bout, il attaquera à main armée ; et même, il ne faudrait pas l'exhorter longtemps, une boîte d'opium à la main, pour le décider à l'assassinat ; il serait même courageux, inconscient du danger pour se procurer la drogue qu'il convoite.

Le fumeur riche, s'il ne s'abaisse pas au vol, est cependant capable de bien des lâchetés. Un fonctionnaire, un magistrat ne dédaignera pas une boîte de Bénarès que lui offriraient directement ses administrés ou ses justiciables ; et la récidive sera toujours vue d'un bon œil.

Enfin, cette disparition du sens moral crée chez l'intoxiqué un état d'âme qui le rend mélancolique, triste et las, et le pousse parfois aux pires extravagances pour chasser l'ennui qui l'étreint : il peut devenir voluptueux de l'atrocité.

Rien ne peut mieux nous rendre compte de cet état

(1) J.-B. Clair, *loc. cit.*, p. 145 et 150.

d'âme que l'analyse si fine qu'en a faite J. Boissière en nous dépeignant Dôc-Liet, le lettré, fumeur intoxiqué, qui vit dans son palais retiré et professe le plus hautain mépris du monde extérieur.

Liet s'ennuie, malgré ses continuelles séances de fumerie. Vient à passer une troupe de pauvres gens, de comédiens ambulants, auxquels il offre l'hospitalité. Parmi eux se trouve une ravissante jeune fille qu'il fait chanter devant lui pendant ses séances de fumerie. La jeune fille est coquette : elle s'aperçoit de la passion qu'elle engendre chez Liet, et elle le brave : « A celui qui fume, chante la douce Thi-Teu, j'apporte la vérité : le fourneau de sa pipe, j'y vois un trou minuscule, c'est par là que passent avec la vapeur envolée la maison, le jardin, les biens et la gloire ; même le plus sage docteur, s'il fume l'opium, oubliera les caractères et jusqu'à l'usage du pinceau : — même le plus vaillant général, s'il fume, oubliera la guerre et jusqu'à l'usage du sabre : — même le plus entreprenant des bonzes, quand il fume, oubliera sa galante audace et ne saura plus à quoi servent les jolies femmes ».

Cependant le fumeur revoyait constamment Thi-Teu dans ses rêves d'opium, aux heures où las de lire et de méditer, « il laissait sa rêverie errer à travers le monde papillotant des souvenirs et où, filles de la pensée, essaiment et bourdonnent sous le crâne des idées sans lien, pareilles aux fugitives images du kaléidoscope ». Et il voulut posséder Thi-Teu, et il la posséda ; mais après les délices des premiers soirs, la lasse indifférence rentra bientôt dans le cœur blasé de Liet : il venait de tarir en quelques heures, sans s'enivrer à souhait, la joie des sens et la volupté des rêves ; son amour se changea en haine pour l'innocente fille et peu à peu entra dans son esprit un désir de voluptés cruelles et de splendides massacres. Ce ne fut d'abord qu'un rêve passager, puis insensiblement, l'idée se précisa et par jeu d'esprit il la discuta avec son âme. Ces comédiens ambulants étaient des êtres éphémères, presque irréels ; ils ne valaient certes pas qu'on les épargnât, lorsqu'ils pouvaient par une indiscrétion faire connaître la retraite du doux lettré et troubler sa solitude. Quant à Thi-Teu, c'était un service lui rendre que de lui éviter l'horreur de la vieillesse et des chairs flétries, à elle qui avait vécu avec lui les plus divines heures de sa jeunesse et de l'amour. Et Liet souriait à cette pensée de volupté cruelle plus poignante que l'amour et en même temps, il se sentait plus indulgent, meilleur, plus digne de comprendre les pages éternelles des sages.

Enfin, il se décida ; les ambulants lui donnèrent une dernière représentation ; et au moment de l'apothéose, sur un signe, les soldats leur tranchèrent la tête et le sang jaillit en vagues vermeilles sur les soies vertes et de pourpre. Liet, le doux lettré, admirait ce spectacle : or, soie et sang ; épris de la beauté de son crime, on l'eut dit à ce moment possédé des malfaisants génies qui hantent les mornes fumées de l'opium.

Restait Thi-Teu, qui devait chanter la dernière. Après l'avoir contemplée, il étendit le doigt et une main rude s'abattit sur son épaule. Toujours fière et coquette, elle le défia : mais Liet devina sous l'impassibilité du corps une peur folle et entendit battre le cœur éperdu : ce fut pour lui une pure jouissance psychique après la volupté physique dont s'étaient extasiées ses prunelles.

Complices de l'orgueil, les mornes génies de l'opium chuchotaient à ses oreilles : le crime fut consommé et le lettré, rassasié, ordonna d'un geste ennuyé « d'enlever cela » ; et lentement, se replongea dans ses rêves et dans les pages éternelles des sages (1).

Cette lassitude et cet ennui mènent même souvent les intoxiqués jusqu'au désir de la mort, peut-être plus imaginatif que réel. Ils se considèrent comme obeissant à « la Cause » : l'homme n'est qu'un minuscule rouage inconscient de l'universelle machine ; dans la vie tout est pénible ; et la mort pour eux, fumeurs, est l'absolu repos : au moins, ils ne seront plus mêlés à la fourmilière humaine. La mort encore ne leur suffit pas ; il leur faut la certitude de l'oubli complet de la part de ceux qui survivent ; pas même une ondulation de sépulture : la haute brousse qui recouvre tout : « Heureux les oubliés, ceux-là qui retournèrent très vite à la matrice commune, sans que survive leur nom sur une oppressante dalle, ni parmi les perles noires des couronnes » (2).

B. — Etat physique de l'intoxiqué.

Le déséquilibre physique ne manque pas de se faire sentir et d'apparaître extérieurement en même temps que le déséquilibre mental.

(1) J. Boissière, *op. cit.* (*Comédiens ambulants*), p. 106 et s.

(2) J. Boissière, *op. cit.* (*Une âme ; Journal d'un fusillé*), p. 270.

Au début de la séance de fumerie, après 5 ou 6 pipes, les pupilles se contractent, le pouls est plus vif, battant 90 à 100 pulsations ; la peau est moite et se couvre de sueurs au moindre mouvement.

Mais si le fumeur se contente de 10 à 12 pipes par jour, c'est-à-dire 2 à 3 grammes d'opium, et qu'une fois par semaine il monte à 20 ou 25 pipes pour produire une excitation plus forte qu'à l'ordinaire, les troubles peuvent être réduits. Il ne présente alors qu'un peu de maigreur ; le teint est plus pâle ; la démarche plus lente et moins assurée Quelquefois cependant, il est sujet à des gastrites qui amènent des pituites ; la puissance génésique diminue ; il éprouve quelques vertiges et quelques tintements d'oreilles (1).

S'il arrive à une période avancée de l'intoxication, le spectacle change. Nous avons rencontré plusieurs fois en Cochinchine ces « squelettes ambulants », fumeurs annamites parvenus au bout de leurs course. La figure est d'une pâleur mate et maladive ; les yeux caves, entourés d'un cercle bleuâtre ; la pupille dilatée ; le regard présente une expression particulière d'idiotie hilarante, quelque chose de vague et de gai à la fois ; la parole est embarrassée et souvent tremblottante ; la figure et le corps sont d'une maigreur effrayante et comme desséchés ; les muscles grêles et sans vigueur ; la démarche ressemble à celle d'un homme ivre et est quelquefois claudicante ; les mouvements sont incertains ; le

(1) La Commission d'enquête anglaise pour ces Straits settlements nous apprend que les compagnies d'assurances sur la vie acceptent les risques d'un fumeur de 2 chees d'opium par jour, soit environ 7 grammes 5.

Fig. 6. — Torse d'un Chinois fumeur d'opium.

G. Steinheil, éditeur.

fumeur s'avance silencieusement, lentement, la tête baissée ; il présente une vieillesse prématurée.

D'ailleurs, tous les appareils de l'organisme sont plus ou moins atteints par l'opium.

Un des premiers touchés est l'appareil digestif. Tout à fait au début, l'opium augmente l'appétit et occasionne une agréable sensation de faim. Mais cela dure peu et bientôt la gastralgie ou plutôt ordinairement la gastro-entérite s'installe à l'état chronique. Elle se traduit par des douleurs épigastriques vives, s'irradiant dans tout l'abdomen ; la constipation est quelquefois complète, et le fumeur reste 8 à 10 jours sans exonération ; ce qui amène souvent des hémorroïdes et de l'eczéma autour de l'anus ; parfois on note des alternatives de diarrhée et de constipation. L'inappétence est complète, ou bien l'appétit est bizarre. Les grands fumeurs, qui sont en général des gens riches, sont de petits mangeurs ; leur régime se compose de mets délicats, réconfortants et rafraichissants ; l'opiomane ne fait plus que grignoter ; il se contente de bouillies, de sucreries, de friandises auxquelles il goûte à peine. Les vomissements deviennent fréquents, surtout le matin ; bientôt le fumeur rejette tout ce qu'il prend. Ce défaut de nutrition se manifeste extérieurement par une grande maigreur, la fonte des muscles et la disparition du tissu adipeux, surtout à la face, sur le thorax et l'abdomen ; en deux ans, les fumeurs peuvent perdre facilement les 2/3 de leur poids. La langue est saburrale, rouge sur les bords ; les dents noires, déchaussées et branlantes ; les gencives rouges, souvent saignantes. Le foie subit une diminution dans la secrétion de la bile : ce qui entraine la décoloration des matières fécales, la production de gaz putrides et un affaiblissement de la stimulation intestinale. En même temps le suc gastrique diminue, ainsi que la sécrétion intestinale et pancréatique. L'activité glycogénique, par contre, s'exagère.

La peau présente une coloration jaunâtre, parfois l'apparence d'un vieux marbre blanc ; elle perd sa souplesse et son élasticité. Les sueurs sont d'abord abondantes et d'odeur désagréable ; elles finissent par disparaître presque complètement ; la peau devient alors sèche et rèche ; elle s'écaille et desquame ; des éruptions apparaissent surtout à la face, sur la poitrine et sur le dos, souvent pustuleuses à base indurée, quelquefois papuleuses.

Les organes génitaux sont profondément troublés. Chez la femme, la sensation voluptueuse, augmentée au début de l'usage de la drogue, finit par se perdre. En ce qui concerne les périodes menstruelles, nous n'avons pu nous procurer de renseignements certains : il est vraisemblable d'admettre que chez l'intoxiquée elles s'arrêtent assez tôt.

Chez l'homme, le premier résultat de l'opium est d'augmenter le désir sexuel ; mais bientôt, la frigidité s'accentue, frigidité non pas absolue, car l'érection se produit, mais relative : l'éjaculation est retardée, difficile, sinon impossible, et la sensation voluptueuse est très émoussée. L'anaphrodisie et l'impuissance deviennent complètes au bout d'un temps plus ou moins long.

L'excrétion rénale est très diminuée. L'albuminurie, généralement temporaire, n'est pas très rare dans l'usage prolongé de la drogue. Dans tous les cas récents, l'acide urique est augmenté, l'urée est diminuée. Lorsqu'on a absorbé une assez grande quantité d'opium, le muscle vésical ne se contracte pas immédiatement, les muscles abdominaux essaient de le suppléer, et plusieurs minutes se passent en efforts, puis la vessie répond enfin, mais le jet est faible et intermittent.

Les yeux larmoient facilement ; ils sont chassieux ; les paupières sont gonflées : la rétine est souvent congestionnée et parfois le fumeur accuse la sensation de mouches volantes.

Le système musculaire se prend assez tard ; à ce moment, la langueur est si grande que tout exercice devient impossible ; les mouvements présentent de l'incoordination et de l'hésitation : d'où démarche chancelante et préhension incertaine ; les mains tremblent ; la langue elle-même est prise d'un tremblottement continu, qui produit le bégaiement et empêche l'articulation complète des sons. Quelquefois on remarque la contraction d'un muscle isolé comme l'orbiculaire des paupières.

Sous l'influence de l'opium, on note une submatité marquée dans tout le poumon, surtout à la partie inférieure ; le murmure vésiculaire est rude : cela tient à la congestion pulmonaire Cette congestion qui a tendance à durer, siège le plus souvent du côté où le fumeur se couche : elle entraine une dyspnée très forte et existe chez environ 1/30e des fumeurs. Chez d'autres, la respiration est seulement ralentie, arythmique ; le fumeur est court d'haleine, quand il fait une longue marche ou qu'il monte un escalier. La tuberculose prend une marche rapide et le malade arrive rapidement à la période cavitaire. Liberman cite le cas d'un jeune homme de 19 ans, qui fumait 10 grammes d'opium par jour ; au mois de mars, il ne présentait aucun signe stéthoscopique ; dans les premiers jours de juin, il présentait des cavernes au sommet des poumons ; il mourut à la fin du mois.

La circulation est souvent affectée ; on renconte chez l'intoxiqué du ralentissement et des irrégularités du pouls. On note des alternatives de rougeur et de pâleur de la face, de chaud et de froid. La température s'élève. Le cœur peut présenter de la dilatation et des insuffisances valvulaires, dues aux congestions pulmonaires répétées.

Le système nerveux se prend également. A la suite de fortes doses d'opium, on peut avoir des paralysies analogues à celles causées par la section du sympathique ; sans aller jusque-là, ce sont des céphalées, des migraines, des spasmes, des inquiétudes musculaires, des douleurs dans la poitrine, des névralgies persistantes, des étourdissements. La sensibilité est atteinte d'une façon variable : quelquefois c'est de l'hyperesthésie, le moindre attouchement est douloureux ; le contact du vêtement cause une sensation pénible ; plus souvent c'est une hypoesthésie générale de la peau ; toutes les sensations sont émoussées, principalement la douleur aussi bien à la piqûre qu'à la torsion de la peau. Le fumeur éprouve des picotements, des fourmillements, des démangeaisons tenaces, siégeant surtout au nez, aux lèvres, à la tête, aux parties génitales. La sensibilité au froid est extrême ; les fumeurs grelottent en temps humide sous le soleil équatorial : c'est ce qui explique leur horreur pour l'eau froide ; ils ne prennent presque jamais de bains ; les fonctionnaires indigènes, qui sont tenus à de plus grands soins de propreté, emploient un linge trempé dans l'eau tiède pour ménager leur susceptibilité. Le sommeil ne repose pas ; souvent même il n'est pas favorisé par l'opium chez les intoxiqués, bien que les Anciens, en déifiant le sommeil « frère de la Mort et fils de la Nuit » lui aient donné le pavot pour attribut habituel. J.-B. Clair cite le cas d'un fumeur qui passait la nuit à errer dans son quartier. Après avoir dégusté une pipe ou deux, il sortait pour prendre l'air, rentrait se coucher près du plateau, absorbait encore une pipe, puis retournait se promener, et ainsi de suite, jusqu'aux premières heures de l'aurore. Enfin, le système nerveux devient très irritable : l'individu sursaute au moindre bruit pour un livre ou une porte fermée.

Une fois l'intoxication chronique ainsi constituée, l'existence devient de plus en plus restreinte et confinée : le fumeur s'achemine vers l'impotence et la décrépitude, le gâtisme et la mort (1).

§ 4. — La mort des fumeurs.

S'il y a des gens qui usent de l'opium en délicats, en artistes, et qui continuent à mener une existence normale, justifiant ainsi l'opinion des optimistes, il n'en est

(1) Cf. sur des questions : BRUNET, *op. cit.*, p. 6 et suiv. ; LIBERMAN, *op. cit.*, p. 38 et suiv. ; LAURENT, *op. cit.*, p. 15, 20, 21 : KANE, *op. cit.*, p. 34 et suiv.

pas moins vrai que l'opium tue. Peut-être ne tue-t-il pas toujours ouvertement, souvent il se dissimule ; et si une maladie courante se déclare chez un fumeur, cette maladie prend chez lui un caractère d'une gravité exceptionnelle. Le Dr Gastinel nous a communiqué notamment le cas d'un officier déjà arthritique qui fut conduit par l'opium à une usure organique précoce, livré désarmé au paludisme et mourut d'un accès pernicieux dans un poste lointain de l'Afrique occidentale. Néanmoins, le décès ou la violence du mal ne sont pas mis sur le compte de l'opium, mais de la cause apparente. Comme le dit le Dr Brunet, peu d'ivrognes meurent d'alcoolisme, mais de cirrhose, de congestion cérébrale, hépatique ou pulmonaire.

Cependant quelquefois on meurt exclusivement de fumer l'opium, soit par cause directe, soit par cause indirecte.

Dans le premier cas, nous pouvons faire rentrer les morts qui sont la terminaison de ce que Liberman appelle le narcotisme aigu. Dans la période d'excitation simple, lorsque le fumeur n'est pas encore intoxiqué, il arrive parfois qu'il dépasse ses quantités habituelles d'opium ou qu'il cherche à arriver brusquement à une dose exagérée. On note alors de l'ivresse narcotique : c'est un état essentiellemeet passager qui dure 24 à 48 heures, quelquefois trois jours; les mouvements sont incertains, surtout aux extrémités inférieures ; on a constaté aussi des convulsions cloniques ; les yeux sont injectés, la pupille fortement contractée ; c'est à cette période qu'éclate un délire furieux, avec de la rougeur de la face, de la plénitude du pouls, des vomissements, de la dyspnée intense suivie de collapsus ou d'anesthésie.

A un degré léger, on remarque une fatigue excessive, de la céphalalgie violente, des vertiges et des tintements d'oreilles ; un assoupissement suivi d'un sommeil profond ordinairement accompagné de rêves. A un degré plus avancé, survient la résolution des membres, la perte de connaissance, la pâleur de la face, la dilatation de la pupille ; la petitesse du pouls et la dyspnée ; quelquefois des mouvements convulsifs et toujours la perte de la sensibilité. Ces cas sont souvent suivis de mort (1).

La mort peut survenir aussi dans des cas de fumeurs intoxiqués, chez lesquels se déclare le delirium tremens narcotique, souvent à la suite d'une débauche d'opium, parfois sans cause apparente.

(1) Faisons remarquer que la mort ne s'ensuit pas toujours ; fréquemment la dyspnée devient moins intense ; la face se colore, le pouls reprend son rythme normal ; la sensibilité se rétablit, mais le sommeil persiste en moyenne 8 à 12 heures.

LIBERMANN cite l'observation suivante : A-Chung, coolie de l'armée, 24 ans, constitution robuste, adonné à l'opium depuis 5 ans, mais qui ne fume que modérément à cause du prix. Le 2 juin 1861, ayant une somme un peu forte, il fume 15 grammes d'opium ; alors il passe par toutes les phases de l'ivresse narcotique : il est pris de perte de connaissance, avec résolution des membres et insensibilité complète. Nous sommes appelés à lui donner nos soins. — 2 juin : Face pâle, pupille dilatée ; membres en résolution complète ; selles et urines involontaires, respiration pénible, inspirations longues et rares ; sensibilité totalement abolie ; le malade ne répond rien ; le pouls est petit à 60. Le 3 juin, après un traitement appliqué, les inspirations sont plus fréquentes ; la perte de connaissance subsiste toujours. — 4 juin : Respirations et pouls normaux ; la face se colore, le malade dort paisiblement, mais ne s'éveille pas, malgré les secousses ; il fait des mouvements involontaires quand on le pique. Vers minuit il s'éveille très étonné ; ne reconnaît personne de ceux qui l'entourent et dit avoir eu des rêves bizarres (*op. cit.*, p. 32-33).

Voici une observation de Liberman :

« Tch-ou, 30 ans, fume l'opium depuis 21 ans. Depuis un an, il fumait 40 grammes par jour ; il s'adonnait à la peinture et à la poésie ; il avait une sensibilité maladive ; son père fumait l'opium. En février 1860, son intelligence se trouble ; il a des absences, de la faiblesse de la mémoire : il ne pouvait exécuter aucun travail. L'appétit diminue, les vomissements apparaissent le matin, il ne digère plus. Au mois d'août, il a des hallucinations fréquentes ; il lui semble que sa table est couverte de crapauds et d'araignées ; quand il embrasse sa femme et ses enfants, il voit un squelette horrible. Surtout la nuit, il est atteint d'idées délirantes ; il pousse des cris, a les yeux hagards et est couvert de sueur. Dans le même mois, faiblesse musculaire avec tremblement des extrémités inférieures et surtout des mains. Il ne retrouve l'intelligence qu'en fumant l'opium. Il nous est présenté au mois de décembre 1860.

« Etat actuel. — Emaciation extrême, figure jaune, osseuse, yeux ternes, regard inquiet et hagard, avant-bras et bras animés d'un tremblement continu, extrémités inférieures d'une faiblesse extrême ; quand il marche, il fauche du pied ; du reste, il peut à peine faire quelques pas. Il s'exprime avec peine, sans suite ; la langue est sujette à des tremblottements intermittents qui le forcent à bégayer. Il est en proie aux hallucinations les plus étranges : quand il mange, il s'arrête tout à coup, la tasse de thé lui semble du sang humain, les personnes qui l'entourent se transforment en démons ; la nuit, il est tourmenté par les images les plus terribles ; il est emporté par des dragons rouges et livré vivant aux tortures de l'enfer ; il crie et se démène dans ses nuits sans sommeil jusqu'au matin. Il s'endort aux premières heures du jour. Dans la journée, avec 20 pipes d'opium, la lucidité revient en partie, il cause alors un peu, le reste du temps il est morne et silencieux. La langue est saburrale, rouge sur les bords, la pression de l'abdomen est douloureuse, surtout dans la région épigastrique. A la percussion des poumons, on note une submatité marquée ; le murmure vésiculaire est rude. Il meurt au mois de février » (1).

Le même auteur cite des cas où, après une débauche d'opium, le fumeur est pris de folie furieuse et il tourne contre lui-même les coups qui étaient destinés aux autres. Il prétend même que le suicide peut se faire par la fumerie elle-même, en fumant jusqu'à la perte de connaissance, soit 24 à 30 heures. La mort surviendrait par congestion cérébrale. Il a vu un malheureux qui avait fumé 150 grammes d'opium (2).

(1) Liberman, *op. cit.*, p. 43. Ces cas ont permis à cet auteur de comparer les effets de l'opium à ceux de l'alcool. Tous deux produisent deux états pathologiques : l'un transitoire, l'autre permanent. Comme l'alcoolisme aigu, le narcotisme aigu se traduit par une excitation cérébrale vive, qui est suivie au bout d'un temps plus ou moins long de collapsus et quelquefois même de mort.

L'ivresse narcotique comme l'alcoolique s'accompagne d'une stimulation physique et intellectuelle, puis se produit une réaction, un affaiblissement général et un sommeil profond ; mais le sommeil narcotique arrive plus vite que l'autre et s'accompagne de rêves et d'images qui manquent d'ordinaire à ce dernier.

Le narcotisme chronique comme l'alcoolisme débute par des troubles dyspeptiques ; peu à peu l'appareil cérébro-spinal se prend, l'intelligence faiblit, la mémoire diminue ; les hallucinations et les tremblements apparaissent ; on aboutit à l'aliénation mentale.

(2) Liberman, *op. cit.*, p. 68.

Mais souvent, le fumeur arrive au bout de sa course après un temps variable, par un dépérissement progressif, de l'amyotrophie, une dépression intellectuelle et générale, puis une diminution de la respiration et un arrêt du cœur.

« Les Chinois, fumeurs d'opium, qu'on nous amenait à l'hôpital de Tien-Tsin, écrit le Dr Brunet, étaient déjà réduits à une maigreur squelettique, n'absorbant à peu près plus d'aliments, ils conservaient exclusivement une soif dévorante à cause de la sécheresse de la gorge, et paraissaient complètement abrutis intellectuellement ; les malheureux restaient sur le lit où on les déposait, les yeux hagards et fixes, les membres inertes dans une protration absolue, ne pouvant ou ne voulant proférer un seul mot, en apparence insensibles et indifférents à tout, incapables du moindre mouvement, au point de ne pas bouger de toute la journée. Le pouls petit, irrégulier, se ralentissait de plus en plus, les mouvements respiratoires s'espaçaient, devenaient gênés, comme sur le point de ne pas reprendre.

« L'excrétion rénale et intestinale était très rare ou nulle, les fonctions stomacales suspendues, ne laissaient subsister ni appétence ni possibilité de digestion. La soif seule persistait. La sensibilité superficielle au contact et à la piqûre, paraissait considérablement diminuée ou même ne plus exister ainsi que la mémoire et la volonté. Enfin, l'impotence paraissait à ce point complète, que porter une tasse aux lèvres dépassait les forces. La pupille était dilatée, la température abaissée souvent au-dessous de la normale et cependant des crises de sueur peu abondantes apparaissaient par poussées. Le malade, après quelques jours ou quelques heures de cet état paralytique, devenait un cadavre sans modification apparente, sans même qu'on s'en aperçut, figé dans la position où on l'avait laissé accroupi ou couché » (1).

Parmi les cas de morts indirectes, on peut citer celles qui surviennent à la suite de la suppression brusque de l'opium. Nous avons déjà énuméré les principaux effets de cette suppression en étudiant l'état de besoin, nous les rappellerons rapidement. Après les deux premiers jours de privation, quand l'heure arrive où le malade avait coutume de fumer, les douleurs, qui avaient conservé le caractère de courbature, deviennent des névralgies térébrantes. Rien ne peut les calmer : ce sont des pointes d'aiguilles ou des épines qui traversent les membres, des brûlures de la peau, des contractures qui tordent, des fulgurations qui déchirent, des crampes qui brisent. L'insomnie est complète, la sensibilité exaspérée, au point que le moindre bruit, la plus faible lumière, l'odeur la plus tenue s'amplifient et deviennent des obsessions. Après quelque temps, l'énervement et la surexcitation sont démesurés et s'exaltent ; quelquefois, ils se résolvent par une crise de nerfs, de larmes et de plaintes. Souvent le malade implore à grands cris qu'on en finisse avec lui. L'excitation cérébrale et la perturbation mentale peuvent entrainer la mort, soit par suicide, soit par congestion cérébrale.

(1) Brunet, *La mort des fumeurs d'opium*, p. 9 et 10. Cet auteur estime que les blancs meurent de congestion cérébrale active, les jaunes de congestion cérébrale passive, les deux entrainant la paralysie des centres bulbaires

Rien ne peut mieux donner une idée des souffrances, des tristesses et des troubles mentaux, pouvant conduire à la mort à la suite d'une suppression brusque et totale d'opium chez un fumeur, que cette auto-observation d'un sergent colonial, publiée par la Revue de Paris : Un sergent a été sevré subitement de son indispensable poison. Il n'éprouve d'abord qu'un mouvement d'humeur, puis un malaise persistant ; des bourdonnements dans la tête, il voit des points lumineux devant ses yeux. Il cherche le sommeil et ne peut le trouver ; et pendant de longues heures, il se tord par terre sans obtenir le repos ; tous les bruits de la forêt retentissent dans ses oreilles. Le lendemain soir, son état est encore pire. Il lui semble que de fines aiguilles s'enfoncent de toutes parts dans sa chair. Devant ses yeux, le sol noir se creuse de sillons lumineux ; des têtes apparaissent dont l'une le fixe obstinément ; il veut crier, fuir ; il ne peut bouger. Pendant le jour, il marche péniblement, les jambes vacillantes ; ses yeux ne peuvent fixer la lumière grise du jour ; il peut à peine manger.

La nuit suivante, il éprouve les mêmes douleurs excruciantes ; les mêmes hallucinations terrifiantes ; il décharge son fusil au hasard dans la nuit ; puis tombe à terre, raidi, tandis que de grands coups retentissent dans sa tête et que son cœur convulsif se contracte.

Donc, exaspération nerveuse, obsessions, hallucinations visuelles et auditives, angoisse précordicale, arythmie cardiaque, aberration mentale passagère ; le tableau est complet.

Le lendemain, avec le jour, les douleurs recommencent ; ce sont dans la face des névralgies atroces, des mains dures et maigres qui serrent les tempes ; des pointes aiguës qui pénètrent jusqu'au cerveau et des crampes qui courent comme des traits de feu dans les reins et la poitrine.

Enfin, il trouve un peu d'opium dans une boîte ; il la remplit de tafia et compose une mixture abominable et délicieuse. Il en boit et sent tous ses troubles disparaître peu à peu. Sa conscience subsiste quelques instants, et il se demande sans crainte si c'est l'oubli léthargique qui l'accueille ou si c'est la mort qui pour toujours va le libérer. Ce fut cette dernière hypothèse qui se réalisa à l'hôpital de Quang-Yen au Tonkin (1).

Une deuxième cause de mort indirecte à l'occasion d'une crise de ce genre est l'arrêt du cœur. Lors d'une crise de désintoxication, les mouvements du cœur sont fortement ralentis, parfois arythmiques ; en même temps l'asthénie est extrême. Cet état déprimé augmente encore par la diarrhée et la débâcle biliaire intenses, qui marquent le début de l'élimination du poison par le foie et l'intestin à partir du 3e ou 4e jour. Si le cœur n'est pas intact, il ne peut faire les frais de la lutte contre l'hypotension, l'asthénie et la cholerragie. « D'ailleurs, écrit Brunet, les Chinois connaissent bien la mort subite chez ceux auxquels on supprime l'opium, et la légende du génie de l'opium s'en fait l'expression, en disant que c'est un maître divin extrêmement jaloux de ses serviteurs. »

Ensuite, une fois cet état aigu franchi, pendant encore

(1) Cité par BRUNET, *op. cit.*, p. 24 et suiv.

un mois, le malade doit surmonter le désir de fumer qui est intense. Au moral, c'est le regret de la sensation disparue et la prostration intellectuelle ; au physique, c'est le désir de faire disparaître les névralgies et la fatigue qui subsistent désespérément ; quelquefois alors le malade se suicide de propos délibéré, à froid, sans troubles mentaux (1).

D'autres fois, le sentiment d'aversion que les fumeurs éprouvent pour les autres se change en répulsion pour eux-mêmes et les pousse à se détruire. Ils se prennent en horreur, en songeant à l'état d'abjection physique et morale où ils sont tombés ; et comme ils ne veulent pas renoncer, ils mettent fin à leurs jours.

Enfin, le suicide provient souvent de la misère dans laquelle les a plongés leur vice ; de perte d'honneur, de réputation, d'argent, de situation sociale, de famille, de carrière, d'avenir ; de mariages manqués ; d'unions malheureuses ; de responsabilités engagées, de compromissions ; d'abandon ; de malheurs irréparables, d'indélicatesses, de fautes de toute espèce (2).

Liberman a eu l'occasion de faire cinq autopsies de fumeurs morts dans des crises de narcotisme aigu ; sur ces cinq cas, il a trouvé deux fois des épanchements de sang considérables dans les méninges ; une fois de l'apoplexie pulmonaire ; dans les deux autres cas, simplement des traces de congestion dans ces deux organes. D'ailleurs, dans aucun cas, l'opium à l'autopsie ne se révèle par une lésion spécifique.

(1) BRUNET, *op. cit.*, p. 15 et suiv.

(2) D'après les magistrats chinois, depuis l'usage de l'opium, les suicides auraient beaucoup augmenté en Chine. Sur 2,000 fumeurs observés, 16 auraient terminé ainsi (LIBERMAN, *op. cit.*, p. 68).

CHAPITRE II

Conséquences de l'opium pour la famille.

Une drogue qui produit d'aussi fâcheux effets sur l'individu ne peut manquer de désorganiser profondément la famille. La famille, en effet, ne vaut que par les individus qui la composent. Si elle est basée sur le sentiment profond du devoir, si les différents membres qui la composent ont conscience de leurs obligations les uns envers les autres, elle sera nombreuse, vivante, puissante et constituera un fondement solide pour la société. Que la notion du devoir, au contraire, soit absente, qu'un vice vienne à s'emparer de l'un des deux conjoints, que la jouissance forme exclusivement le trait d'union entre les époux, la famille s'effritera, se désagrègera et finira par disparaître.

L'opium produit cette ruine de la famille au point de vue matériel, au point de vue physique et au point de vue moral.

Au point de vue matériel, le fumeur ruine la famille directement parce que l'opium est une passion qui coûte cher ; et indirectement parce que l'opium arrive à lui faire négliger ses intérêts les plus élémentaires.

Pour satisfaire sa passion, rien ne l'arrête ; il vend ses

meubles, sa rizière, jusqu'à sa dernière parcelle de terre, jusqu'à la part d'héritage familial réservé au culte des ancêtres. « Que la maison soit grande ou petite, dit un proverbe chinois, qu'il y en ait une ou plusieurs, toutes passeront par le trou de la pipe » (1). Si le fumeur est un ouvrier, un homme qui a peu de ressources, il fait d'abord main basse sur les petits profits que sa femme a pu gagner tout en élevant ses enfants ; puis il aliène ses bijoux de mariage, jusqu'à ses habits même les plus ordinaires : « Hier encore, écrit le P. Clair, des habitants de Thu-Duc découvraient une miséreuse toute nue, dans le fond de son taudis, où elle était blottie ; durant son sommeil, son mari lui avait enlevé son pantalon, la seule loque qui lui restait ; il l'avait vendu 25 centimes, échangés aussitôt contre quelques pipes d'opium »(2).

Indirectement, la ruine vient aussi presque fatalement par l'incurie que le fumeur apporte à ses affaires : incurie lorsqu'il est dans l'état de besoin, où il ne s'occupe plus d'autre chose que de se procurer de l'opium, de préparer sa pipe et de l'absorber ; incurie lorsqu'il a fumé car alors tout le laisse indifférent. L'activité, l'intelligence et le soin excessif dont le Chinois fait preuve en général pour ses intérêts pécuniaires sont remplacés par la paresse et l'abrutissement le plus complet. Ses rizières sont-elles bien ou mal entretenues, ses champs sont-ils en friche, ses affaires languissent-elles, ses domestiques se livrent-ils à un travail rémunérateur ? peu lui importe. S'il est riche, si la femme est active et

(1) Cité par MILLANT, *op. cit.*, p. 335.

(2) J.-B. CLAIR, *loc. cit.*, p. 229.

intelligente, comme cela se voit chez la femme annamite qui ne se livre pas au jeu, la situation peut se maintenir ; si au contraire la femme ne peut remplacer le mari, on assiste à des malheurs et des pertes irréparables : tout disparait grâce à la dépense de luxe qu'est l'opium et à l'absence d'apports compensateurs.

Au point de vue physique, le fumeur ruine la famille, soit par son impuissance génésique, soit par les dégénérescences dont sont atteints ses enfants, soit même parfois par la vente ou la destruction pure et simple des membres qui composent cette famille.

Nous avons déjà étudié l'impuissance génésique chez l'intoxiqué ; le nombre d'enfants s'en ressent fatalement. Si les Chinois ont des familles relativement nombreuses, c'est qu'ils ont des enfants avant d'être intoxiqués. Liberman rapporte cependant le cas d'un homme robuste qui avait commencé à fumer à 20 ans ; il s'était marié à 18 ans, avait eu quatre enfants bien portants, il ne fumait guère qu'un gramme d'opium par jour et trois fois par mois faisait une débauche de 5 à 6 grammes. A 22 ans, cet homme avait cessé d'avoir des enfants, bien qu'il eut deux femmes fortes et bien constituées. Ce cas ne doit pas être isolé.

De plus, l'abus de l'opium, de l'avis de nombreux auteurs, prédispose aux avortements, aux accouchements avant terme, à la mort du fœtus.

Les enfants des fumeurs présentent des dégénérescences physiques qui comprennent l'arrêt de développement, des difformités, des délabrements constitutionnels de toute nature. Ils sont pâles, chétifs, mal constitués et la mortalité chez eux paraît beaucoup plus grande que chez les autres enfants.

Quelquefois, les fumeurs vendent leurs enfants dans le jeune âge, avec l'intention de les racheter peut-être un jour, intention qu'ils ne réaliseront jamais, ils les exposent et les tuent pour se débarrasser des dépenses qu'ils occasionnent, et emploient toutes les ressources à l'achat de l'opium. Enfin, après des débauches d'opium, ils peuvent tourner leurs coups contre leur femme et même contre leurs parents, chose inouïe en Chine, où l'amour filial est poussé très loin.

Au point de vue mental et moral, la famille n'est pas mieux sauvegardée. Les dégénérescences morales que l'on rencontre chez les enfants des fumeurs, comprennent des goûts et des tendances dépravés ; au point de vue mental, on note la faiblesse intellectuelle, la prédisposition à l'aliénation et aux affections nerveuses. Sur 213 enfants de fumeurs qu'il a vus, Liberman rapporte que 6 étaient idiots, 2 hydrocéphales, 8 d'une intelligence bien au-dessous de la moyenne. Chez d'autres enfants, la vie intellectuelle fonctionnait pendant quelque temps, et tout à coup les idées et les sentiments se dépravaient ; il y avait un arrêt de développement et l'aliénation mentale se déclarait (1).

La ruine du sens moral et des sentiments affectifs, jointe à l'excitation génitale que crée l'opium pendant un certain temps au moins, explique la triste situation du ménage du fumeur et la fréquence de l'adultère.

(1) LIBERMAN, *op. cit.*, p. 75.

Il n'est pas rare de voir le fumeur accabler de coups et de mauvais traitements sa femme et ses enfants ; la plupart du temps, c'est parce qu'ils n'ont pu couper le régime de noix d'arec dans le jardin des voisins ou rapporter la poule ou le porcelet dont la vente payerait les pipes.

Les enfants des fumeurs de basse condition, ainsi formés au vol par leurs parents, sont légion, et non seulement au vol, mais à des vices plus honteux encore. La mère, les sœurs, les filles, peuvent être livrées à la prostitution plus ou moins clandestine, publique ou privée, pour tirer des ressources de ce commerce. On ne compte pas non plus le nombre des filles données en mariage sans nul souci de leur avenir, dans le seul but d'obtenir 10 ou 15 piastres (1).

Dans la classe riche, l'instruction et l'éducation des enfants ne souffrent pas moins. L'action paternelle fait défaut ; si la mère a les qualités voulues, elle saura les instruire et les diriger dans la vie, sinon, ils seront élevés à l'aventure et ils se trouveront inférieurs aux autres enfants de même condition.

Dans un pareil ménage, la situation de la femme est intolérable. Le moins désastreux pour elle est que le mari fumeur quitte le domicile conjugal et lui laisse au moins la tranquillité et la paix. Dans certains cas, surtout chez les fumeurs riches qui opèrent à la maison et même en Europe, soit dans le demi-monde, soit dans les ménages réguliers, la femme se mettra à l'opium.

(1) Cf. J.-B. Clair, *loc. cit.*, p. 231.

Vivant continuellement dans cette atmosphère nuageuse, se rapprochant de son mari, soit pour préparer la pipe, soit pour lui tenir compagnie, elle prendra goût à la fumée et un jour, elle se couchera sur le lit. Presque toujours, si elle a fumé, elle recommencera un jour ou l'autre, à l'occasion d'une grossesse pénible, d'une séparation, de douleurs, de chagrins intimes, elle se livrera à l'opium avec le nervosisme fougueux et l'engouement déréglé qu'elle met dans ses fantaisies ; et bientôt, il n'y aura plus pour les époux que la petite lueur fumeuse de la lampe qui leur servira de trait d'union.

CHAPITRE III

Conséquences de l'opium pour la société.

Nous pourrions tenir pour la société le même raisonnement que celui que nous avons tenu pour la famille. La société se compose d'individus isolés et de familles ; et la société ne vaut que par les individus et les familles qui la composent ; l'individu isolé n'étant en quelque sorte qu'une anomalie, un être incomplet, c'est la famille qui est le véritable rouage sur lequel repose tout l'édifice social. Si la famille est nombreuse, saine au physique et au moral, la société sera prospère ; si la famille se désagrège, la société ira en s'affaiblissant. Nous avons essayé de montrer dans le chapitre précédent que l'opium détruit la famille ; l'opium aura donc, par ce fait seul, un retentissement fâcheux sur la société.

Mais en dehors de cette considération générale, l'opium trouble le mécanisme social et les rapports entre les hommes par les effets qu'il produit sur eux.

Il est une cause de la diminution de la richesse sociale, car il détruit l'idée de l'intérêt personnel, l'ambition d'accroître sa situation et celle de sa famille, qui sont le plus puissant mobile de l'activité économique. Le fumeur, avant d'avoir son opium, néglige les affaires, parce qu'il ne pense qu'au poison ; lorsqu'il l'a, il est si béatement satisfait, si loin de la réalité de l'heure présente, si confiant en lui-même et dans l'avenir, envisagé avec une sérénité imperturbable, qu'il laisse tout de côté. Et lorsque cet état de besoin, suivi d'inertie, se répète souvent dans la journée, on comprend ce que peut être l'existence du fumeur, existence dont souffrent dans leur fortune la famille et la société tout entière, car, non seulement les champs restent en friche, l'industrie et le commerce languissent, mais le travail du fumeur lui-même est perdu, et les personnes qui sont sous ses ordres, manquant de direction, gaspillent leur temps, alors que, bien conduites, elles pourraient se livrer à un travail plus rémunérateur.

Voici d'ailleurs, d'après Petrus Ky, auteur indigène, qui fut professeur de langues orientales au collège des interprètes de Saïgon, la journée du gros fumeur d'opium (1) : « C'est une journée vide, une journée qui ne laisse pas la moindre trace d'un travail quelconque. Levé le matin, le fumeur s'accroupit, morne, la tête baissée, avec la mine lamentable d'un vieux hibou exposé à la lumière du soleil. Il lui arrive parfois de prendre un linge pour se laver la figure, puis il fume une ou deux cigarettes, mâche une chique de bétel, se soulage, prend quelques cuillerées de boullie, une ou deux gorgées de thé et s'installe sur le bas-flanc. Il commence par essayer sa pipe, tube et fourneau, s'arme du grattoir pour curer celui-ci et en fait tomber le résidu

(1) Cité par J.-B. Clair, *loc. cit.*, p. 236 et suiv.

en le frappant en cadence sur le rebord du plateau. Il dispose ensuite les aiguilles, arrange la mèche de la petite lampe qu'il soigne minutieusement et remplit le réservoir de l'huile nécessaire.

« Il s'allonge alors sur le flanc pour s'administrer sa ration de pipes. Après les avoir savourées, il arrange encore d'un côté, dérange de l'autre, sans pouvoir quitter l'attirail et le plateau, musant à plaisir jusqu'au moment où un serviteur se présente pour l'avertir que le déjeuner est prêt.

« Après avoir goûté aux plats, il reste assis nonchalamment, se cure les dents en faisant claquer sa langue et ses lèvres, se gorge d'une tasse de thé, se parfume la bouche d'une chique de bétel qu'il mâchonne en fumant la cigarette, Mais l'heure passe, la pipe le rappelle ; pas de repas pour lui qui ne soit complété par la fumée de l'opium. Il retourne au lit de camp, prépare et fume sa ration, se couchant, jambes et bras étendus comme l'animal qui s'abandonne : les yeux mi-clos, mi-ouverts, comme ceux du crocodile immobilisé au soleil, insensible aux moustiques, insoucieux des pucerons, entremêlant ses sommes de pipes, il gagne le repas du soir.

« Celui-ci terminé, il revient au lit de camp tout comme après le déjeuner, et se remet au bambou pour une séance plus sérieuse encore. Dans la demi-obscurité de la petite lampe pâle, il se tourne, se retourne, à droite, à gauche, tantôt sur un flanc, tantôt sur l'autre, fume, dort, fume, s'assoupit, semi-éveillé, semi-endormi, sans jamais goûter le sommeil profond.

« Il restera souvent ainsi jusqu'à l'aurore, sans même

gagner son lit : 24 heures se seront écoulées sans qu'il ait songé à sa femme, à ses enfants ; c'est à peine si, en un cas pressant, il se sera rendu à un appel pour donner un ordre bref ou une réponse écourtée. »

Mais, ainsi que nous l'avons dit maintes fois, il n'y a pas que cette classe de fumeurs, classe qui consacre tout son temps à l'opium ; il y a la catégorie de ceux qui, tout en fumant plus ou moins, conservent l'allure normale et continuent à se livrer au travail. Chez ceux-là même, l'opium diminue la somme ou la qualité du travail, et nuit encore à la richesse sociale.

D'abord, l'individu consacre toujours à la drogue un nombre plus ou moins grand d'heures précieuses qu'il pourrait consacrer au travail au lieu de s'étendre près de la lampe ou de dormir. Ensuite, même s'il ne fume que le soir, le lendemain, il sera obligé de se lever très tard, ou s'il va à son travail forcément, il sera fatigué, et le travail en souffrira. Si l'individu fatigué fume et profite de l'excitation que produit l'opium pour accomplir à un moment déterminé une tâche que l'organisme, abandonné à lui-même, ne lui aurait permis d'accomplir que plus tard, il trouble le fonctionnement de cet organisme et peu à peu sa capacité générale de travail diminuera.

Le fumeur, même avec des doses peu considérables, devient vite incapable d'un effort soutenu : qualité indispensable non seulement au travailleur ordinaire, mais surtout à celui qui entreprend des œuvres d'avenir, telles qu'en comporte la vie sociale.

Si celui qui fume très peu est capable de donner un effort à peu près normal, il faut ajouter : s'il a sa dose habituelle d'opium ; car si celle-ci vient à lui manquer pour une raison quelconque, intellectuellement et physiquement, l'effort prolongé devient impossible.

Enfin, la qualité du travail est moindre : car le fumeur, lorsqu'il est obligé de se mettre à l'œuvre, fait le travail sans goût, seulement par manière d'acquit ; sans doute, il se livrera au besoin à toutes les tâches, même les plus répugnantes, si cela lui est indispensable pour gagner son opium ; mais, quoique bon ouvrier, assidu au travail, il obéira à ses chefs comme un automate, en suivant l'impulsion comme la bielle celle d'un moteur ; il ne s'intéressera pas à l'œuvre qu'il a accomplie. Et ceci est profondément regrettable, non seulement au point de vue moral ; — l'individu, bien que spécialisé par la force des choses, doit pouvoir s'élever à la compréhension de l'ensemble — mais aussi au point de vue pratique, car un travail fait sans goût et sans intérêt, est forcément moins rémunérateur.

En ce qui concerne le patrimoine intellectuel de la société, l'opium est également néfaste : nous avons vu en effet que le fumeur, après l'excitation de la mémoire et de l'intelligence, devient vite inférieur à lui-même, et que l'action de l'opium équivaut à diminuer volontairement le fonctionnement et la capacité de l'intelligence au profit d'une satisfaction momentanée. La société souffrira de cette diminution, non seulement dans sa richesse matérielle, mais aussi dans sa richesse artistique, littéraire et scientifique, qui, plus encore que la première, constitue la force et la gloire d'une société.

Le fonctionnement de mécanisme social est aussi

faussé, parce que les rapports entre les hommes deviennent anormaux. L'opium détruisant les sentiments affectifs, détruit la charité : et non seulement cette charité qui pousse à secourir celui qui meurt de faim ; mais cette forme plus large de solidarité, qui consiste à fonder des groupements dans lesquels tous ceux qui les composent, à quelque situation qu'ils appartiennent, possèdent des droits et des devoirs. L'opium qui isole l'individu du monde, qui développe son égoïsme, rend impossible l'application de ces sentiments.

La sécurité et la stabilité des conventions, qui forment la base des rapports juridiques entre les hommes, font complètement défaut. Par suite de leur tendance continuelle à mentir, il est impossible de se fier aux fumeurs : plus de franchise, plus de loyauté, plus d'obligations, plus de devoir, plus de conscience ; la ruse, l'astuce, la tromperie, sont érigés en système dans toutes les classes de la société.

S'il ne faut pas se fier à la parole du fumeur, peut-on davantage se fier à ses écrits ? Il signera tout ce qu'on voudra ; prendra des engagements qu'il est dans l'impossibilité matérielle de tenir ; acceptera toutes les compromissions ; que lui importe ? La responsabilité, la dignité, la délicatesse, les conventions sociales, les lois de l'honneur n'existent plus pour lui.

L'on pourrait même se demander, bien que certains auteurs ne l'admettent pas, si l'opium, à un certain degré et dans certains cas, ne pourrait être invoqué comme cause de nullité d'un acte, d'un contrat ou d'un testament par exemple. La question ne se pose pas encore en Europe, où l'usage de l'opium n'est pas assez répandu ; et en Extrême-Orient, on n'y songe guère. Néanmoins, au point de vue théorique, nous pensons que ce n'est pas en se basant sur la perte de l'intelligence qu'on pourrait obtenir l'annulation d'un acte ; l'intelligence n'abandonne le fumeur que très tard, alors qu'il est si cachectique qu'il serait à peine capable matériellement de faire l'acte en question. Mais il n'en est pas de même de la volonté qui disparait très vite ; si donc on pouvait prouver qu'on a fait pression sur l'individu, qu'on a acquis assez d'empire sur lui pour lui faire signer ce qu'il n'aurait pas signé en temps normal, il y aurait là une porte ouverte à une action en nullité. Ce serait d'ailleurs une question d'espèce, à trancher par les tribunaux dans chaque cas particulier.

Envisageons maintenant les conséquences que peut avoir l'opium pour certains groupements, certaines collectivités. Quand les individus sur qui pèse une responsabilité quelconque, qui ont charge d'âmes, soit comme homme public, soit comme homme privé, se livrent à l'opium, ils peuvent occasionner des pertes irréparables et faire souffrir toute une catégorie de leurs semblables par suite de leur funeste passion. Leur instabilité mentale, la variation brusque dans leur jugement, leurs idées ou leurs actes, leur besoin insatiable de fumer, leur indifférence et leur torpeur, qui leur fait oublier leurs devoirs professionnels et leurs obligations les plus sacrées, la perte de leur sens moral en font des êtres dangereux.

« Un lieutenant de vaisseau, des plus jeunes et des

plus brillants, écrit J.-B. Clair, est debout sur la passerelle. Il est de quart, il rêve, le cerveau encore embrumé par les vapeurs de l'opium. Tout à coup, à quelques encâblures, un grand navire se révèle, venant sur lui. — Je le voyais venir, a-t-il dit, je voyais quelle manœuvre je devais commander ; mais remuer, parler, agir, je ne pouvais. Heureusement, il a manœuvré à ma place, il est passé à nous toucher. Ah ! l'opium ! — Le lendemain il donnait sa démission pour ne pas quitter sa pipe » (1).

Ce cas n'est sans doute pas isolé ; et d'après les renseignements qui nous ont été fournis par des personnes autorisées, la pratique de l'opium n'aurait peut-être pas été étrangère à l'échouage du transport *La Nive*, en août 1908, à quelques centaines de mètres des côtes parfaitement connues du Maroc.

Dans le même ordre d'idées, comment un médecin, avec une semblable mentalité, sera-t-il capable de traiter convenablement ses malades ? Comment un officier remplira-t-il ses fonctions ? Comment un chef de poste pourra-t-il ne pas se laisser surprendre et assurer la sécurité de ceux qui sont sous ses ordres ? (2) Comment un chef de mission réussira-t-il dans la tâche qui lui est confiée ?

Les fonctionnaires coloniaux, que l'opium tient sous

(1) J.-B. Clair, *loc. cit.*, p. 79.

(2) *La Presse médicale* du 11 octobre 1911, rapporte le récit d'un inspecteur de la garde indigène, dans lequel nous voyons qu'au Tonkin, en 1886, un poste d'indigènes fut surpris, parce que ceux qui le composaient étaient engourdis par l'opium.

sa domination, peuvent avoir des réveils d'orgueil et de cruauté et se rendre coupables sous cette influence des sévices dont on les a quelquefois accusés. Les magistrats eux-mêmes, qui doivent donner l'exemple de l'intégrité, se laisseront parfaitement corrompre, et sauront régler une affaire même scandaleuse dans le sens demandé, sans se préoccuper de la justice. Ils rendront leurs jugements avec l'illogisme qui caractérise le fumeur, se montrant trop bienveillants ou trop sévères, et se moqueront indignement de la sécurité, de l'honneur et des biens de leurs justiciables.

Au point de vue moral enfin, l'opium engendre de vraies maladies sociales.

Il permet à certains patrons : entrepreneurs de terrassement, de navigation, de grande pêche, de transports à dos d'homme, en un mot à tous les exploiteurs du gros travail humain, de donner à leurs ouvriers fumeurs des salaires dérisoires, et d'abuser de leurs forces. L'opium, en effet, permet de faire donner aux travailleurs leur maximum de rendement pendant un temps assez court, tout en les délivrant de tous autres besoins. Comme les agréments de la société, le foyer, le logement, l'habillement, leur indiffèrent, pourvu qu'ils trouvent une planche pour s'allonger près du plateau, ils se contenteront d'une maigre pitence et d'un lambeau de toile pour vêtements.

Des maladies plus graves encore se font jour. C'est la dépopulation à cause de l'infécondité des unions : c'est l'accroissement du nombre d'adultères ; c'est la prostitution qui s'étale d'une façon honteuse ; c'est la dépravation du sens génésique, et l'augmentation des actes contre nature ; c'est le suicide ; c'est le vol, occasionné par le besoin où se trouve l'opiomane pauvre, de se procurer la drogue par tous les moyens ; c'est souvent aussi le meurtre et l'assassinat qui en sont la conséquence (1).

Tous ces actes, et en particulier les derniers, peuvent-ils trouver grâce devant le dogme de l'irresponsabilité, comme le veulent certains auteurs ou, au contraire, comme le soutiennent d'autres, ne doit-on tenir aucun compte de l'opium ?

Nous pensons qu'il faut faire une distinction. Si l'individu commettait un acte délictueux ou criminel, pendant une période de narcotisme aigu, il pourrait être considéré comme irresponsable ; il en serait de même si l'individu commettait cet acte sans préméditation, sous l'empire d'un état de besoin impérieux, à une période où la volonté l'a déjà abandonné.

Mais que doit-on penser des fumeurs moyens ? de ceux qui fument tout en continuant à se livrer à leurs occupations journalières et qui cherchent à mettre sur le compte de l'opium les crimes qu'ils ont commis ?

A ce point de vue, l'affaire Ullmo, qui a eu un si grand retentissement, nous servira d'exemple et nous ne pouvons mieux faire que d'analyser le rapport dressé à cette occasion par MM. Raymond, Dupré et Courtois-Suffit, rapport que M. Dupré a très aimablement mis à notre disposition.

(1) Dans les prisons de Hong-Kong et le Singapore, on estime à 60 p. 100 le nombre de vols et de crimes commis par les fumeurs.

A la fin de mai 1907, l'enseigne de vaisseau Ullmo, sous l'influence pressante du besoin d'argent, après avoir mûrement arrêté ses plans, proposait par lettre à l'attaché naval allemand à Paris, la vente de documents secrets et organisait une correspondance par la voie des annonces du *Journal* sous des initiales convenues.

Après une entreprise de chantage et d'escroquerie contre le Ministre de la Marine, il fut arrêté le 23 octobre 1907, et il comparut le 20 février 1908 devant le 1er Conseil de guerre maritime permanent siégeant à Toulon.

Le juge d'instruction Leydet avait commis les experts, car Ullmo avait demandé à être soumis à un examen médical, « en alléguant l'usage excessif et prolongé de l'opium et la dépression morale qui en avait été pour lui la conséquence ». Les médecins légistes devaient faire connaître « si Ullmo avait les habitudes invétérées dont il se réclamait et si l'usage abusif dudit narcotique avait pu, dans une certaine mesure, oblitérer chez l'inculpé la notion de ses devoirs et enchaîner son libre arbitre ».

Ullmo fumait environ 35 pipes par jour ; il prétend avoir commis les actes qu'on lui reproche sous l'influence d'un état mental particulier qu'il attribue à l'opium et déclare que maintenant qu'il est sevré du toxique il serait absolument incapable d'une telle forfaiture. Il aurait conçu son plan dans sa fumerie ; l'y aurait médité toujours sous l'influence de l'opium ; il préparait en outre son plan de correspondance pendant les fumeries et le mettait à exécution dans l'intervalle. Il dit que dans ses rapports avec l'agent étranger comme dans sa correspondance avec le Ministre de la Marine, il s'était toujours senti obnubilé par la même torpeur, la même hébêtude, sous l'influence desquelles il s'était livré, dans une activité quasi-automatique, à ses agissements criminels. Il avait dans l'intervalle des fumeries le pressentiment qu'il échouerait dans ses tentatives d'extorsion de fonds ; mais dès qu'il fumait, il reprenait espoir dans le succès de ses manœuvres.

Les experts constatent avec raison que les fumeurs qui éprouvent dans l'intervalle des fumeries les effets accusés par Ullmo fument un beaucoup plus grand nombre de pipes ; et que sa modération relative a réussi, en évitant l'intoxication progressive, à sauvegarder sa santé physique et intellectuelle ; en outre, la facilité avec laquelle il a supporté la privation d'opium, facilité qu'Ullmo met sur le compte de l'abattement occasionné par son arrestation, prouve qu'il était peu intoxiqué.

Dans les effets immédiats des prises toxiques, ajoutent-ils, il faut considérer deux périodes psychologiques successives : d'abord celle de la griserie d'opium qui correspond à la fumerie et aux heures immédiatement consécutives ; ensuite, celle de somnolence et de torpeur. La première période d'euphorie est absolument stérile en réactions criminelles et délictueuses, car elle engendre un état psychologique en lui-même défavorable à l'initiative et contraire à l'action. La seconde période d'abattement et de somnolence, d'engourdissement physique et de torpeur intellectuelle, rend incapable d'un travail nouveau, d'une initiative personnelle.

Quant à l'intoxication chronique, en dehors de l'état

de besoin, elle ne peut avoir qu'une influence très faible sur les crimes et les délits : car elle mène surtout à l'anéantissement de la volonté et à l'apathie morale.

Les experts concluent donc que l'opiomanie n'a pu oblitérer chez Ullmo la notion de ses devoirs ; l'inculpé a dans la préparation et l'accomplissement de ses desseins criminels, agi avec lucidité et conscience. Il a pendant six mois déployé au service de ses projets des ressources intellectuelles et des efforts volontaires qui démontrent que, dans la poursuite de ses plans, l'opium lui avait laissé le libre exercice de ses facultés et de ses moyens d'action.

Ullmo fut condamné à la déportation perpétuelle dans une enceinte fortifiée et à la dégradation militaire.

Sur ce terrain criminel d'ailleurs, le degré de responsabilité serait à déterminer dans chaque cas particulier.

Si maintenant nous résumons d'un mot tout ce chapitre, nous dirons que la société est profondément atteinte, profondément lésée dans son fonctionnement et dans son développement par l'opium, qui tue l'énergie nationale.

CHAPITRE IV

Conséquences de l'opium pour l'humanité.

L'opium qui dégrade l'individu, ruine la famille et affaiblit la société ne peut, comme d'ailleurs l'alcool, le jeu et autres passions analogues, que retarder la marche en avant de l'humanité.

Cette marche en avant peut être envisagée à différents points de vue : au point de vue matériel et intellectuel ; au point de vue politique et économique et au point de vue moral.

Les progrès scientifiques de tous ordres contribuent à l'accroissement du bien-être matériel des hommes et à la conservation de leurs santés ; il importe donc que les intelligences qui découvrent ne soient pas embrumées et que les volontés qui persévèrent ne soient pas amoindries.

D'autres progrès dans l'art, dans la littérature, dans les sciences, progrès qui dépassent les frontières, contribuent au bien-être intellectuel général, élèvent les âmes au-dessus du matérialisme de la vie journalière ; engendrent un idéal et rapprochent de la vérité. Ici encore, il importe que rien n'entrave les élans ni chez ceux qui produisent ni chez ceux qui reçoivent.

Au point de vue politique et économique, l'humanité

doit tendre vers une plus grande liberté des individus ; l'aboutissant normal de l'évolution doit être, à notre avis, dans un temps plus ou moins éloigné, le régime démocratique : c'est-à-dire un régime où l'homme, en même temps que son maximum de liberté aura son maximum de personnalité et de responsabilité. Mais cette démocratisation n'est possible que si l'individu est intimement persuadé de l'importance des sentiments de morale, de justice et de solidarité ; s'il sait voir les choses de haut ; faire passer, lorsqu'il le faut, l'intérêt général avant son intérêt particulier ; avoir un idéal, des convictions profondes ; respecter les convictions d'autrui et exiger qu'on respecte les siennes. Tout ce que nous avons dit dans les pages précédentes nous montre que les fumeurs d'opium sont loin de posséder ces qualités. Chez eux, les sentiments de morale, de justice et de solidarité disparaissent ; l'idée de l'intérêt général s'efface ; l'horizon se rétrécit au point de se réduire parfois au seul opium, les convictions se perdent en même temps que la volonté. Ce ne sont donc pas les fumeurs qui favoriseront l'évolution dont nous venons de parler.

Au point de vue moral enfin, le progrès de l'humanité consiste à se rapprocher le plus possible d'un idéal supérieur, en dehors de toute pensée de bien-être matériel. L'homme, en effet, en re rapprochant du beau, du bien, du vrai se grandit et s'élève. L'opium qui, comme les autres passions, le rabaisse et le plonge dans les jouissances factices et irréelles, l'empèche d'en découvrir de plus élevées et d'atteindre l'idéal qui lui procurerait des joies profondes et réelles.

TROISIÈME PARTIE

REMÈDES CONTRE L'OPIUM

Remèdes contre l'opium.

En présence des effets et des conséquences qu'engendre l'opium tant pour les individus que pour les familles, les sociétés et l'humanité, on conçoit facilement que les hommes aient depuis longtemps cherché à lutter contre lui. Ils ont lutté de deux manières très différentes : d'abord en cherchant à déshabituer le fumeur, à le guérir ; c'est le rôle direct du médecin ; c'est ce que tentent aussi chaque jour des guérisseurs de tous ordres ; ensuite en employant des moyens généraux tirés soit de la puissance brutale de la loi qui fait appel à la force et qui commande, soit de la puissance persuasive de la morale ou de la religion qui fait appel à la conscience et cherche à convaincre. Ces moyens généraux ont pour but ou de détourner du poison ceux qui s'y sont déjà adonnés, ou surtout d'empêcher d'y venir ceux qui n'y ont pas encore goûté.

Il est évident que le premier moyen, qui consiste à guérir, quel qu'intéressant qu'il soit, est restreint ; il n'atteint qu'un petit nombre de personnes et n'a qu'un effet tout individuel ; l'autre, au contraire, beaucoup plus efficace, a une portée très générale, puisqu'il s'adresse à des générations, et non seulement aux générations présentes, mais aussi à celles de l'avenir en cherchant à créer une mentalité qui se perpétuera dans la suite des temps.

En outre, au point de vue médical comme au point de vue social, il est plus facile et beaucoup plus profitable de prévenir le mal que de le guérir. Les moyens préventifs, en ce qui concerne l'opium, doivent donc être employés de préférence aux moyens curatifs. C'est aux pouvoirs législatif, exécutif et judiciaire, aux hygiénistes, aux économistes, aux moralistes de se mettre à l'œuvre ; mais dans tous ces domaines, aussi bien dans le domaine moral que dans les autres, le médecin dont la voix a de l'importance et est souvent écoutée, devra prendre une part active à la réforme, donner sa collaboration sans compter, et chercher à créer un courant d'opinion publique, qui est encore le plus sûr garant du succès.

CHAPITRE PREMIER

Remèdes individuels.

Pour guérir le fumeur, plusieurs procédés se présentent à l'esprit : la suppression brusque et totale du poison ; la suppression très lente et la suppression rapide mais non immédiate, celle que l'on effectue en une huitaine de jours par exemple. Toutes ces méthodes ont eu des succès ; mais la dernière nous paraît préférable ; elle est moins pénible pour le malade et risque moins que la première d'entraîner des accidents très graves ; elle a aussi des avantages sur la seconde : dans celle-ci, en effet, la cure dure très longtemps ; dans cette lutte prolongée, la volonté finit par s'énerver, quelquefois par fléchir ; le fumeur a toujours sous la main ses instruments et son poison, qui sont pour lui une tentation constante : il arrive difficilement à perdre sa mauvaise habitude.

La méthode brusquée consiste à supprimer au fumeur du jour au lendemain la moitié de sa ration habituelle d'opium : il n'en éprouve pas un grand dommage ; puis le lendemain encore la moitié de ce qui reste : cela est encore assez bien supporté.

Les dernières doses, quoique minimes, seront beaucoup plus difficiles à supprimer et cette suppression entraîne des troubles ; on la réalise en cinq ou six jours, en surveillant étroitement le malade et en appliquant le traitement que nous décrirons plus loin.

La méthode de suppression lente est conseillée par de nombreux auteurs. Liberman la résume ainsi : descendre de 1 à 2 grammes par semaine : le malade s'arrête quelque temps lorsqu'il arrive à la moitié de la dose habituelle ; puis il reprend sa marche descendante. Cet auteur, comme médicament, emploie l'asa fœtida mêlée au tabac pour remplacer l'opium et combattre la prostration nerveuse (1). Ce médicament doit avoir surtout une influence psychique.

Les Chinois conseillent aussi la désintoxication lente ; en dehors de remèdes plus ou moins extraordinaires, ils donnent aux fumeurs des pilules de chandoo, contenant un dose d'opium de plus en plus minime. Les missionnaires d'Indo-Chine emploient pour traiter les fumeurs de l'extrait thébaïque ou du laudanum. Cette méthode a l'avantage de ne pas exiger l'internement dans une maison de santé ; mais elle a ce grave défaut de ne pas supprimer l'appétit de l'opium : elle substitue à l'intoxication par la voie pulmonaire l'intoxication par la voie digestive. Le Dr Martin nous dit que depuis quelques années les médecins anglais prescrivent aux Chinois fumeurs, pour les soustraire à la tyrannie de la pipe, des granules contenant 3 à 4 milligrammes de morphine ; il en faut 20 pour équivaloir à 40 pipes, ration ordinaire du fumeur chinois ; le résultat ne s'est pas fait attendre : la vogue des granules est devenue considérable,

(1) LIBERMAN, *op. cit.*, p. 58.

parce qu'ils permettent d'absorber de l'opium sans entraver les occupations journalières et sans exiger la position couchée.

Toujours sous prétexte de guérir les fumeurs, la pratique des injections de morphine s'est répandue à Shanghaï, d'où elle a été introduite à Hong-Kong. C'est encore Martin qui nous dit que plus de vingt maisons de commerce vendent des injections. Chaque établissement a, en moyenne, cinquante clients qui s'y rendent matin et soir. Ce qui a rendu la piqûre très populaire parmi les Chinois, c'est qu'elle est moins onéreuse que la pipe, puisqu'elle ne coûte que 10 centimes ; et qu'elle procure immédiatement le bien-être sans nécessiter la perte de temps et sans imposer la promiscuité de la fumerie. Le Conseil législatif de Hong-Kong, pour arrêter les progrès de la morphinomanie, plus pernicieuse que l'usage de la pipe, a rendu un ordonnance interdisant de faire des injections aux coolies ou de leur administrer de la morphine par toute autre voie.

Enfin, tout récemment, on aurait trouvé dans la presqu'île malaise une plante assez commune dans l'Etat de Selangor, le combretum sundaïcum, qui mériterait par ses propriétés le nom qu'on lui a donné d'anti-opium. Cette plante, soumise à l'analyse, ne renferme ni alcaloïdes, ni glucosides, et, sauf un peu de tannin, rien n'explique le pouvoir anti-toxique de ce végétal. Voici d'ailleurs, d'après M. Jeanselme (1), la manière dont on emploie cette plante. On porte à l'ébullition 4 litres

(1) Cf. Jeanselme, *Fumeurs d'opium*. Extrait du *Bulletin de la Société de l'Internat*, février 1909, p. 12-13.

d'eau contenant 50 grammes de la plante (tiges et feuilles). Quand la décoction est réduite par évaporation à un litre, on filtre le liquide et on le répartit dans deux bouteilles d'une contenance de 500 centimètres cubes. Dans la bouteille A, on ajoute la dose journalière d'opium que le fumeur avait l'habitude de consommer, en ayant soin de faire un mélange bien homogène. Plusieurs fois par jour (environ 7 fois), le patient boit environ 30 grammes du contenu de la bouteille A, puis à chaque dose prélevée dans A, on substitue une quantité suffisante de la décoction de combretum pure, contenue dans la bouteille B pour ramener à 500 centimètres cubes le contenu de la bouteille A. Lorsque le flacon B sera vide, on se servira uniquement de la solution A jusqu'à ce qu'elle soit épuisée. Dans le cas où le résultat souhaité n'est pas atteint après ce premier traitement, on fait absorber de nouvelles décoctions, mais en diminuant toujours la quantité d'opium ajouté à la bouteille A.

Si l'on examine de près cette méthode assez compliquée, on peut voir qu'il s'agit là vraisemblablement d'une forme déguisée de sevrage lent et progressif.

Reste la méthode de suppression brusque. Elle serait possible dans les 2/3 des cas, sauf dans ceux où la personne est arrivée à un degré fortement accentué de déchéance physique et morale. Le goût de la drogue, à l'instar de toutes les perversions, paraît se contracter d'autant plus facilement que ces personnes sont douées d'un nervosisme plus développé et d'un équilibre mental plus instable. Donc les dégénérés et les nerveux, chez qui le poison a l'effet le plus violent et le plus rapide sont ceux qui offrent des ressources fort médiocres au traitement. Il faudra donc dans une cure anti-opiacée, entourer leur état mental d'autant de précautions que leur état corporel.

D'ailleurs, voici d'après le Dr Brunet (1), les différentes conditions qu'il faut obtenir pour tenter la cure de suppression brusque.

1° Examen complet du sujet au point de vue de l'état général des forces, fonctionnement des appareils, de ses tares héréditaires ou personnelles, et spécialement l'état du cœur, du foie et des reins : il faut que le cœur ne soit pas atteint de troubles organiques ou de dégénérescence à cause des syncopes possibles ; que le foie ne soit ni douloureux ni congestionné à cause de la crise biliaire ; que les reins soient intacts pour éliminer le poison.

2° Enquête sur les habitudes opiacées du fumeur afin d'être renseigné sur toutes les particularités de relations, de domicile, de plaisirs, qui facilitent sa passion et dont il faudra obtenir la suppression ou la modification après le traitement.

3° Engagement du malade de s'en remettre, pour tout ce qui concerne la cure, aux décisions qui seront arrêtées de concert par le médecin et la personne de confiance (parent ou ami) placée près du malade.

4° La cure aura lieu dans une maison de santé ou dans un endroit isolé choisi, afin d'être sûr qu'on n'y aura jamais fumé et qu'il n'y aura aucune possibilité de se procurer de l'opium.

(1) BRUNET, *Une avarie d'Extrême-Orient*, p. 32 et suiv.

5° La crise de désintoxication une fois passée, ce qui demande 8 à 10 jours, sera suivie d'un voyage d'au moins un mois avec le compagnon.

5° L'appartement et les objets ayant servi aux séances de fumerie ou conservant l'odeur de l'opium, seront abandonnés ou renouvelés pendant la cure, pour que rien ne rappelle au malade ses anciennes habitudes.

7° Tout l'attirail du fumeur sera détruit.

Alors le malade sera conduit à la maison de santé, à l'improviste, à son insu, pour éviter les appréhensions, les supercheries ou les excès d'opium de la dernière heure. A partir de ce moment, il ne fumera plus une seule pipe.

La crise est très pénible ; nous en avons exposé les effets dans notre seconde partie. Thomas de Quincey, d'ailleurs, avait déjà depuis longtemps décrit les tortures par lesquelles il était passé pour se guérir de son habitude de boire du laudanum. Pendant tout ce temps, le médecin ne doit presque pas quitter le malade.

Les médicaments doivent être réduits au minimum pour faciliter la décharge toxique de l'organisme. On calmera les douleurs névralgiques, les crampes, les insomnies rebelles par les bains chauds, le bromure et le chloral donnés le soir aux heures où le malade avait coutume de fumer. Lorsque les souffrances sont intolérables, on recourra seulement les premiers jours à une injection de morphine donnée sans que le malade le sache.

Contre la terrible dépression nerveuse, l'affaiblissement intellectuel, les tristesses accablantes, on prescrira une ou deux pilules contenant 0 gr. 05 d'extrait de chanvre indien, toujours à l'insu du malade, substance qui produit un bien-être et la gaité.

Lorsque les vomissements bilieux diminuent et que la diarrhée se sera produite, on relèvera les forces par du jus de viande, des glycérophosphates.

Si le cœur vient à fléchir, on le relèvera par des injections de caféine.

Après ces perturbations, on distraira et on occupera le malade par des promenades, on excitera les fonctions de la peau par le massage et des bains, on empêchera l'insomnie par la vie au grand air, les exercices corporels. On fera entreprendre ensuite un voyage ou une villégiature d'un mois sous la garde de quelqu'un de sûr, afin d'attendre dans un milieu étranger la disparition de la sensation du besoin de fumer.

On pourra alors seulement autoriser le malade à reprendre ses occupations et à rentrer dans un appartement renouvelé, en lui recommandant d'éviter tout ce qui peut lui rappeler l'ancienne habitude, tant qu'il conservera la plus légère envie de ses sensations d'autrefois ou qu'il en rêvera (1).

Supposons maintenant le fumeur guéri. Est-il à l'abri des rechutes ? En aucune manière. Qui a fumé fumera. Il subsiste, après guérison un amoindrissement permanent de la volonté, qui empêche d'avoir une confiance absolue dans l'avenir. D'autre part, comme nous avons vu que dans la cure de désintoxication lente, il se substituait souvent à l'opium fumé de l'opium sous une autre

(1) Cf. Brunet, *op. cit.*, p. 35 et 36.

forme, ou un excitant quelconque, nous sommes en droit de dire que ces remèdes individuels sont insignifiants par rapport à ce que l'on peut espérer réaliser.

Les remèdes prophylactiques, là comme ailleurs, doivent prendre le pas sur les remèdes curatifs, et parmi les premiers, la transformation de la mentalité de l'individu par la persuasion, qui est le moyen le plus lent, nous paraît être aussi le plus digne, le plus sûr, le plus efficace et le plus durable.

CHAPITRE II

Remèdes généraux.

Parmi les remèdes généraux, nous devons envisager deux grandes catégories : les uns sont imposés par la force, les autres sont tirés de la persuasion. Les premiers sont les remèdes législatifs, les seconds les remèdes moraux et religieux.

PREMIER GROUPE

REMÈDES TIRÉS DE LA LÉGISLATION

Ces remèdes peuvent consister soit dans des mesures radicales, soit dans des mesures atténuées ; on peut défendre de fumer l'opium d'une façon absolue à tout le monde et en même temps interdire la culture, le commerce, la vente de ce produit ; on peut aussi l'interdire seulement à certaines personnes ; enfin, sans le défendre complètement, on peut en réglementer l'usage, le monopoliser, augmenter son prix de vente, etc. ; en un mot prendre des mesures restrictives qui entravent son extension.

Nous pouvons donc, dans cet ordre d'idées, envisager soit pour un pays agissant pour son compte personnel, soit pour un groupe de pays liés entre eux par des conventions, deux moyens de lutter contre l'opium : l'interdiction plus ou moins absolue et la réglementation. Nous verrons d'ailleurs que ces moyens rencontrent dans leur application bien des difficultés et que souvent ils sont insuffisants pour atteindre le but qu'ils se proposent.

§ 1. — **Interdiction et réglementation.**

A ce point de vue, les différents moyens de lutte contre l'opium ont été et sont employés diversement par les nations, selon la situation dans laquelle elles se sont trouvées et se trouvent encore vis-à-vis de la drogue. Quelques pays très peu nombreux ne connaissent pas l'opium, au moins pour le fumer, et ne l'ont jamais connu ; d'autres ne connaissaient pas l'opium, mais par suite de l'immigration chinoise ou du retour des fonctionnaires coloniaux qui en ont rapporté l'usage, ils doivent maintenant se défendre contre lui ; d'autres enfin connaissent l'opium depuis très longtemps ; l'habitude de fumer a fait chez eux des progrès incessants ; beaucoup de ceux-là ont essayé et essaient encore à l'heure actuelle d'en secouer le joug avec plus ou moins de succès.

Dans le premier groupe, nous trouvons la Corée, où l'application des lois sur la prohibition de l'opium est la plus stricte ; l'usage de la drogue, sous quelque forme que ce soit, est absolument interdit : tout contrevenant s'expose à la peine capitale. Les rapports de la douane ne font nulle part mention de cette substance qui, même pour les usages pharmaceutiques, n'a pas accès dans ce pays.

Au Japon, la loi de l'opium est prohibitive et effective ; tout le monde est d'accord là-dessus ; la loi défend l'importation, la possession et l'usage de la drogue à l'exception des cas médicaux, et ces prescriptions sont prises à la lettre dans une population de 47 millions d'individus, parmi lesquels on compte 8,000 Chinois. La règle est si sévère, que dans les villes de l'intérieur il est presque impossible de se procurer l'opium ou ses alcaloïdes, en cas de nécessité médicale.

Les édits anciens punissaient de mort les fumeurs d'opium. Dès la première moitié du siècle dernier, le gouvernement japonais avait formellement prohibé l'importation de la drogue dans le pays ; et ce fut lord Elgin qui négocia le premier traité entre l'Angleterre et le Japon, interdisant l'importation de ce produit.

Actuellement, le Code pénal japonais, mis en vigueur le 1er avril 1897, porte les peines suivantes :

ART 159. — Quiconque importe, manufacture ou vend l'opium ou a en sa possession de l'opium pour le vendre sera puni des travaux forcés pour une période n'excédant pas 7 ans.

ART. 160. — Quiconque importe, manufacture ou vend les instruments pour fumer ou manger l'opium, ou a en sa possession des instruments pour les vendre sera puni des travaux forcés n'excédant pas 5 ans.

ART. 161. — Les douaniers qui permettent l'importation de l'opium ou des instruments et appareils seront punis des travaux forcés pour une période de 2 ans au moins et de 10 ans au plus.

Art. 162. — Tout individu qui fume ou mange l'opium sera puni des travaux forcés pour une période ne dépassant pas 3 ans.

Art. 163. — Tout individu qui est trouvé possesseur ou dépositaire d'opium destiné à être fumé ou mangé ou des instruments, sera puni des travaux forcés pour une période n'excédant pas un an.

Art. 165. — Les personnes qui ont commis ces crimes seront placées sous la surveillance de la police.

En ce qui concerne l'opium destiné aux usages médicaux, il y a dans l'administration un département spécial pour lui ; et ce département est lui-même divisé en trois sections : la section qui achète, la section qui prépare et la section qui met en boîtes. Le Japon arrive ainsi à ne consommer qu'une quantité insignifiante d'opium.

D'autres pays, qui appartiennent à notre seconde catégorie, contaminés par les Chinois ou les fonctionnaires coloniaux, se sentirent menacés par le fléau grandissant et prirent des mesures plus ou moins sévères contre l'opium. Il est à remarquer qu'aucun d'eux ne considère comme crime ou délit, ni par conséquent ne punit comme tel, l'acte lui-même de fumer l'opium ; ces pays ont seulement interdit et frappé de pénalités certains actes touchant l'opium, comme l'importation, la possession, la vente de ce produit.

Au Canada, à la suite des Chinois, les opium-dens étaient apparus à Ottawa, à Toronto, à Québec et à Montréal. En juillet 1908, M. Lemieux déposait sur le bureau de la Chambre des Communes, un projet de loi prohibant l'importation, la fabrication et la vente de l'opium, sauf pour les usages pharmaceutiques. Ce projet prévoyait une peine de 3 ans d'emprisonnement et une amende maxima de 5.000 dollars à l'adresse des délinquants. Ce projet était appuyé sur un rapport de M. Mackenzie King, qui concluait à la nécessité de la suppression de l'opium au Canada. L'enquête de M. King avait révélé que dans les villes du littoral de la Colombie britannique, Vancouver, Victoria, New-Westminster, il existait au moins sept factoreries d'opium qui faisaient ce commerce en grand. Il existait bien un décret provincial interdisant la vente de l'opium, mais tout le monde paraissait l'ignorer. Le projet Lemieux fut adopté d'urgence le 20 juillet (1).

Les Etats-Unis n'avaient pas été épargnés. En 1873, un journal de Philadelphie, le *Ledger*, signalait une augmentation considérable de la drogue, surtout dans les Etats de l'Ouest. Il n'y a pas d'ailleurs à s'en étonner, quand on a vu l'importance du quartier chinois à San-Francisco, qui est si pittoresque à visiter la nuit avec ses restaurants, ses hôtels et ses fumeries et qui ne renferme pas moins de deux ou trois milliers de Célestes. Peu à peu, en même temps que les Chinois, on signalait l'apparition de maisons de fumeurs à Chicago, à New-York, à la Nouvelle-Orléans. La police leur faisait une chasse active. Malgré cela, le goût de la drogue se développait dans le Nouveau-Monde, bien que le nombre de Chinois fut en décroissance. En 1884, on estimait à un million le nombre des fumeurs. A New-

(1) Cf. Millant, *op. cit.*, p. 365-366.

York, une statistique récente du Dr Wright, évaluait à 5.000 les blancs qui fumaient l'opium.

Cet opium vient surtout de Macao, où le commerce est affermé par le gouvernement portugais ; il est introduit en fraude par la Californie dans de petites boîtes de fer blanc contenant 5 taëls (1) d'opium à fumer.

Déjà, en 1873, la législature de l'Etat de Kentucky avait promulgué contre les fumeurs une loi qui avait paru en diminuer le nombre pendant un certain temps, loi qui d'ailleurs ouvrait passablement la porte à l'arbitraire. Lorsque deux citoyens honorables, disait la loi, viendront attester sous serment qu'un homme qui se livre à l'usage de l'opium, du haschich, ou de toute autre substance enivrante et pernicieuse, est devenu incapable de se conduire et de se comporter raisonnablement, cette personne pourra être incarcérée comme on le fait pour les ivrognes et les insensés (2).

Enfin, les Etats-Unis se décidaient, par une mesure plus générale, à interdire la vente de l'opium et une loi du 9 février 1909 prohibait son importation et son usage en dehors de son emploi pharmaceutique.

Aux îles Hawaï on trouve des pénalités pour l'importation de l'opium variant de 500 à 2000 dollars et de 1 mois à 2 ans d'emprisonnement (section 1633 de la loi pénale de 1897).

Toute personne qui a de l'opium en sa possession ou une préparation d'opium, excepté dans les cas autorisés, sera punie d'une amende de 50 à 250 dollars, et d'un

(1) Un taël = environ 37 grammes.

(2) Millant, op. cit., p. 387.

emprisonnement de un mois à 6 mois ou de ces deux peines (section 1635).

Si un médecin ou un pharmacien délivre de l'opium à une personne pour le fumer, l'opium sera saisi ; le pharmacien peut être condamné à une amende de 25 à 100 dollars, et en cas de récidive, le gouvernement ne lui fournira plus d'opium (section 1636).

En Amérique du Sud, et notamment au Pérou, où la pratique du fumage a été apportée par les coolies chinois, le gouvernement s'est vu obligé de prendre des mesures devant les proportions que prenait cette habitude. Par l'acte du Congrès du 31 octobre 1887, il a créé un monopole auquel est assujetti tout l'opium consommé dans le pays ; l'importation et la vente ne peuvent être effectuées que par l'intermédiaire de ce monopole ; et des pénalités sévères sont édictées contre les délinquants.

En Australie, l'opium faisait des progrès dans les grands centres, surtout à Sydney et à Melbourne. Par un décret en vigueur depuis le 1er janvier 1906, on a réduit l'usage de l'opium aux applications médicales. Et en octobre 1909, le gouvernement fédéral a décrété que toutes les futures saisies d'opium de contrebande seraient vendues aux pharmaciens au prix du marché.

La Nouvelle-Zélande, en 1901, votait des mesures contre l'opium.

La colonie du Cap, le Transvaal, ont dû prendre également des mesures restrictives, presque prohibitives ; l'importation de l'opium, même pour les usages médicaux, est interdite, sauf le cas d'une autorisation spéciale et pour une quantité déterminée.

Les pays d'Europe, eux aussi, ont eu à se défendre contre l'invasion de l'opium. Ce ne sont guère les Chinois qui le leur ont apporté, mais les fonctionnaires de tous ordres, civils et militaires, qui ont continué à fumer dans la métropole, et ont répandu l'habitude autour d'eux.

Ces pays s'étaient protégés par des lois contre l'opium, comme ils s'étaient protégés contre toutes les substances vénéneuses, sans envisager la question des fumeurs.

« Est passible d'une amende jusqu'à 150 marks ou des arrêts, nous dit le Code pénal allemand : 1° quiconque, sans l'autorisation de la police, prépare ou vend des poisons et des médicaments dont le commerce n'est pas libre ; 2° quiconque, en conservant chez lui ou en livrant des poisons ou des substances explosibles, ou en préparant de ces substances ou des médicaments, ne se conforme pas aux règlements sur la matière » (1).

En Autriche, encourent les peines prévues pour les contraventions..... en général, tous ceux qui vendent des poisons sans autorisation expresse ; sont passibles d'une peine pouvant être portée d'un mois d'arrêts simples à 6 mois d'arrêts de rigueur, les personnes qui vendent de ces substances sans y être autorisées par leurs grades ou fonctions, ou par une délégation spéciale (2).

En Hongrie, tous pharmaciens, chimistes, préparateurs de poisons ou de substances contenant du poison en quantité dangereuse pour la vie ou la santé, toutes personnes qui font usage de ces substances dans leurs

(1) Code pénal allemand, § 367, 3°, 5°.

(2) Code autrichien, § 354 et 361.

FIG. 7. — *Le vice d'Asie.* — Tableau de M. H. VOLLET. Salon 1910.

G. STEINHEIL, éditeur.

fabriques ou leur profession, ou les gardent chez elles, ainsi que les vendeurs de semblables matières, sont passibles d'un mois d'arrêts et de 600 couronnes d'amende, si elles ne prennent pas toutes les précautions requises pour la conservation et l'usage de ces substances (1).

Le Code pénal Italien punit de détention, en termes généraux, quiconque par imprudence, impéritie ou négligence, ou par inobservation des règlements, cause à quelqu'un un dommage dans son corps ou sa santé, ou une perturbation mentale (2).

Aux Pays-Bas, quiconque vend ou débite des marchandises qu'il sait être dangereuses pour la vie ou la santé, en en dissimulant le caractère nuisible, est passible d'un emprisonnement de 15 ans au plus. Celui par la faute duquel de semblables marchandises ont été vendues ou débitées, est passible d'un emprisonnement ou d'une détention de 6 mois au plus et d'une amende de 300 florins au plus (3).

En Russie, quiconque sans y être dûment autorisé, vend des substances vénéneuses ou ayant une action très énergique, est passible, suivant les circonstances, soit d'un emprisonnement de 2 à 4 mois, soit d'une amende jusqu'à 100 roubles. Si une personne dûment autorisée à vendre de semblables substances en délivre sciemment à des gens qui n'ont pas le droit d'en acheter, ou qui n'ont pas justifié de ces droits, ou sans se conformer aux prescriptions réglementaires sur la matière, ou en une

(1) Code pénal, art. 108.
(2) Code pénal italien, art. 375.
(3) Code pénal, art. 173.

autre forme que celle en laquelle la vente en est permise, elle encourt une amende de 100 roubles, et la privation à perpétuité de vendre ces substances. Dans le cas où les infractions précitées ont entraîné la mort d'une personne, le coupable encourt en sus des peines corporelles et pécuniaires, une pénitence ecclésiastique suivant les règles du clergé local (1).

En Suède, celui qui, autorisé à vendre du poison, contreviendrait aux règlements, ayant pour but d'en prévenir l'abus et le danger, ou qui a vendu ou livré du poison sans y être autorisé, est puni, s'il y a eu mort d'homme, d'un emprisonnement ou des travaux forcés pendant 2 ans au plus, et en cas de lésions graves, d'un emprisonnement de 6 mois au plus.

En Espagne, quiconque élabore, sans l'autorisation voulue, des substances nuisibles à la santé, ou des produits chimiques susceptibles de causer de graves dommages ou les met en vente et en fait commerce, est passible des arrêts majeurs et d'une amende de 250 à 2,500 pesetas ; celui qui ayant obtenu l'autorisation de trafiquer de semblables substances ou produits, les débite ou les administre sans se conformer aux règlements sur la matière, est passible également des arrêts majeurs et d'une amende de 125 à 1,250 pesetas (2).

En Angleterre, commet un délit et peut être puni de servitude pénale jusqu'à 5 ans, quiconque illégalement et méchamment administre à une autre personne des

(1) Code pénal russe, art. 866 67-69.
(2) Code pénal, art. 351-521.

poisons ou telle autre substance nuisible, en vue de lui faire du mal ou de l'incommoder.

En outre, le gouvernement anglais s'était ému des fumeries qui existaient dans la cité chinoise, à Londres, et il avait décidé à la suite d'une enquête que tous les débitants chinois seraient munis d'une licence et qu'elle pourrait leur être retirée s'ils tenaient une table de jeu ou une fumerie.

L'application de ces mesures ne semble pas pour l'instant avoir été jugée indispensable.

De plus, les Anglais n'hésitent pas à sévir et à casser de son grade tout fonctionnaire ou tout officier reconnu fumeur d'opium.

En France (1), où nous allons étudier la question plus complètement, la législation sur la vente et l'emploi des substances vénéneuses, se réduisait jusqu'en 1845, aux articles 34 et 35 de la loi du 21 germinal an XI.

Ces articles, qui ne f[illegible]t que reproduire les dispositions de l'édit de juillet 1682, étaient ainsi conçus :

ART. 34. — Les substances vénéneuses et notamment l'arsenic, le réalgar, le sublimé corrosif seront tenus dans les officines des pharmaciens et les boutiques des épiciers, dans des lieux sûrs et

(1) D'après nos renseignements, on pourrait évaluer à 6 ou 7 p. 100 le nombre des officiers de marine, qui fument en France ; la proportion serait plus forte parmi les coloniaux qui séjournent plus longtemps dans les pays à opium et peuvent y contracter une habitude plus invétérée.

Dans d'autres statistiques, notamment dans la proposition de loi au Sénat, on évalue à 15 p. 100 les fumeurs dans l'infanterie coloniale ; 20 p. 100 dans la légion étrangère ; 25 p. 100 parmi les Européens détachés dans nos régiments indigènes et 30 p. 100 parmi les soldats indigènes incorporés dans ces régiments.

séparés, dont les pharmaciens et épiciers seuls auront la clef, sans qu'aucun autre individu qu'eux puisse en disposer. Ces substances ne pourront être vendues qu'à des personnes connues et domiciliées qui pourraient en avoir besoin pour leur profession ou pour une cause connue, sous peine de 3,000 francs d'amende de la part des vendeurs contrevenants.

Art. 35. — Les pharmaciens et épiciers tiendront un registre coté et paraphé par le maire ou le commissaire de police, sur lequel registre ceux qui seront dans le cas d'acheter des substances vénéneuses, inscriront de suite et sans aucun blanc leurs noms, qualités et demeures, la nature et la quantité des drogues qui leur ont été délivrées, l'emploi qu'ils se proposent d'en faire et la date exacte du jour de leur achat ; le tout à peine de 3,000 fr. d'amende contre les contrevenants. Les pharmaciens et les épiciers seront tenus de faire eux-mêmes l'inscription lorsqu'ils vendront des substances à des individus qui ne sauront point écrire et qu'ils connaîtront comme ayant besoin de ces mêmes substances.

Ces dispositions ont été, dès les premiers moments, frappées d'impuissance ; l'absence de toute nomenclature légale des substances vénéneuses, la faculté accordée à tout le monde de vendre librement ces substances, leur emploi journalier pour le chaulage des grains, pour la destruction des insectes et des animaux nuisibles, pour le traitement des animaux domestiques, enfin l'élévation de la peine unique prononcée par la loi de germinal, ont été autant de causes du relâchement qui s'est introduit dans le régime applicable à la vente des poisons. De plus, même dans les prescriptions qu'elle avait voulu édicter, la loi présentait une grave lacune : l'obligation imposée aux pharmaciens et épiciers, par l'art. 34, de tenir les substances vénéneuses dans des lieux sûrs et séparés, dont ils auront seuls la clef, était dépourvue de de toute sanction pénale.

C'est à cela qu'est venue remédier la loi du 19 juillet 1845. Cette loi a abrogé les dispositions législatives de la loi de l'an XI qui mettaient obstacle à l'action du Gouvernement dans une matière qui, par sa nature, appartient tout naturellement à son domaine et elle a armé d'une sanction pénale plus efficace, les ordonnances et décrets publiés pour régler le commerce et l'emploi des substances vénéneuses.

La loi s'est bornée à assurer la pénalité ; elle a délégué au Gouvernement le droit de réglementer la vente, l'achat et l'emploi des substances vénéneuses : « C'est au Gouvernement, porte l'exposé des motifs de la loi, qu'il appartient, dans les formes indiquées par la loi, de décider par lui dans quelles proportions, dans quels lieux et avec quelles précautions les substances vénéneuses pourront être vendues, achetées et employées. Dans l'accomplissement de cette tâche, il devra concilier les besoins de l'industrie, des arts et de la médecine avec la protection dûe à la vie des citoyens, sans oublier que ce dernier intérêt doit tenir le rang principal dans sa préoccupation. »

Voici le texte de cette loi qui reste encore, à l'heure actuelle, la seule loi que nous ayons en France pour nous défendre contre l'opium.

Au Palais des Tuileries, le 19 juillet 1845.

LOUIS PHILIPPE, roi des Français, à tous présents et à venir, Salut.

Nous avons proposé, les Chambres ont adopté, nous avons ordonné et ordonnons ce qui suit :

ARTICLE PREMIER

Les contraventions aux ordonnances royales portant règlement d'administration publique, sur la vente, l'achat et l'emploi des substances vénéneuses, seront punies d'une amende de 100 francs à 3,000 francs et d'un emprisonnement de 6 jours à 2 mois, sauf application, s'il y a lieu, de l'article 463 du Code pénal.

Dans tous les cas, les Tribunaux pourront prononcer la confiscation des substances saisies en contravention.

ARTICLE 2.

Les articles 34 et 35 de la loi du 21 germinal an XI seront abrogés à partir de la promulgation de l'ordonnance qui aura statué sur la vente des substances vénéneuses.

La présente loi discutée, délibérée et adoptée par la Chambre des Pairs et par celle des Députés, et sanctionnée par nous aujourd'hui, sera exécutée comme loi d'Etat.

Donnons en mandement à nos Cours et Tribunaux, Préfets, Corps administratifs et tous autres que les présentes, ils gardent et maintiennent, fassent garder, observer et maintenir, et, pour les rendre plus notoires à tous, ils les fassent publier et enregistrer partout où besoin sera, et, afin que ce soit chose ferme et stable pour toujours, nous y avons fait mettre notre sceau.

Fait au Palais des Tuileries, le 19e jour du mois de juillet 1845.

Signé : LOUIS-PHILIPPE.

Vu et scellé du grand sceau :

Le Garde des Sceaux de France, Ministre.
Sous Secrétaire d'Etat au département
de la Justice et des Cultes.

Signé : N. MARTIN (du Nord).

Par le Roi :

Le Ministre de l'Agriculture
et du Commerce,

Signé : L. CUNIN-GRIDAINE.

Comme cette loi prévoyait une ordonnance pour régler la question, cette ordonnance parut le 29 octobre 1846.

Après avoir rappelé les termes de la loi du 19 juillet 1845, l'ordonnance s'exprime ainsi :

TITRE PREMIER

Du commerce des substances vénéneuses.

ARTICLE PREMIER. — Quiconque voudra faire le commerce d'une ou plusieurs substances comprises dans le tableau annexé à la présente ordonnance sera tenu d'en faire préalablement la déclaration devant le maire de la commune, en indiquant le lieu où est situé son établissement.

Les chimistes, fabricants ou manufacturiers, employant une ou plusieurs desdites substances, seront également tenus d'en faire la déclaration dans la même forme.

Ladite déclaration sera inscrite sur un registre à ce destiné, et dont un extrait sera remis au déclarant ; elle devra être renouvelée dans le cas de déplacement de l'établissement.

ART. 2. — Les substances auxquelles s'applique la présente ordonnance ne pourront être vendues ou livrées qu'aux commerçants, chimistes, fabricants ou manufacturiers qui auront fait la déclaration prescrite par l'article précédent ou aux pharmaciens.

Lesdites substances ne devront être livrées que sur la demande écrite et signée de l'acheteur.

ART. 3. — Tous achats ou ventes de substances vénéneuses seront inscrits sur un registre spécial, coté et paraphé par le maire ou par le commissaire de police.

Les inscriptions seront faites de suite et sans aucun blanc au moment même de l'achat ou de la vente, elles indiqueront l'espèce et la quantité des substances achetées ou vendues, ainsi que les noms, professions et domicile des vendeurs ou des acheteurs.

ART. 4. — Les fabricants et manufacturiers employant des substances vénéneuses en surveilleront l'emploi dans leur établissement et constateront cet emploi sur un registre établi conformément au 1er § de l'article 3.

TITRE II

De la vente des substances vénéneuses par les pharmaciens.

Art. 5. — La vente des substances vénéneuses ne peut être faite, pour l'usage de la médecine que par les pharmaciens et sur la prescription d'un médecin, chirurgien, officier de santé ou d'un vétérinaire breveté.

Cette prescription doit être signée, datée et énoncer en toutes lettres la dose desdites substances, ainsi que le mode d'administration du médicament.

Art. 6. — Les pharmaciens transcriront lesdites prescriptions avec les indications qui précèdent, sur un registre établi dans la forme déterminée par le § 1er de l'article 3. Ces transcriptions devront être faites de suite et sans aucun blanc.

Les pharmaciens ne rendront les prescriptions que revêtues de leur cachet, et après y avoir indiqué le jour où les substances auront été livrées, ainsi que le numéro d'ordre de la transcription sur le registre.

Ledit registre sera conservé pendant vingt ans au moins et devra être représenté à toute réquisition de l'autorité.

Art. 7. — Avant de délivrer la préparation médicale, le pharmacien y apposera une étiquette indiquant son nom et son domicile et rappelant la destination interne ou externe du médicament.

Après des dispositions spéciales à l'arsenic, l'ordonnance continue ainsi :

TITRE III

Dispositions générales

Art. 11. — Les substances vénéneuses doivent toujours être tenues par les commerçants, fabricants, manufacturiers et pharmaciens dans un endroit sûr et fermé à clef.

Art. 12. — L'expédition, l'emballage, le transport, l'emmagasi-

nage et l'emploi doivent être effectués par les expéditeurs, voituriers, commerçants et manufacturiers avec les précautions nécessaires pour prévenir tout incident.

Les fûts, récipients ou enveloppes ayant servi directement à contenir les substances vénéneuses ne pourront recevoir aucune autre destination.

Art. 13. — A Paris et dans l'étendue du ressort de la préfecture de police, les déclarations prescrites par l'art. 1er seront faites devant le Préfet de police.

Art. 14. — Indépendamment des visites qui doivent être faites en vertu de la loi du 21 germinal an XI, les maires ou commissaires de police, assistés s'il y a lieu, d'un docteur en médecine désigné par le préfet, s'assureront de l'exécution des dispositions de la présente ordonnance.

Ils visiteront à cet effet, les officines des pharmaciens, les boutiques et magasins des commerçants et manufacturiers vendant ou employant lesdites substances Ils se feront représenter les registres mentionnés dans les articles 1er, 3, 4 et 6, et constateront les contraventions.

Leurs procès-verbaux seront transmis au procureur du Roi pour l'application des peines prononcées par l'article 1er de la loi du 19 juillet 1845

Suit le tableau des substances vénéneuses annexé à l'ordonnance, parmi lesquelles figure l'opium.

La question s'étant posée de savoir si les dispositions de cette ordonnance s'appliquaient aux cabinets de chimie des collèges et maisons d'éducation, le Ministre de l'Instruction publique l'a résolue d'une manière affirmative par une circulaire aux recteurs du 17 mai 1847.

Le tableau annexé à l'ordonnance de 1846 était très long ; un décret du 8 juillet 1850 l'a remplacé par un autre beaucoup plus court et plus clair, où nous voyons encore figurer l'opium et son extrait. Ce décret ajoute que les maires ou commissaires de police pourront être accompagnés, s'il y a lieu, dans leurs visites, soit par un docteur en médecine, soit par deux professeurs d'une école de pharmacie, soit par un membre du jury médical ou par un des pharmaciens adjoints à ce jury, désignés par le préfet.

Ces dispositions législatives n'avaient aucunement en vue l'opium destiné à être fumé. Quelques arrêts avaient été rendus sur la matière, et la jurisprudence avait interprété la loi très largement, puisqu'elle avait décidé que le fait de remettre à un tiers une substance vénéneuse, ne tombe pas sous l'application de la loi du 21 germinal an XI, lorsque cette substance n'a pas été remise à titre de médicament; que les articles 5 et 9 de l'ordonnance du 29 octobre 1846 ne visent que le commerce des substances vénéneuses et ne sauraient non plus s'appliquer aux rapports de deux particuliers dont l'un remet accidentellement et gratuitement à l'autre quelques grammes d'une des substances mentionnées dans le tableau joint à ladite ordonnance (1).

Mais lorsqu'apparurent les fumeurs d'opium et que l'habitude de fumer se fut répandue dans les ports et dans certaines villes de l'intérieur, on fut obligé, pour sévir contre eux, de faire appel à la vieille législation sur les substances vénéneuses.

En 1906, M. Thomson, ministre de la Marine, se préoccupa des progrès que faisait l'habitude de fumer

(1) Cass., 5 juillet 1888.

l'opium parmi les officiers du port de Toulon. Après une conférence entre le Préfet du Var et le Commissaire central, quelques descentes de police furent opérées. A la suite de poursuites engagées contre lui, un tenancier de magasin à Toulon fut condamné à 1,000 francs d'amende pour avoir pratiqué le commerce de l'opium sans avoir fait de déclaration préalable à la mairie et pour n'être pas muni des registres réglementaires sur lesquels doivent être inscrits les achats et les ventes.

Un arrêt de la Cour d'appel de Paris (9e Ch. corr.) du 20 mai 1908, résumera bien pour nous le parti que l'on pouvait tirer de la législation en vigueur en ce qui concerne l'opium à fumer :

« Mme Houséal a interjeté appel d'un jugement du Tribunal correctionnel de la Seine, en date du 30 octobre 1907, qui l'avait condamné à 500 francs d'amende pour avoir vendu de l'opium à fumer.

La Cour, après avoir entendu la plaidoirie de Me Chapron, avocat, et les réquisitions de M. Courtin, Avocat général, a rendu l'arrêt confirmatif suivant :

La Cour,

Considérant que les pièces versées au débat établissent que la dame Houséal, installée marchande d'objets du Japon, rue des Petits-Champs a, depuis une époque non couverte par la prescription et notamment dans le courant de l'année 1907, mis en vente et vendu de l'opium à fumer à une nombreuse clientèle composée en partie d'officiers de l'armée de terre et de mer ;

Considérant que les livraisons en étaient effectuées à l'insu du personnel et sous la forme apparente de boites de thé ;

Considérant qu'une perquisition amena la découverte des produits qui furent l'objet de scellés soumis par arrêt de cette chambre en date du 19 février 1908, à l'examen du professeur Pouchet, chargé d'en rechercher et d'en déterminer la composition chimique et les éléments nocifs, de dire si ces produits doivent être classés dans la catégorie des substances vénéneuses ;

Considérant que, sur les trois scellés, l'application à la cause du N° 1, étant contestée par la dame Houséal, il échet de ne tenir état que des scellés N°s 2 et 3 dont l'analyse, opérée par les soins de l'expert commis, a révélé la présence de morphine et d'acide méconique en quantité suffisante pour permettre au professeur Pouchet de déclarer formellement que ces produits constituent des substances vénéneuses ;

En droit :

Considérant qu'aux termes de l'ordonnance du 29 octobre 1846, il a été dressé un tableau modifié par le décret du 8 juillet 1850, donnant une nomenclature des substances vénéneuses, pour lesquelles le commerce a été soumis à des restrictions et à des formalités nettement précisées ; qu'en vertu de ladite ordonnance, les personnes qui veulent faire le commerce d'une ou plusieurs des substances comprises dans le tableau annexé doivent faire une déclaration devant le maire de la commune et qu'elles ne peuvent en vendre qu'à des commerçants chimistes, fabricants ou manufacturiers qui auront fait eux-mêmes une déclaration identique ou à des pharmaciens, à l'exclusion des particuliers ;

Considérant qu'au tableau annexé au décret du 8 juillet 1850, figurent les alcaloïdes végétaux vénéneux et leurs sels, ainsi que l'opium et son extrait ;

Considérant que la morphine est un alcaloïde végétal vénéneux et que la morphine jointe à l'acide méconique constitue le principe actif et nocif de l'opium, d'où il suit que la dame Houséal vendait à sa clientèle un produit dont il lui était interdit de faire le commerce à un double titre ;

Considérant qu'il importe peu que le produit vendu par la dame Houséal ne soit point de la morphine à l'état pur et qu'il ne s'y rencontre pas un mélange de morphine et d'acide méconique aux doses indiquées par le Codex comme constitutives de l'opium officinal ;

Considérant en premier lieu qu'aux termes de l'ordonnance du 29 octobre 1846 et du décret du 8 juillet 1850, les alcaloïdes végétaux vénéneux et, par suite, la morphine ne peuvent être vendus librement, fussent-ils mêlés à d'autres substances en des proportions variables dès qu'ils conservent dans le produit ainsi composé leurs propriétés nocives, et qu'en fait, suivant les conclusions formelles de l'expert, ce produit doit être envisagé comme une substance vénéneuse ;

Considérant en second lieu, qu'il ne s'agit point dans l'espèce d'appliquer les dispositions du titre II de l'ordonnance du 29 octobre 1846, qui réglemente les conditions dans lesquelles les pharmaciens pourront vendre à des particuliers pour un usage médical, des substances vénéneuses composées suivant les formules du Codex, c'est-à-dire par exemple de l'opium officinal ;

Considérant que c'est aux dispositions du titre I de l'ordonnance du 29 octobre 1846, que la dame Houséal a contrevenu ; qu'il échet, en conséquence, de maintenir la sentence entreprise ;

Considérant toutefois, qu'il y a lieu, faisant droit à l'appel du ministère public, d'élever la peine prononcée en raison de la gravité et de la multiplicité des faits relevés par l'instruction à la charge de la dame Houséal ;

Par ces motifs et ceux non contraires du jugement attaqué ;

Confirme ledit jugement ;

Elève à 3,000 francs le quantum de l'amende, ordonne la confiscation des substances saisies par application du deuxième alinéa de l'article 1er de la loi du 19 juillet 1845, etc. (1).

En réalité, jusqu'en 1908, il n'était pas difficile pour les fumeurs de se procurer leur poison. Certains pharmaciens en faisaient le débit dans leur arrière-boutique à un prix variant de 150 à 300 francs le kilo tout préparé. En outre, des marchands de produits chimiques,

(1) Cf. *Gazette des Tribunaux*, 6 juin 1908.

des fabricants de spécialités dans lesquelles entrait de l'opium, avaient le droit d'en avoir en leur possession, en se soumettant aux formalités prescrites par la loi.

Lorsqu'on les inquiétait, leur moyen de défense était simple ; ils répliquaient que l'Etat en faisait lui-même le commerce en Indo-Chine, et qu'il le vendait aussi bien aux indigènes qu'aux Européens. Les tribunaux ne condamnaient qu'à des amendes pour tenue irrégulière des livres.

Comme la passion pour l'opium allait croissant et menaçait de faire de sérieux ravages, le décret du 1er octobre 1908 édicta des prescriptions pour tenter de l'arrêter. Voici le texte de ce décret :

Le Président de la République Française,

Sur le rapport du Président du Conseil, Ministre de l'Intérieur,

Vu la loi du 21 germinal an XI ;

Vu la loi du 19 juillet 1845 et notamment l'article 1er, ainsi conçu : « Les contraventions aux ordonnances royales portant règlement d'administration publique sur la vente, l'achat et l'emploi des substances vénéneuses sont punies d'une amende de 100 à 3,000 francs et d'un emprisonnement de six jours à deux mois, sauf application, s'il y a lieu, de l'article 463 du Code pénal. Dans tous les cas, les tribunaux pourront prononcer la confiscation des substances saisies en contravention » ;

Vu l'ordonnance du 29 octobre 1846, rendue pour l'exécution de la loi ci-dessus visée et le décret du 8 juillet 1850 ;

Vu la loi du 25 juin 1908, modifiant les articles 29, 30 et 31 de la loi susvisée du 21 germinal de l'an XI et le décret en date du 5 août 1908, portant règlement d'administration publique pour l'exécution de ladite loi ;

Vu les avis du Conseil supérieur d'hygiène publique de France ;

Vu l'avis du Garde des Sceaux, Ministre de la Justice et des Cultes ;

Vu les avis des Ministres des Finances et de l'Agriculture ;
Le Conseil d'Etat entendu ;

DÉCRÈTE :

CHAPITRE PREMIER

De l'importation de l'opium

ARTICLE PREMIER. — Les importateurs d'opium soit brut, soit officinal ou de ses extraits, sont tenus de prendre au bureau de douane par lequel doit avoir lieu l'introduction un acquit-à-caution indiquant les quantités importées ainsi que le nom et le lieu de résidence du ou des destinataires.

Cet acquit-à-caution doit être rapporté dans un délai de trois mois revêtu d'un certificat de décharge de l'autorité municipale du lieu de résidence du ou des destinataires, sous peine de l'application de l'article 1er de la loi du 19 juillet 1845.

ART. 2. — L'importateur doit tenir un registre spécial, exclusivement affecté à la vente de l'opium et de ses extraits. Il y inscrit, aussitôt après la prise en charge la quantité reçue.

CHAPITRE II

De la vente aux commerçants en gros, industriels ou chimistes et aux pharmaciens, et de la vente de l'opium officinal par les pharmaciens.

ART. 3. — Aucune quantité ne peut être vendue par l'importateur d'opium exotique ou par le producteur d'opium indigène que soit à des commerçants en gros ou des industriels ou à des chimistes pour le transformer en opium officinal ou pour en extraire les alcaloïdes, soit à des pharmaciens pour le traitement des maladies de l'homme ou des animaux et sous les conditions suivantes.

ART. 4. — Si la vente est faite à un commerçant ou à un industriel, la responsabilité du vendeur n'est dégagée qu'après que : 1° l'acheteur lui aura justifié qu'il a effectué la déclaration prescrite par l'article 1er de l'ordonnance du 29 octobre 1846 ; 2° que cet acheteur lui aura remis une commande écrite et signée, énonçant en toutes lettres la quantité demandée ; 3° qu'il aura porté cette opération sur son registre en y joignant la commande.

Dans le cas où la commande est faite en vue d'une expédition à l'étranger, il est justifié de la sortie de France par un certificat qui est délivré par la douane et qui demeure annexé au registre prescrit par l'article 2.

ART. 5. — Aussitôt après la livraison, l'acheteur en inscrit l'importance sur le registre spécial à l'opium qu'il doit tenir de la même façon que l'importateur.

Aucune revente ne peut être opérée par lui qu'au profit de l'une des personnes et sous les conditions spécifiées à l'article précédent.

ART. 6. — Est assimilé à la vente faite à un industriel ou à un chimiste et entraîne de part et d'autre les mêmes obligations la cession d'opium brut à un pharmacien qui entend fabriquer lui-même l'opium officinal ou les alcaloïdes qu'il emploie. L'opium brut livré dans ces conditions ne peut jamais être revendu par le pharmacien. Si la vente a pour objet exclusif l'opium officinal ou ses extraits, le vendeur n'a, pour sa décharge, à exiger que la commande écrite de la quantitée achetée.

Il est immédiatement passé écriture de cette opération sur les registres du vendeur et du pharmacien.

ART. 7. — L'opium officinal et ses extraits ne peuvent être vendus par les pharmaciens que pour l'usage de la médecine

CHAPITRE III

Dispositions générales

ART. 8. — En dehors du cas prévu par le précédent article, toute cession d'opium ou de ses extraits, même à titre gratuit au profit de personnes autres que celles ci-dessus désignées ou à ces personnes, mais pour un emploi autre que l'un de ceux ci-dessus spécifiés est interdite et entraîne l'application des peines prévues à l'article 1er de la loi du 19 juillet 1845.

Il est également interdit, sous les mêmes peines, de favoriser la détention et l'emploi prohibés d'opium, en consentant l'usage d'un local ou par tout autre moyen.

ART. 9. — L'opium et ses extraits doivent être tenus par les commerçants en gros, industriels et pharmaciens dans un lieu sûr, placé sous leur surveillance et fermé à clé. Toute quantité trouvée en dehors sera saisie sur procès-verbal.

ART. 10. — Les registres spéciaux exclusivement affectés à la vente, à l'achat et à l'emploi de l'opium et de ses extraits, doivent être cotés et paraphés par le maire ou le commissaire de police. Les inscriptions y sont faites de suite, sans aucun blanc, rature ni surcharge.

Lesdits registres doivent être conservés pendant dix ans pour être représentés à toute réquisition de l'autorité.

ART. 11. — Concurremment avec les Inspecteurs qui procéderont aux visites prescrites par les articles 29, 30 et 31 de la loi du 21 germinal an XI, modifiés par la loi du 25 juin 1908, les Maires et les Commissaires de police devront veiller à l'exécution des dispositions du présent décret.

Ils visiteront à cet effet, avec l'assistance, soit de l'Inspecteur institué par l'article 2 du décret en date du 5 août 1908, soit à son défaut, d'un chimiste désigné par le Préfet, les officines des pharmaciens, les dépôts de médicaments tenus par les médecins et les vétérinaires, les magasins des commerçants en gros et les laboratoires des industriels et des chimistes vendant ou employant de l'opium, et s'assureront que leurs établissements sont régulièrement ouverts en exigeant la présentation de l'extrait de la déclaration prescrite par l'article 1er de l'ordonnance du 29 octobre 1846.

Si cette déclaration n'a pas été faite, ils procéderont à la fermeture immédiate du débit clandestin et à la saisie des quantités d'opium qu'il renferme.

Si la justification est produite, ils s'assureront que les registres prescrits aux articles 2, 4 et 5 sont régulièrement tenus et que leurs énonciations concordent avec les quantités existantes. Ils constateront les déficits ou les excédents

Leurs procès-verbaux seront transmis au Procureur de la République pour l'application des peines prononcées par l'article 1er de la loi du 19 juillet 1845.

ART. 12. – Sont applicables à la vente, à l'achat et à l'emploi de l'opium toutes les dispositions de l'ordonnance du 29 octobre 1846, auxquelles il n'est point dérogé par le présent réglement.

ART. 13. — Les Ministres de l'Intérieur, de la Justice, des Finances et de l'Agriculture sont chargés, chacun en ce qui le concerne, de l'exécution du présent décret qui sera publié au *Journal officiel* et inséré au *Bulletin des lois.*

Fait à Rambouillet, le 1er octobre 1908.

A. FALLIÈRES.

Par le Président de la République :

Le Président du Conseil, Ministre de l'Intérieur,
G. CLÉMENCEAU.

Le Garde des Sceaux,
Ministre de la Justice et des Cultes,
A. BRIAND.

Le Ministre des Finances.
J. CAILLAUX.

Le Ministre de l'Agriculture,
J. RUAU.

Pour compléter ce décret, en ce qui concerne Paris et le département de la Seine, le Préfet de police rendait une ordonnance le 20 janvier 1909, dans laquelle il prescrivait l'impression, la publication et l'affichage du dit décret à Paris et dans les communes du département de la Seine.

En outre, les acquits-à-caution devront être visés par les commissaires de police, qui s'assureront auparavant, au lieu d'arrivée de l'opium, si les marques que portent les caisses ou les enveloppes des colis correspondent à celles que mentionnent l'acquit-à-caution et la lettre de voiture.

Une circulaire adressée aux commissaires de police le 27 janvier 1909, précisait encore ces indications.

En vertu de ces dispositions, des descentes de police furent effectuées, tant à Paris qu'en province, et des poursuites engagées.

Au mois de mars 1910, à Toulon, un pharmacien fut poursuivi pour infraction aux prescriptions du décret du 1er octobre 1908.

La même année, des perquisitions furent opérées chez deux femmes galantes de Rochefort, perquisitions qui amenèrent la découverte de fumeries complètement installées. L'opium provenait de deux pharmaciens et d'une femme Raoul ; des soldats, des femmes galantes, des jeunes gens, de petites ouvrières, fréquentaient ces fumeries. Le tribunal correctionnel a condamné à 300 fr. d'amende M. X..., pharmacien, à 200 fr. M. Y..., pharmacien, et la femme Raoul ; à 100 fr. les deux tenancières de fumerie.

Au mois de juin, à Brest, des perquisitions sont encore opérées au domicile de quelques demi-mondaines, soupçonnées de tenir des fumeries d'opium ; on en trouva chez trois d'entre elles ; l'enquête démontra que des officiers de marine, des coloniaux et même des élèves de l'Ecole navale fréquentaient ces fumeries.

En juillet, une perquisition est opérée à Lyon, chez une demi-mondaine dont le garni était transformé en fumerie d'opium.

Au mois de novembre 1910, le tribunal de Toulon a condamné à un mois et 15 jours de prison le jeune chasseur et l'un des employés d'une grande brasserie surpris au moment où ils procuraient de l'opium à des enseignes de vaisseau, récemment envoyés au port et en escadre, et qui n'étaient d'ailleurs pas encore pris par la funeste passion de l'opium.

A Paris, voici comment les choses se passent : lorsqu'éclate un scandale, ou qu'une dénonciation précise est apportée à la préfecture de police, la brigade des jeux se met en mouvement et perquisitionne. La tâche est quelquefois délicate, et nous savons l'histoire d'un vieux Chinois, aux environs de la Madeleine, dont le flair a jusqu'à présent déjoué tous les pièges qui lui ont été tendus.

Malgré cela, ces perquisitions donnent souvent des résultats. En octobre 1908, elles amenèrent la découverte, rue de Ravenne, chez un nommé D..., dit Vidal, d'un stock de pipes avec fourneaux, lampes et matériel complet de fumeur. L'enquête établit que D... tenait son opium d'une dame Vve A..., demeurant rue de la République, à Marseille. Ils ont été condamnés tous deux à 300 francs d'amende.

Au mois de janvier 1910, des descentes de police étaient opérées chez des commerçants du quartier des Ternes et de l'Opéra, qui avaient installé chez eux de discrètes fumeries d'opium, et l'on saisissait des instruments, de l'opium, et une comptabilité d'ailleurs en règle.

Tout récemment, la brigade des jeux découvrait 50 kilos d'opium au domicile d'un capitaine au long cours.

Le 17 juillet 1911, cette même brigade se rendait, 120, boulevard de Clichy, dans l'appartement de M. Lardenois, publiciste, qui avait été dénoncé comme ayant installé chez lui une fumerie d'opium. Le chef de la brigade procéda, en la présence de Mlle C. G..., maîtresse du publiciste, à une perquisition en règle ; il découvrit des pipes, de petites boîtes métalliques ayant contenu du narcotique, et 500 grammes d'opium. M. Lardenois consommait et vendait ce produit. La 10e Chambre correctionnelle, en octobre, le condamna par défaut à deux mois de prison et 3000 francs d'amende. Mais il ne se tint pas pour battu, tant la passion de l'opium est forte, et sa vente lucrative. Il alla s'installer à Auvers-sur-Oise, sous un faux nom, et continua son trafic. Le 20 octobre, en automobile, il mettait le cap sur Toulon. Là, une perquisition opérée dans sa chambre et dans l'automobile, amenait la découverte de 4 kilos 500 d'opium. En outre, à Auvers, on découvrait une fumerie achalandée, avec pipes, lampes, boîtes à opium, etc., qui furent envoyées à Toulon, comme pièces à conviction.

Nous ne voulons pas multiplier ces faits, et nous nous bornerons à citer deux arrêts qui forment jurisprudence et sont intéressants au point de vue du droit.

Le 23 mars 1911, la Chambre des appels de police correctionnelle de Paris, confirmait un jugement rendu par la 8e Chambre du tribunal correctionnel de la Seine, du 29 juin 1910, condamnant à deux mois de prison et en 500 francs d'amende, un nommé Paulin Lèbre, chez qui on avait trouvé, au cours d'une perquisition pratiquée pour d'autres faits, cinq pains d'opium brut pesant ensemble 3 kilos 350 grammes, placés dans son armoire à glace, et trois autres, dissimulés soigneusement dans sa valise. Le prévenu n'avait d'ailleurs pas été capable de présenter aucun acquit-à-caution de la régie.

Vainement son défenseur, Mᵉ Casanova, s'efforça-t-il de démontrer que les décrets et lois rendus sur la matière, ne proscrivent que la vente, l'achat, l'emploi de l'opium; et interdisent, en outre, de favoriser la détention et l'emploi prohibés en consentant l'usage d'un local, ou tout autre moyen. La Cour, sur les réquisitions de M. l'Avocat général Corentin-Guyho, a considéré au contraire que la simple détention est interdite par le décret du 1ᵉʳ octobre 1908, rendu en exécution de l'article 1ᵉʳ de la loi du 19 juillet 1845 (1).

Enfin, le 28 juillet 1911, la Cour de cassation (Ch. crim.), rendait un arrêt, cassant partiellement un arrêt de la Cour d'appel de Rennes, du 19 octobre 1910. Cet arrêt confirmait les condamnations à un mois de prison et 100 francs d'amende, prononcées contre quatre demi-mondaines de Brest, chez lesquelles on avait découvert, à la suite de la mort tragique d'une nommée Suzanne R..., des fumeries d'opium, et contre deux de leurs amis.

Deux des femmes s'étaient pourvues en cassation; la Chambre criminelle, après avoir entendu le rapport de M. le conseiller Paillot, la plaidoirie de Mᵉ Mornard, et les conclusions conformes de M. l'avocat général Séligman, a statué en ces termes, après avoir donné acte du désistement de son pourvoi à Michel (Catherine) femme Messager.

La Cour,

En ce qui concerne Canivet (Annette-Françoise);

Sur le moyen pris de la violation de l'article 3 de la loi du

(1) Cf. *Gazette des Tribunaux*, 24 mars 1911.

25 février 1875, de l'excès de pouvoir et de la violation pour fausse application des articles 1er de la loi du 19 juillet 1845, 8 du décret du 1er octobre 1908, et 7 de la loi du 20 avril 1810, pour défaut de motifs, en ce que, d'une part, l'arrêt attaqué pour condamner la prévenue a basé sa décision sur l'article 8 du décret, établissant une pénalité, en l'absence d'une délégation régulière faite par le pouvoir législatif au pouvoir exécutif, et en ce que, d'autre part, les constatations de l'arrêt ne relèvent à la charge de Canivet (Annette-Françoise), ni le fait de vente prévu par la loi de 1845, ni le fait de cession d'opium pour un emploi non autorisé, prévu par le décret de 1908 ;

Sur la première branche :

Attendu que l'article 1er de la loi du 19 juillet 1845 punit la contravention aux ordonnances portant règlement de l'administration publique sur la vente, l'achat et l'emploi des substances vénéneuses ; que cette expression : emploi, écrite dans un texte qui a exclusivement pour objet de protéger la vie humaine et la santé publique, s'applique au fait de fournir gratuitement un des produits dont il s'agit ; d'où il suit que l'article 8 du décret du 1er octobre 1908, a pu légalement interdire, sous la sanction des pénalités établies par ladite loi, la cession de l'opium, même à titre gratuit ;

Rejette la première branche du moyen ;

Mais sur la seconde branche :

Attendu que l'article 8 du décret du 1er octobre 1908 ne prohibe la cession à titre gratuit que quand elle a lieu au profit de personnes autres que celles qui sont désignées par les articles précédents du même décret, ou à ces personnes, mais pour un emploi autre que l'un de ceux qui sont spécifiés par lesdits articles ;

Attendu que le jugement dont l'arrêt attaqué s'est approprié les motifs, se borne à constater à l'égard de la demanderesse, qu'elle a contrevenu à l'article 8 du décret du 1er octobre 1908, portant règlement d'administration publique, pour la vente, l'achat et l'emploi de l'opium ou de ses extraits, en fournissant de l'opium à Jeanne-Marie Perrou, ainsi qu'à plusieurs autres personnes ;

Attendu qu'en omettant de préciser que lesdites personnes

n'étaient pas de celles auxquelles la fourniture pouvait être faite, en ne mentionnant pas que l'opium leur avait été remis par la prévenue pour un emploi autre que l'un de ceux qui sont spécifiés par le décret, l'arrêt attaqué manque de base légale et viole l'art. 7 de la loi du 20 avril 1810 ;

Par ces motifs :

Casse et annule l'arrêt rendu le 19 octobre 1910, par la Cour de Rennes, en ce qu'il a condamné Canivet (Annette-Françoise), à un mois de prison et à 100 francs d'amende, et pour être statué à nouveau, conformément à la loi, en ce qui concerne cette demanderesse, renvoie devant la Cour d'appel d'Angers (1).

A la suite de cette recrudescence de poursuites, les fumeurs prirent leur précautions ; mais il n'y eut pas que les fumeurs qui furent mécontents, il y eut aussi les pharmaciens. En septembre 1909, le syndicat de la droguerie fit une démarche pour obtenir l'abrogation du décret de 1908. Les pharmaciens faisaient valoir, à l'appui de leur demande, qu'il leur serait impossible de transcrire sur un livre spécial les minimes quantités d'opium délivrées chaque jour, sous mille formes diverses ; qu'il leur serait impossible de faire coïncider les entrées avec les sorties, à cause de la dessication de la drogue et de sa perte de poids ; qu'en outre, aucun inventaire officiel n'ayant été fait avant le décret, le contrôle serait toujours illusoire : qu'enfin, si un pharmacien venait à casser un litre de laudanum sur plusieurs qu'il aurait préparés, il ne saurait comment le représenter. Malgré ces arguments, la demande d'abrogation fut repoussée, mais on laissa entendre aux pharmaciens que

(1) Cf. *Gazette des Tribunaux*, 25 octobre 1911.

s'ils tenaient leurs livres aussi régulièrement que possible pour le mouvement de l'opium et de ses dérivés, ils n'avaient pas à redouter de poursuites (1).

Néanmoins, le Bulletin de la Chambre syndicale des pharmaciens de la Seine publiait au mois d'avril 1911, la note suivante : « On a signalé la présentation d'ordonnances médicales comportant jusqu'à 10 grammes d'opium. La préfecture de police est bien décidée à poursuivre les pharmaciens contrevenants au décret spécial sur l'opium, et les médecins signant de telles ordonnances. Nos confrères sont invités à observer la plus grande prudence dans la délivrance de l'opium. Il faut exiger sur l'ordonnance le mode d'emploi et encore ce mode d'emploi doit-il être légal, c'est-à-dire s'appliquer à un traitement bien défini » (2).

Quoi qu'il en soit, on peut encore aujourd'hui se procurer de l'opium chez des pharmaciens de Toulon (3), de Marseille et même de Paris ; d'ailleurs, si les pharmaciens n'en tenaient plus, comme nous le disait un jour un opiomane dans une spirituelle boutade, on aurait encore le moyen de s'en procurer par la valise diplomatique.

En même temps que ces poursuites étaient engagées contre les délinquants, le Gouvernement faisait interdire

(1) Cf. MILLANT, *op. cit.*, p. 343-344 et note.

(2) *Presse médicale* du 19 avril 1911.

(3) Il y a quelques années, les principaux fournisseurs d'opium dans cette ville étaient une femme nommée Blanche, tenancière d'une maison meublée et fumeuse invétérée et un marchand de la rue Hoche, dit le Chinois ; celui-ci, lorsqu'il avait reçu l'opium, affichait une pancarte où on lisait : le thé à 50 centimes est arrivé.

aux fonctionnaires de fumer l'opium, sous peine de révocation. Dès 1906, le Ministre de la Marine adressait une circulaire pour défendre aux marins de fréquenter les établissements où l'on fume. Mais on a un peu hésité à appliquer ces mesures ; toutefois, dans l'infanterie coloniale, certains chefs de corps font rembarquer immédiatement pour la métropole tout officier adonné à la drogue.

Nos colonies, d'autre part, n'avaient pas été épargnées ; sans parler de l'Indo-Chine, dont nous examinerons plus tard la situation, les fumeries ont fait leur apparition dans les ports de l'Algérie et de la Tunisie ; à la Réunion, à la Nouvelle-Calédonie, à Tahiti, aux Marquises, à la Guadeloupe, à la Martinique, où viennent les coolies chinois : et cela, malgré les droits élevés dont la drogue est souvent frappée.

Les établissements français des Indes, où l'opium est facile à se procurer, tirent pour le budget officiel des ressources s'élevant à environ 35,000 francs.

Pour Madagascar, bien qu'il existe une taxe pour l'opium et ses extraits, de 5,000 francs par 100 kilos, ce produit a fait son apparition avec les premiers Chinois installés dans la colonie. Et cependant, cette colonie est la seule où la production soit formellement interdite, et cela en vertu d'une ancienne loi malgache. L'art. 181 du Code malgache de 1881 est ainsi conçu : La culture du pavot est interdite sur le territoire de Madagascar Celui qui en aura cultivé sera puni d'une amende de 100 ariary (500 fr.) ; la récolte sera détruite et s'il n'est pas en état de s'acquitter, il sera emprisonné (mis aux fers) à raison de un sikadzy (0 fr. 60) par jour jusqu'à concurrence du montant de l'amende (1).

En dehors de cette législation, le gouverneur général, M. Augagneur, a pris deux arrêtés interdisant les fumeries et la réunion de plusieurs personnes pour fumer. Un décret du Président de la République, du 31 août 1908, confirme l'arrêté du gouverneur général du 22 juin de la même année et punit les contrevenants d'un emprisonnement d'un jour à 15 jours et d'une amende d'un franc à 100 francs ou de l'une de ces deux peines seulement. Un nouveau décret présidentiel du 20 mars 1909, réglemente l'importation, la vente, le transport et la détention de l'opium.

Ce décret reproduit d'ailleurs les dispositions du décret du 1er octobre 1908 concernant la France, et punit les contrevenants des mêmes peines. Enfin, un autre décret du 19 janvier 1910 répare une omission du décret du 20 mars 1909, en punissant des peines prévues par l'art. 13 de ce dernier décret, la détention et le transport de l'opium pratiqués en dehors des circonstances qu'il avait prévues.

Malgré les textes que nous venons de citer, bon nombre de personnes estiment que l'on n'est pas encore suffisamment armé contre l'opium et qu'il y a lieu de prendre des mesures plus sévères pour se défendre de lui. Aussi tout récemment, une proposition de loi a-t-elle été déposée sur le bureau du Sénat, proposition signée de cent cinquante et un Sénateurs, et acceptée à

(1) Cf. PANNIER, *Mémoire sur la question de l'opium*, p. 45.

l'unanimité par le groupe anti-alcoolique de cette assemblée.

Après avoir exposé les dangers de l'opium « agent démoralisateur et fléau humain », après avoir passé en revue la lutte entreprise contre lui dans les différents pays qui en souffrent plus particulièrement, après avoir constaté qu'à Brest, à Toulon, à Marseille, à Paris il existe de vraies fumeries comme en Chine et en Cochinchine « anti-chambres d'hôpitaux et d'asiles d'aliénés, fréquentés chaque nuit par une clientèle sans cesse croissante, à la grande joie de tenancières sans moralité comme sans vergogne, inspirées par l'unique souci de réaliser de gros bénéfices au préjudice de la vie humaine » l'exposé des motifs conclut ainsi : « Il n'est que temps d'enrayer le mal mystérieux qui nous étreint, dont on peut affirmer que les atteintes dépassent celles que nous procure l'abus de l'alcool. Il faut réglementer le commerce de l'opium, ne considérer cette drogue que comme un précieux médicament et à ce titre en préciser l'usage en des règles les plus sévères. »

Aussi le groupe de Sénateurs propose-t-il la loi suivante :

CHAPITRE PREMIER

ARTICLE PREMIER. — L'importation, le commerce, la détention et l'usage de l'opium et de ses extraits sont réglés par les dispositions ci-après.

CHAPITRE II

De l'importation de l'opium et de ses extraits.

ART. 2. — Les importateurs d'opium et de ses extraits sont tenus de prendre au bureau de douane d'introduction un acquit-à-caution indiquant les quantités importées, l'origine ainsi que les noms, prénoms et le lieu de résidence des destinataires.

Cet acquit-à-caution doit être rapporté au bureau des douanes dans le délai d'un mois, revêtu d'un certificat de décharge de l'autorité municipale du lieu de résidence des destinataires.

ART. 3. — Les importateurs doivent tenir un registre spécial coté et paraphé conformément à la loi, exclusivement affecté à la vente de l'opium et de ses extraits. Ils y inscrivent aussitôt après chaque opération les quantités reçues, l'origine, les noms, prénoms, lieu de résidence des vendeurs, sans blanc, rature, ni surcharge. Ce registre, conservé pendant dix ans, doit être présenté à toute réquisition de l'autorité.

CHAPITRE III

Du commerce de l'opium et de ses extraits.

ART. 4. — Aucune quantité d'opium et de ses extraits ne peut être vendue qu'à des pharmaciens pour servir au traitement des maladies de l'homme et des animaux.

ART. 5. — La responsabilité de l'importateur n'est dégagée qu'après remise en ses mains, par le pharmacien, d'une commande écrite, datée et signée, énonçant en toutes lettres la quantité demandée et son origine et qu'après avoir porté cette opération sur le registre prévu en l'article 3, en y annexant la commande.

ART. 6. — Aussitôt après la livraison, le pharmacien inscrit la quantité de son achat, l'origine sur un registre conforme à celui prévu en l'article 3 et dans les conditions de cet article.

ART 7. — L'opium brut ne peut jamais être revendu par le pharmacien.

L'opium officinal et ses extraits ne peuvent être livrés que pour l'usage de la médecine humaine ou vétérinaire.

La délivrance en est faite sur le vu d'une prescription portant la signature d'un docteur en médecine, d'un officier de santé ou d'un médecin-vétérinaire, avec l'application d'un timbre portant le nom et l'adresse de l'auteur de la prescription.

Celle-ci sera rendue oblitérée au client avec la date de la délivrance. Elle ne pourra être exécutée qu'une seule fois, sauf le cas où le médecin y aura mentionné que la dose sera renouvelée un nombre de fois déterminé à des intervalles qu'il fixera.

Dispositions générales.

Art. 8. — Tous contrevenants aux dispositions ci-dessus seront punis d'une amende de 1,000 à 5,000 francs et d'un emprisonnement de six jours à deux mois ou de l'une de ces deux peines seulement, sans préjudice de la confiscation et destruction des substances saisies et de la fermeture de l'officine ou de tout autre local où ces substances auront été saisies.

Art. 9. — En cas de récidive, les contrevenants seront punis du double des peines prévues à l'article 8.

Art. 10. — L'article 463 du Code pénal et l'article 1er de la loi du 26 mars 1891, sur l'atténuation et l'aggravation des peines ne sont pas applicables.

Art. 11. — Un règlement d'administration publique déterminera les conditions d'application de la loi, en France et aux colonies.

Art. 12. — Sont abrogées les dispositions légales contraires à la présente loi.

Ce projet reproduit donc pour l'importation les dispositions du décret du 1er octobre 1908, réduit aux seuls pharmaciens les personnes auxquelles l'opium peut être livré, et aggrave les pénalités prévues par la loi de 1845.

Nous pensons que ce texte, s'il est bien appliqué, pourra donner des résultats aussi bons que ceux que l'on peut attendre de la loi en pareille matière, tout en sauvegardant dans la mesure du possible la liberté individuelle.

Ce projet en outre ne paraît faire aucune distinction

entre les colonies ; nous devons donc en conclure qu'il serait applicable à l'Indo-Chine, et ceci nous amène tout naturellement à parler de notre troisième catégorie de pays ; ceux où l'on fume depuis très longtemps, d'une manière pour ainsi dire officielle, et qui cherchent cependant par des mesures diverses à se débarrasser de l'opium ou tout au moins à en réduire l'emploi.

En Cochinchine, depuis la conquête en 1858-1860, jamais le commerce de l'opium n'a été libre ; et cela, peut-être pour se défendre contre lui, mais surtout pour créer des ressources à la colonie.

Au début, le Gouvernement français expérimenta à plusieurs reprises le système de la ferme, pour la fabrication et la vente de l'opium ; cette ferme était concédée à des Chinois pour quelques millions de francs. Il faut dire que ce système de ferme, au point de vue de la lutte contre l'opium, peut constituer un système défensif : car le fermier est le premier intéressé à empêcher la contrebande et à faire tous ses efforts pour supprimer la fraude. Néanmoins, les résultats laissèrent beaucoup à désirer. Aussi la ferme fut-elle supprimée, sur la proposition de M. Le Myre de Villers, par un décret en date du 1er mai 1881 ; et le texte fondamental de l'organisation de la régie fut promulgué le 5 juillet 1883.

Jusqu'en 1901, époque à laquelle l'Administration mit en vente l'opium du Yunnan d'un prix moins élevé, tout l'opium provenait des Indes, où il était acheté par un intermédiaire. La vente en gros était confiée à des entreposeurs, généralement des Chinois, auxquels il était interdit de vendre au détail ; on nomma ensuite comme entreposeurs des agents supérieurs des douanes et on créa des entrepôts subordonnés. La vente au détail s'effectuait dans les fumeries ; les détaillants étaient tenus de se munir de licences, gratuites au début, mais qui, par suite du très grand nombre de demandes, furent rendues payantes par un arrêté du 4 juin 1895.

Au Tonkin, la régie et la vente de l'opium furent réglementées par les arrêtés des 6 et 8 juin 1893. Jusque là, la gestion du monopole avait été confiée à des fermiers adjudicataires. L'article 73 de l'arrêté attribuait à la régie la fabrication du chandoo dans toute l'étendue du Tonkin. Cette fabrication jusqu'en 1897 eut lieu dans les trois bouilleries de Lao-Kay, de Lang-Son et de Haïphong ; à cette époque tout fut centralisé à Haïphong jusqu'au 1er janvier 1900, date à laquelle la manufacture de Saïgon remplaça celle de Haïphong.

En Annam, le commerce de l'opium jusqu'en 1889 fut aux mains de fermiers provinciaux qui payaient une redevance annuelle au Trésor. Le monopole de l'intro duction, du transit, de la manufacture et de la vente nous fut concédé moyennant une redevance fixe de 140.000 piastres par une entente intervenue le 3 septembre 1889 entre le Résident supérieur et le Conseil de régence. L'exploitation de ce monopole s'exerça soit par l'intermédiaire de concessionnaires, soit par la régie directe.

Au Cambodge, à la suite des conventions avec le Roi en 1883 et 1884 et depuis la disparition des fermes royales en 1893 ; au Laos depuis l'arrêté du 9 décembre 1895 instituant la régie, la vente de l'opium est en partie sous le contrôle des gouverneurs de province, en raison de l'insuffisance du personnel douanier (1).

Le 7 février 1899, le gouverneur général M. Doumer prenait un arrêté concernant la réglementation du commerce de l'opium en Indo-Chine. En voici les principales dispositions :

L'achat, la fabrication et la vente de l'opium constituent un monopole dont l'exploitation est confiée à l'Administration des Douanes et Régies de l'Indo-Chine (Art. 1er). Le monopole d'achat et de fabrication est absolu et ne peut être exploité qu'en régie directe. Le monopole de vente pourra être exercé soit en régie directe par l'Administration, soit par des tiers autorisés, fermiers ou régisseurs intéressés (Art. 2).

La culture du pavot en vue de son exploitation en opium ne pourra avoir lieu en Indo-Chine qu'en vertu de l'autorisation spéciale de l'Administration des Douanes et Régies (Art. 3). L'Administration effectuera ses achats d'opium brut où et au prix qu'il lui conviendra (Art. 4). Elle aura seule droit d'importer de l'opium sur le territoire indo-chinois ; sauf pour l'opium destiné aux usages de la pharmacie européenne et celui qui doit être consommé en dehors de l'Indo-Chine (Art. 5).

Les pharmaciens auront seuls le droit de recevoir de l'opium brut, en extrait ou sous forme de médicaments et sous certaines restrictions (Art. 7).

Le transit à travers l'Indo-Chine est autorisé, mais dans des conditions bien déterminées (Art. 16).

(1) Cf. Sur ces questions, MARTIN. *Abus de l'opium*, p. 106 et suiv. et MILLAUT, *op. cit.*, p. 275 et suiv.

L'Administration des Douanes et Régies pourra livrer à la consommation telle quantité d'opium qui lui conviendra et établir pour son débit autant d'entrepôts, de bureaux de vente et de fumeries qui lui paraîtront nécessaires (Art. 25).

Les débitants généraux (particuliers auxquels l'Administration a concédé le droit de vente exclusif de l'opium dans une région quelconque) seront tenus d'être approvisionnés de toutes les espèces d'opium que les consommateurs leur demanderont et que la Régie mettra en vente ou dont elle autorisera la vente (Art. 33).

Ils seront tenus d'ouvrir un certain nombre de débits et de prendre à cet effet un nombre correspondant de licences de différentes catégories, suivant un tableau dressé pour chaque province. Ils devront également ouvrir de nouveaux débits en cas de demandes acceptées par l'Administration. Ils auront néanmoins la faculté de placer, en outre du nombre qui aura été désigné par la Régie, autant de licences qu'il leur conviendra à condition de faire agréer leurs débitants au détail par l'Administration. Celle-ci aura le droit de réserver une certaine quantité de licences à des Annamites (Art. 37).

Le débitant au détail ne pourra vendre l'opium en boîtes fermées plus de 10 °/₀ plus cher que le prix officiel d'achat de la Régie (Art. 46).

Tout débitant au détail a le droit d'ouvrir une fumerie sous réserve d'en faire la déclaration préalable à l'Administration (Art. 50).

L'entrée des fumeries est interdite à toute personne

portant des armes, aux femmes de tout âge, aux enfants au-dessous de 20 ans et aux Européens (Art. 51).

Il est interdit à tout individu de transporter plus de vingt grammes de dross, à moins d'une autorisation spéciale (Art. 52).

Est interdite également toute vente ou cession de dross pur ou mélangé à d'autres matières, à moins d'une autorisation spéciale (Art. 53).

Tout acheteur d'opium pourra rapporter à la Régie tout le dross provenant de l'opium qu'il aura fumé (Art. 54).

La Régie s'engage à acheter ce dross à un prix officiel ; le prix sera payé quand la manufacture aura reconnu que le dross est utilisable (Art. 55).

Tout acheteur d'opium (particulier ou débitant) devra, au moment où il effectuera son achat, verser, à titre de dépôt de garantie, entre les mains de l'entreposeur, une somme dont le montant sera égal à la valeur de dross contenu dans chaque kilo d'opium qui lui sera livré.

Il sera, au contraire, restitué à tout acheteur qui rapportera le dross. La restitution sera proportionnelle à la quantité et à la qualité du dross ainsi rapporté ; elle sera effectuée en même temps que sera payé le prix du dross ainsi rapporté (Art. 56).

Les articles suivants envisagent la répression et punissent ceux qui fabriquent de l'opium, ceux qui détiennent un opium autre que celui de la Régie, ceux qui colportent, vendent ou cèdent de l'opium autre que celui de la Régie, ceux qui vendent de l'opium de la Régie sans autorisation, ceux qui vendent au détail sans avoir de licence, ceux qui auront mêlé à l'opium d'autres substances, ceux qui auront mis en vente du dross pur ou mélangé. Les peines varient de 100 à 3.000 francs d'amendes et de 15 jours à 5 ans de prison.

La Régie a en outre droit, en cas de fraude, à des dommages-intérêts dont le montant ne pourra être inférieur à cinq fois la valeur de la quantité de matière frauduleuse, calculée au prix officiel de l'opium de la Régie (Art. 83) (1).

Après cet arrêté, un autre du 14 février 1901, vint fixer quelques points de détail ; plusieurs décrets modifièrent le prix de l'opium, et réglèrent la question du dross, que l'Administration laisse maintenant aux consommateurs ; enfin en 1904, l'unification pratique du régime fut résolue.

Il n'est pas difficile de voir par le résumé que nous venons de faire que beaucoup de dispositions concernant l'opium en Indo-Chine sont dictées plutôt par le désir d'obtenir des ressources que par le désir de lutter contre le poison. Et l'on se convaincra encore davantage de cette vérité, lorsqu'on saura que la Régie adressait aux résidents des provinces des circulaires ainsi conçues :

« Conformément aux instructions de M. le Directeur général, j'ai l'honneur de vous prier de bien vouloir seconder les efforts de mon service dans l'établissement de nouveaux débits d'opium et d'alcool au détail.

(1) C'est ainsi que les Messageries maritimes eurent à supporter des amendes s'élevant à 25.000 piastres. L'an dernier, sur un navire néerlandais qui faisait escale à Saïgon, le service des douanes a saisi de l'opium de contrebande ; le tribunal a infligé à la Compagnie de transport une amende formidable ; si bien que la Compagnie a menacé de boycotter le port de Saïgon.

« A cet effet, je me permets de vous adresser une liste dés débits qu'il y aurait lieu d'installer dans les divers villages mentionnés, dont la plupart sont totalement privés de dépôt d'opium et d'alcool.

« Par l'intermédiaire des gouverneurs cambodgiens et des mesrocks, votre influence prépondérante pourrait heureusement faire valoir à certains petits marchands indigènes qu'ils auront à se liver à un négoce supplémentaire, les licences d'opium et d'alcool étant gratuites. Il serait également nécessaire de détruire chez eux la crainte d'avoir des rapports avec notre Administration qu'ils jugent souvent tracassière et processive. Vous pouvez les assurer de notre esprit de bienveillance et de modération.

« De notre côté, les agents du service actif chercheront, dans les tournées, à installer des débits, à moins que vous ne préfériez, Monsieur le Résident, qu'ils attendent que vous ayez d'abord agi auprès des autorités indigènes pour qu'ils secondent votre action : auquel cas, je vous prie de bien vouloir m'en informer.

« Ce n'est que par une entente complète et constante entre votre Administration et la nôtre que nous obtiendrons les meilleurs résultats pour le plus grand bien des intérêts du Trésor » (1).

L'Administration de la Régie ne s'en tenait même pas là : elle désirait étendre au-delà des frontières de l'Indo-Chine ses fructueuses opérations. En juillet 1905

(1) Cité par M. Jeanselme. *La question de l'opium en Extrême-Orient à l'époque contemporaine*, p. 26-27.

M. Paul Deschanel, président de la Commission des affaires extérieures, des protectorats et des colonies, adressait au Président du Conseil, Ministre des Affaires étrangères, une lettre qui se prononçait d'abord en faveur de la suppression en Indo-Chine de certains monopoles : mais ensuite on lisait ce vœu : « Siam n° 3 ; faire respecter le droit pour les citoyens français d'importer librement de l'opium au Siam. »

Le Comité de protection et de défense des indigènes, dans sa séance du 12 octobre 1905, fut saisi de la question, et M. Paul Viollet, membre de l'Institut, adressa au Ministre des Affaires étrangères une vive protestation : « Le traité franco-siamois du 15 février 1904, dit-il, ne contient aucune clause reconnaissant à la France des droits spéciaux, quant à l'importation de l'opium au Siam, et je ne sache pas qu'aucun autre traité ait rien statué sur ce sujet. Mais que la Commission des affaires extérieures et coloniales entende se prévaloir d'une stipulation expresse contenue dans un acte diplomatique ou seulement du principe général de la liberté du commerce, le Comité de protection et de défense des indigènes affirme dans l'un et l'autre cas, qu'un devoir moral s'impose aux hommes qui ont l'honneur de représenter notre pays : celui de ne pas se faire, pour soutenir des intérêts commerciaux, les complices de la propagation en Asie de ce poison qu'est l'opium. Nous nous sommes maintes fois préoccupés des ravages que l'usage funeste de l'opium, favorisé par notre monopole, a déjà causés sur les territoires soumis à notre domination. Le vœu de la Commission des affaires extérieures tend à imposer l'opium au Siam, alors même que le souverain de ce pays voudrait en préserver ses sujets : c'est une prétention contre laquelle il est de notre devoir de protester très énergiquement. J'ose espérer, Monsieur le Président du Conseil, que vous saurez opposer à une telle prétention, dont le succès serait pour la France une véritable honte, une invincible résistance ». Cette protestation fut entendue. Le Ministre des Affaires étrangères intervint, non pour contraindre le Siam à acheter l'opium Indo-Chinois, mais pour lui reconnaître le droit de refuser cette marchandise.

En présence de telles tendances, une réaction ne pouvait manquer de se produire, surtout devant l'effort fait par la Chine, pour se débarrasser de l'opium. Le 30 septembre 1906, la question de l'interdiction possible en Indo-Chine, était posée ; le gouvernement français accueillait favorablement la proposition et le Ministre des colonies, M. Milliès-Lacroix, demandait au Gouverneur général d'étudier les conséquences financières de la suppression de la Régie de l'opium, ainsi que les taxes de remplacement.

En attendant l'interdiction complète, le gouverneur général, M. Beau, par un arrêté du 19 juin 1907, interdisait : 1° l'ouverture de fumeries d'opium en Annam et au Tonkin ; 2° l'installation de nouvelles fumeries en Cochinchine et au Cambodge. En même temps, le prix de l'opium était majoré.

Une circulaire rappelait aux fonctionnaires que des mesures seraient prises contre ceux qui fumeraient : « L'usage de l'opium est formellement interdit à tous les fonctionnaires, employés et agents européens de tous les rangs et de tous les services relevant de mon autorité. Ceux qui contreviendront à cette défense, devront m'être signalés sans retard, et je n'hésiterai pas à prendre à leur égard des mesures de rigueur. Ils seront notamment privés d'une manière absolue de toute inscription au tableau et, d'une façon générale, de tout avancement jusqu'à amendement complet. A cette sanction s'ajoutera la mise à la retraite d'office des fonctionnaires fumeurs invétérés, qui réuniront des droits à la pension, s'il est constaté, au bout de quelques mois, qu'ils sont incorrigibles ».

Par deux arrêtés des 22 août et 17 septembre 1907, le même gouverneur général constitua une commission pour étudier la question de la suppression progressive.

Sous la présidence de M. Hardouin, consul général, cette commission se réunit à Saïgon. Ses conclusions furent les suivantes : la Commission estima qu'il était légalement impossible d'atteindre le fumeur lui-même, puisqu'aucune loi, en France, n'avait décrété que fumer l'opium fut un délit ; et elle déclara impraticable toute action judiciaire ou administrative à l'adresse des fumeries particulières. En revanche, le monopole de l'administration lui permettrait de fermer graduellement les fumeries publiques, en ne renouvelant pas les licences à l'expiration ; de prohiber la vente du résidu de l'opium et de majorer le prix de l'opium qui pourrait atteindre jusqu'à 140 piastres le kilo, dans les régions où la contrebande n'est pas à craindre.

Deux nouveaux arrêtés des 26 septembre et 21 octobre 1907, supprimèrent la vente de l'opium dit du Yunnan : 1° en Cochinchine et au Cambodge ; 2° en Annam, à l'exception des provinces de Vinh, Hatiuh et Thanh-Hoa.

Par un sixième arrêté pris le 6 janvier 1910, M. Klobukowski supprima, à partir du 15 janvier 1910, la vente de l'opium dit du Yunnan, dans plusieurs provinces, désignées par le décret, de l'Annam et du Tonkin, et notamment dans les villes de Hanoï et de Haïphong.

En même temps, le prix de l'opium était encore élevé, comme remède préventif, et porté à 157 piastres 30 le kilo dans toute l'Indo-Chine, pour l'opium de luxe, à 121 piastres pour celui de Bénarès et variait de 88 à 57 piastres pour celui du Yunnan.

Certaines personnes, convaincues de l'impossibilité de supprimer complètement l'opium dans un laps de temps relativement court, proposent un système palliatif : l'opium le plus nuisible étant celui de mauvaise qualité, que fument les individus sans goût et sans argent, celui qui est tiré du dross, il faudrait ne plus laisser cette drogue à la portée des malheureux qui l'utilisent à la pipe ou l'avalent en boulettes.

On atteindrait ce but : ou bien en rendant l'opium assez cher pour qu'il soit une charge même pour les riches, qui fumeraient eux-mêmes le résidu, ou l'échangeraient à la Régie contre quelques doses d'opium nouveau ; ou bien en contraignant le fumeur à rapporter le résidu à la même Régie ; celle-ci, pour l'y forcer, ne lui délivrerait de l'opium nouveau que sur présentation des produits de la consommation de celui précédemment acheté.

Enfin, il faudrait écarter des places rétribuées par la colonie ou les municipalités, les indigènes fumeurs avérés d'opium.

Ce sont des mesures analogues à celles-là, qui ont été proposées par la commission anglaise, nommée en juillet 1907, pour enquêter : 1° sur l'indulgence excessive dont on fait preuve vis-à-vis des fumeurs d'opium dans les Straits Settlements ; 2° sur l'augmentation du fumage de l'opium dans cette même colonie ; 3° sur les mesures à prendre par le gouvernement pour diminuer ou au besoin supprimer les maux qui proviennent de l'opium.

La Commission constata que le système en vigueur aux Straits Settlements était destiné, comme en Indo-Chine, plutôt à procurer des ressources qu'à empêcher l'extension du fléau. Dans les Straits Settlements, le gouvernement ne touche pas directement les droits sur le chandoo : il les abandonne à un syndicat, connu sous le nom de « Opium farmer », syndicat composé de Chinois influents. Ce syndicat se confond d'ailleurs avec celui qui recueille les droits sur les liqueurs et alcools ; la ferme a une durée de 3 ans.

Dans les « Federated Malay States » où la Commission enquêtait également, il n'y a pas de droits de douane sur l'opium brut ; les droits sont perçus par des syndicats connus sous le nom de « Coast chandoo farmers ». Les licences pour manufacturer le chandoo, pour le vendre au détail, ou tenir des boutiques d'opium, sont concédées à des prix variables. La Commission considère aussi que ces syndicats, en défendant leurs intérêts propres, jouent le rôle d'office préventif.

Dans chaque settlement, depuis 1904, la préparation du chandoo se fait dans une factorerie sous le contrôle du gouvernement. La Commission estime que les abus de l'opium ne sont pas suffisants pour justifier la prohibition complète, qui d'ailleurs ne donnerait pas de résultats. Elle conseille de pousser le contrôle aussi loin que possible en respectant la liberté de l'individu ; de supprimer les fermes qui, faisant du commerce, ne sont pas guidées par l'idée morale, et qui même peuvent distribuer gratuitement le chandoo en vue d'en favoriser l'habitude et de substituer le gouvernement aux fermiers pour manufacturer et distribuer le chandoo ; tout l'opium brut apporté dans la colonie serait déposé dans des magasins sous le contrôle du gouvernement ; le chandoo d'une seule qualité serait vendu par des marchands ayant une licence et en tubes scellés.

La Commission envisage aussi l'enregistrement des fumeurs, sans d'ailleurs le considérer comme praticable ; la réduction du nombre des boutiques d'opium ; l'augmentation du prix des licences ; la surveillance des fumeries au point de vue hygiénique ; l'interdiction aux femmes d'entrer dans les fumeries ; des restrictions dans l'ouverture des fumeries, qui ne seraient ouvertes que de 7 heures du matin à 10 heures du soir ; l'interdiction de l'opium dans les maisons mal famées ; enfin elle demande qu'il soit considéré comme délit, le fait de vendre de l'opium aux femmes et aux enfants au-dessous de 18 ans.

Pour se conformer à ces vues, le gouvernement local a résolu de renoncer à l'affermage et d'assurer par la

Régie la préparation et la vente de l'opium, ce qui lui permettra d'exercer un contrôle effectif et continu sur la consommation de ce produit. Il a peut-être d'ailleurs été amené à prendre ces mesures par un argument d'ordre économique : le gouvernement chinois pourrait, par représailles, mettre entrave à l'immigration des coolies chinois dans les Sraits Settlements, si la colonie n'aidait pas la Chine dans son mouvement anti-opiumique.

Pour les Philippines également, où l'opium avait été apporté par les Chinois à une époque reculée, une Commission fut chargée, en 1903, par le gouvernement américain, d'étudier la question. Cette Commission fit une enquête très approfondie dans les pays d'Orient et le rapport fut rédigé par trois membres : le major Carter, le Révérend C.-H. Brent, évêque de l'église anglicane, et le docteur José Albert, médecin philippinois. La Commission constata l'impossibilité de la prohibition immédiate ; elle envisagea différentes mesures législatives : l'adoption d'un système de monopole exclusivement gouvernemental, les fonctions relevant de ce monopole devant être confiées exclusivement à des personnes intelligentes, honorables et recommandées ; un système d'enregistrement de tous les fumeurs étrangers, limitant pour eux le droit de se procurer de l'opium au-delà de certaines quantités ; le vote d'une loi déclarant tous les Philippinois habitués à l'opium inéligibles à tous les emplois publics, municipaux, provinciaux et insulaires.

En mars 1905, pour répondre aux vœux de la Commission, le Congrès américain vota la prohibition immédiate de la vente et de l'usage de l'opium aux Philippines, excepté pour les besoins médicaux. A la population chinoise (environ 70,000) fut accordé un délaï de trois ans, au bout duquel la prohibition devait lui être également appliquée. Une loi adoptée par la législature des îles Philippines le 10 octobre 1907, ordonna que tous les Chinois, consommateurs d'opium, fussent enregistrés ; qu'il leur fût fourni seulement la dose habituelle journalière d'opium : que cette dose fût réduite de 15 % chaque mois jusqu'à privation absolue.

A Formose, lorsque les Japonais entrèrent en scène, ils estimèrent à 7 % de la population entière le nombre des fumeurs ; ils songèrent à la prohibition complète comme dans leur pays, mais ils y renoncèrent, car une semblable mesure aussi brusque n'aurait pas été comprise par la population et aurait provoqué des révoltes ; ils se décidèrent donc à une prohibition progressive en créant un monopole de gouvernement, en interdisant la culture du pavot, en instituant la licence pour les tenanciers de boutiques d'opium et en prenant toutes autres mesures analogues que nous avons déjà examinées.

En Birmanie, un puissant effort a été fait par le Gouvernement pour protéger les indigènes de la région contre les habitudes de l'opium. Les Birmans paraissent en effet tomber plus facilement dans les excès que les Chinois et les Hindous, et cela pour les deux vices : opium et alcool. Une douzaine d'années d'efforts tentés vers la prohibition n'ont pas donné de résultats. On a alors déclaré illégal pour tous les Birmans le fait de fumer ou de manger l'opium avant d'avoir 25 ans et d'être enregistré. Seuls les fumeurs enregistrés peuvent acheter l'opium et seulement une certaine quantité, soit 3 tolas par jour (1). Le gouvernement a ouvert 40 ou 50 boutiques pour la vente de l'opium. Ces mesures ont encore été renforcées par une loi nouvelle après avril 1904.

Au Siam, la culture du pavot est légalement interdite. On fume néanmoins l'opium à Bangkok et dans la plupart des villes où, en dehors des fumeries, existent des maisons de jeux où l'on se rend également pour fumer. Faisons remarquer qu'on exclut soigneusement les fumeurs des fonctions administratives. Il y a quelques années, le monopole de l'opium était affermé moyennant une forte redevance, et le gouvernement fixait le prix auquel la drogue devait être vendue au détail ; des syndicats chinois soumissionnaient, mais les adjudicataires, par suite d'une énorme majoration du tarif de l'opium, ne purent payer la redevance, de sorte que le gouvernement fut obligé de prendre l'entreprise pour son propre compte.

Aux Indes néerlandaises, en 1832, le nombre des fermiers n'était pas limité ; leur stock d'opium et le prix de vente étaient laissés à leur disposition ; plus tard, on limita la quantité et le prix ; en 1853, on revint au système facultatif, puis on reprit la limitation du stock et du prix de la vente. En 1862, on introduisit la prohibition dans douze districts, mais sans résultats. Actuellement, dans certains districts, c'est la prohibition qui est

(1) Le tola représente environ 180 grains anglais, soit 11 grammes 7.

en vigueur ; dans d'autres, c'est un monopole privé ; dans d'autres, le trafic est exclusivement sous le contrôle du gouvernement. Celui-ci a bien résolu de restreindre graduellement la quantité d'opium consommé dans l'archipel, mais, en dehors des difficultés budgétaires, il s'est heurté à des soulèvements de la part des Chinois et des indigènes adonnés à la pipe (1).

En Perse, un édit promulgué par le Shah Abbas II en 1621, défendait les abus de l'opium et se préoccupait de l'augmentation de l'usage de ce produit parmi les fonctionnaires. Depuis cette époque, on n'a pas engagé une lutte très vive contre lui, car il est une source importante de revenus pour ce pays.

Nous voici arrivés au pays de l'opium par excellence, à la Chine, dont dépend, pour ainsi dire, la question de l'opium tout entière. Nous allons suivre les luttes qu'elle soutint toujours contre le poison avec plus ou moins de sincérité, et nous verrons les divers moyens plus ou moins efficaces qu'elle a employés pour s'en préserver.

Les édits de prohibition ne manquent pas ; disons d'ailleurs que la plupart d'entre eux tendent plutôt à interdire l'importation d'opium étranger pour favoriser la production indigène, qu'à défendre les sujets chinois contre les maux qu'entraîne la pratique de l'opium.

En l'an 1400, début de la dynastie des Ming, l'opium étranger pénétrait déjà en Chine ; le gouvernement publia un édit prohibant l'importation. Mais, comme cet

(1) On évalue à 40 ou 50 p. 100 le nombre des fumeurs parmi les Chinois et les soldats indigènes ; la proportion serait beaucoup moindre dans le reste de la population.

édit mécontenta les entrepositaires d'opium d'importation, il fut rapporté. Cette importation s'accrut alors dans des proportions considérables. Au début du XVIIIe siècle, un nouvel édit de l'empereur Kang-Hi ordonna la fermeture des fumeries et interdit la vente de la drogue, en punissant de la cangue et du bannissement les trafiquants d'opium et de strangulation les tenanciers de fumeries. En 1729, l'empereur Young-Tching décrète une nouvelle prohibition. En 1783, le commerce de contrebande est puni de pénalités sévères ; l'opium est saisi, brûlé, les bâtiments confisqués et les marchands passibles de la peine de mort. En 1799, nouvelle prohibition de l'empereur Kia-King contre le commerce étranger.

Les méfaits de la drogue n'en continuaient pas moins à se multiplier ; en 1832, l'héritier du trône impérial succombait à la suite des abus qu'il avait commis.

En 1835 paraissait une proclamation du gouverneur de Kouang-Toung qui disait : « Les bâtiments étrangers sont rangés dans le port de Canton et beaucoup sont chargés d'opium ; il n'est pas facile de distinguer les pierres précieuses des drogues nuisibles, on doit donc exercer une surveillance active et repousser ceux qui nous apportent le poison. » A la suite de cet édit quelques milliers de caisses d'opium furent saisies et détruites (1). En même temps, nouvelles prohibitions impériales auxquelles étaient jointes des peines très sévères ; il y eut des exécutions, des dégradations de princes du sang, des tortures.

(1) Cf. MARTIN, *op. cit.*, p. 58 et suiv.

Les écrivains chinois approuvaient les mesures prises par le Gouvernement. En 1836, un lettré, Kou-King-Han, publia un ouvrage où il décrivait les effets pernicieux de l'opium qui, dit-il, après avoir excité l'intelligence, la paralyse et mène à la consomption, après avoir fait passer par toutes les turpitudes morales.

Après toutes ces prohibitions, à la fin de 1836, Heu-nei-Tse, vice-président au ministère de la Justice, adresse à l'empereur un long mémoire sur le commerce de l'opium ; il représente que jadis c'était une drogue précieuse ; mais depuis quelque temps, elle est devenue un poison mortel par l'abus qu'on en a fait. « C'est, dit-il, par mille myriades de taëls que nous verrons notre numéraire dans les factoreries étrangères ; et c'est ainsi que la richesse de la nation va s'engouffrer dans l'océan étranger. Il nous faut donc renoncer à la prohibition qui n'est pas un remède efficace et surveiller plus étroitement le trafic. Revenons aux droits de douane sur la drogue, considérée comme médicament. N'autorisons la vente que contre échange de marchandises et nous enrayerons par là la sortie du numéraire ; enfin, punissons tout contrevenant par la saisie de l'argent et la destruction de l'opium. » Il proposait donc la légalisation, afin de régulariser le trafic et de le concentrer sur un seul point tel que Canton pour faciliter le contrôle. Il y aurait eu là à la fois un moyen de défense contre l'opium et une source de revenus. La proposition fut vivement combattue au grand Conseil, car on y vit une concession aux étrangers et elle fut repoussée.

Le 16 décembre 1838, Tang, gouverneur des deux

Kouan, censeur impérial, s'exprimait ainsi dans une proclamation : « Enfants de l'Empire, n'apercevez-vous pas que vous détruisez du même coup votre fortune et votre vie en mettant votre santé à la merci des barbares. O stupidité sans égale ; vous vous laissez extorquer votre argent et vous courez volontairement à votre ruine. Mais votre faiblesse et votre impuissance nous imposent de vous arrêter dans cette voie d'aberration. Nous avons recours aux autorités civiles et militaires pour vous arrêter sur cette pente fatale. Que tous tremblent et obéissent » (1).

Au mois de janvier 1839, une nouvelle proclamation décrète la suppression de toute transaction commerciale avec les étrangers. Toutes ces mesures étaient prises surtout contre les Anglais qui déversaient l'opium de l'Inde sur la Chine.

Le gouvernement chinois résolut à ce moment de frapper un grand coup ; et il s'adressa à Lin-Tse, ancien gouverneur du Hou-Kouang, qui jura de ne pas se présenter devant son souverain avant d'avoir vaincu et chassé les Anglais.

Sa première proclamation est du 18 mars 1839 ; elle rappelle les édits prohibitifs et les pénalités encourues par les délinquants. Le 26 mars, il fait placarder dans tout le district de Canton une proclamation dans laquelle il somme les trafiquants de faire remise complète du stock d'opium contenu dans les magasins, et cela pour quatre raisons : « 1° le commerce de cette drogue est un moyen odieux de nous dépouiller de notre numéraire et

(1) Cité par Martin, *op. cit.*, p. 70.

d'attenter à notre vie ; 2° d'après nos lois, vous devez obéir et cesser ce trafic ; vos compatriotes se livrent-ils à l'usage de ce poison ; 3° vous êtes venus en Chine dans le but d'exercer un commerce régulier avec lequel vous pouvez vous enrichir sans violer nos lois ; 4° la situation est devenue grave ; toute hésitation à vous soumettre attirerait de grands malheurs. Vous avez traversé de vastes océans pour travailler honnêtement et non pas pour vendre à nos compatriotes une drogue prohibée et nous obliger à punir de mort ceux qui l'achètent. » Et il termine ainsi : « Moi, haut ministre, je vous parle sous le coup d'une anxiété profonde ; et je vous déclare que le sort des évènements est entre vos mains. »

Une seconde proclamation succède bientôt à celle-là : « Vous trafiquez de l'opium depuis longtemps ; jusqu'ici nous n'avions jamais sévi contre vous par égard pour votre qualité d'étrangers venus de loin et ignorants de nos lois ; mais maintenant, vous devez les connaître Abandonnez donc ces agissements abominables ; il existe bien d'autres genres de commerce qui vous enrichiront en vous faisant cesser d'être des violateurs de nos lois. Si vous avez la prétention de persister, nous nous y opposerons. Nous vous vendons le thé, la soie, la rhubarbe, le camphre, la casse, le sucre, le vermillon et mille autres produits ; que feriez-vous sans eux ? Vous, au contraire, vous nous vendez un poison ; vos bâtiments recèlent des cargaisons d'opium ; nous vous sommons de les livrer ; on en fera l'estimation en taëls et il sera ensuite détruit publiquement ; par ces moyens cesseront les déastreux effets auxquels il donne lieu. L'honneur est un mot dont vous vous servez, et il est pour nous une garantie que vous vous comporterez loyalement envers nous; mais si vous continuez subrepticement le trafic, des châtiments exemplaires vous menacent. La ruine ou la prospérité; l'honneur ou la disgrâce, telles sont les alternatives qui s'offrent à vous suivant votre soumission ou bien votre résistance. »

Trois jours sont donnés pour la transmission des résolutions que les étrangers comptent prendre.

Le 14 avril, le capitaine Charles Elliot Bingham, intendant du commerce anglais, quitte Canton avec tous les résidents britanniques et se rend à Macao, territoire neutre; cependant, il se voit aussitôt appréhendé. Il mande alors la nouvelle à ses compatriotes et les invite à livrer l'opium de leurs factoreries. Ceux-ci obéissent et la remise est effectuée.

Nous devons dire que la presse anglaise et indienne fut à peu près unanime à blâmer l'intendant; on l'accusa même d'avoir excédé ses pouvoirs.

Quelques jours après ces incidents, Lin adresse au superintendant Jonhston, au consul américain Snow et au consul hollandais Van Basele un memorandum dans lequel il rappelle les peines édictées contre tout marchand qui se livre au commerce de l'opium et fixe les délais d'exécution de ses ordres. Le 4 mai, nouvelle proclamation de Lin et en même temps protestation d'Elliot dans laquelle il déclare que la fortune et la vie des étrangers sont chaque jour à la merci de gens subalternes; en conséquence de ce péril, il fait appel au concours de chacun et invite les détenteurs d'opium à céder aux injonctions de Lin.

Les détenteurs d'opium obéirent. Lin fit détruire les caisses ; les autorités chinoises furent convoquées ; les caisses ouvertes, aspergées de sel et de chaux vive et jetées à la mer. « Sachez tous, dit Lin, que la culture d'une plante malfaisante ne vaut pas celle des champs ; c'est une source de misère et de mort. »

La Chine paraissait donc bien désireuse de se libérer de l'opium ; mais les choses n'en restèrent pas là : les négociants anglais adressèrent à lord Palmerston une requête exposant leurs doléances ; et ils adjurèrent son Excellence de les protéger contre les caprices d'un gouvernement corrompu.

Le 5 janvier 1840, Lin publie un décret impérial supprimant tout commerce avec l'étranger ; puis il adresse à la reine Victoria un mémoire dans lequel il lui demande de bien vouloir punir elle-même la tribu de barbares qui répandent parmi les Chinois un poison : cette tribu étant sous sa domination. A cette lettre est jointe un extrait de la nouvelle loi qui va être mise en vigueur et est ainsi conçue : « Tout étranger, colporteur d'opium dans l'empire chinois, sera décapité si c'est un chef et étranglé si c'est un agent ; s'il a rapporté par erreur de l'opium, il sera absout à condition de le déclarer et d'en faire la remise. »

A la fin de ce document figure la mention suivante : Hwui-Wan, ces deux caractères signifiant : Adressé à un égal (1).

(1) Cf. MARTIN, *op. cit.*, p. 73 et suiv.

Le gouvernement anglais répondit par une déclaration de guerre ; nous verrons plus loin au point de vue de l'opium quelles en furent les conséquences.

En 1841, le gouvernement de Canton publiait l'ordonnance suivante : « Voilà deux ans, disait-il, que le chef du Céleste Empire a interdit à ses sujets de fumer l'opium. Ce délai de grâce expire au douzième jour et la douzième lune de cette année (janvier 1841).

« Alors tous les coupables de contraventions seront punis de mort ; leurs têtes seront exposées en public afin d'effrayer ceux qui seraient tentés de les imiter. J'ai réfléchi cependant que l'emprisonnement solitaire était plus efficace que la peine capitale pour arrêter un aussi épouvantable délit. Je déclare donc que je vais construire près de la porte de l'éternelle pureté (lieu où on exécute les criminels), une prison spéciale pour les fumeurs d'opium. Là seront tous, riches ou pauvres, enfermés dans une cellule étroite, éclairée par une fenêtre, avec deux planches servant de lit et de siège pour s'asseoir ; on leur donnera chaque jour une ration de riz, de l'huile, des légumes. Ceux des prisonniers qui seront malades recevront des pilules médicales ; s'ils refusent, nous les laisserons mourir de la funeste maladie que l'opium aura engendrée. Au bout d'un mois de détention, nous examinerons les prisonniers ; s'ils renoncent à leurs funestes habitudes, ils seront rendus à leurs parents ; en cas de récidive ils subiront la mort suivant la rigueur des lois » (1).

(1) Cité par Réveil, *op. cit.*, p. 57.

Rien n'y fit ; au contraire, après la guerre de l'opium et le traité de Nankin en 1842, conclu entre l'Angleterre et la Chine, quatre nouveaux ports furent ouverts au commerce de la drogue indienne.

Après la campagne anglo-française de 1858, le traité de Tien-Tsin fut conclu, et l'article 3 des règlements commerciaux est ainsi conçu : l'opium d'importation en Chine payera 30 taëls par picul (1) de droit d'entrée, et il ne pourra être transporté à l'intérieur que par les Chinois ; tout étranger, pouvant en vertu d'un passeport, se rendre dans les provinces de l'intérieur pour y trafiquer, n'a pas le droit de faire le commerce de l'opium.

C'est lord Elgin qui, très habilement, a su faire pression sur le gouvernement Chinois, pour le décider à accepter cette légalisation de l'opium qu'il repoussait depuis longtemps. Il savait bien que les droits n'empêcheraient pas la consommation, et que le gouvernement chinois ne pourrait plus lutter contre l'opium, étant donné que ce produit lui procurerait des ressources, et qu'il serait devenu officiel.

En effet, l'importation et la consommation indigène augmentèrent. En 1869, il fut question d'élever les droits d'entrée de l'opium de 30 à 50 taëls par picul ; mais le gouvernement indien et les commerçants anglais exercèrent une telle pression sur le gouvernement libéral, qu'il refusa de ratifier cet arrangement.

Après la convention de Tchefoo, négociée entre Li-Hung-Chang et l'ambassadeur d'Angleterre, sir Thomas

(1) Un taël représente environ 3 fr. 35. — Un picul environ 60 kilogr. 300 gr.

Wade, et ratifiée en 1876, le gouvernement chinois dut assumer encore davantage les maux que l'opium engendrait, car d'après cette convention, il obtint une part des bénéfices realisés jusqu'ici par le commerce indien. Aux droits dont nous avons parlé, s'ajoutaient d'autres taxes de transit appelées li-kin et levées sur l'opium ; mais ces taxes soumises à mille arbitraires sur le trajet que l'opium avait à parcourir, ne profitait guère au gouvernement et enrichissaient surtout les collecteurs. Or, d'après un article de la convention de Tchefoo, un arrangement consenti entre l'Angleterre et la Chine par un acte additionnel signé le 18 juillet 1885, et fonctionnant depuis 1887, supprime les li-kin, et les remplace par un droit fixe de 110 taëls par picul, perçu par les douanes et versé au trésor central.

Néanmoins, le gouvernement Chinois cherchait encore dans une certaine mesure à arrêter les méfaits de l'opium au moins parmi les fonctionnaires. En 1873, l'empereur avait ordonné aux mandarins et aux satellites, ainsi qu'aux soldats, de cesser l'usage de la drogue dans le délai de cent jours à dater de la promulgation du décret. Malgré cela, les 8/10e des mandarins et tous les satellites continuèrent à se livrer au poison. Alors le censeur de l'empire Liou-Ngenn-P'ou, fit parvenir cette supplique à l'impératrice douairière Tse-Hsi, et à l'empereur Kouang-Siu : « Votre serviteur Liou-Ngenn-P'ou, censeur impérial pour le Honan, s'adresse à vous respectueusement pour vous proposer de déraciner un vice invétéré, d'obliger les officiers à donner le bon exemple et pour vous prier de lire sa lettre :

« L'opium étend sans fin ses pernicieux effets ; dans toutes les classes du peuple, la négligence des affaires sérieuses, la perte du temps, la ruine de la famille, la dissipation des biens de fortune viennent le plus souvent de cette cause. A mon avis, si l'on veut guérir ce mal, il faut commencer par les officiers ; et si l'on veut corriger les petits officiers, il faut commencer par les plus élevés ».

Le censeur impérial ne demande pas encore des châtiments sévères, mais il dit savoir qu'il existe d'excellents remèdes pour se corriger, dont les uns demandent 7 jours, les autres 21. Il propose donc un délai de trois mois après la publication du décret pour les grands dignitaires ; s'ils ne se corrigent pas, il demande la destitution et réclame que jamais il ne soit question de leur accorder de nouveaux emplois.

La réponse parut sous forme de décret le 28 janvier 1883. Après avoir rappelé la proposition du censeur, le décret ajoute : « Les statuts défendent sévèrement aux officiers de fumer l'opium. Les hommes établis en charges doivent tous savoir se respecter. Cependant, peut-être en est-il, comme dit le Censeur, qui auraient contracté peu à peu cette mauvaise habitude. Nous ordonnons de publier de nouveau des défenses sévères. Désormais, parmi les officiers grands et petits, civils ou militaires, chinois ou autres, s'il en est qui fument l'opium, ils devront se corriger et renoncer à cette passion. Si de nouveau, obéissant aux édits en public, ils les violent en secret, et ne connaissent ni crainte ni repentir, dès que leur conduite sera connue, ils seront sévèrement repris et punis, on ne leur fera aucune grâce.

« Respect à cet ordre » (1).

Ce décret n'eut pas plus de résultats que les précédents. Enfin, à la date mémorable du 20 septembre 1906, un édit impérial apprenait au monde civilisé que la Chine, la principale intéressée, prenait officiellement parti contre l'opium.

On affichait, en effet, sur les portes du Yamen, l'édit ordonnant au conseil chargé des nouvelles administrations, de prendre les mesures les meilleures pour supprimer l'usage de la drogue :

« Du 3e jour de la 8e lune. — Depuis que l'on a permis l'importation de l'opium en Chine, le mal que ce poison a fait dans toute la Chine, est apparent à tous. Tous ceux qui fument l'opium perdent leur santé et leur dignité d'homme, sacrifient leurs intérêts et leurs familles, deviennent faibles et pauvres. C'est pourquoi la Chine semble chaque jour de plus en plus gênée et débile.

« Pensant à ce poison qui est le motif de la pauvreté et de l'état précaire et effacé de la nation, nous l'avons en haine absolue.

« En ce moment, la Cour, qui s'applique à fortifier la Chine, croit nécessaire d'exhorter le peuple à savoir s'affranchir enfin du mal, et supprimer toutes les coutumes et habitudes et les abus mauvais, afin que tous les Chinois puissent se réjouir d'un grand bien-être et d'une grande paix. Nous ordonnons donc que, à l'avenir, tous les Chinois s'abstiennent de l'opium ; ainsi, le mal causé

(1) Cf. MILLANT, *op. cit.*, p. 211-212.

par ce poison, venu des Indes, ou préparé dans le pays, pourra être enrayé sinon supprimé dans un délai de dix ans. Quant aux moyens pratiques de l'interdiction sommaire et absolue à tous les fumeurs et à ceux qui cultivent cette drogue, nous ordonnons au Tcheng-Von-Tchou de délibérer sur les meilleures mesures à prendre à ce sujet, et de nous en faire part dans un rapport détaillé.

« Respect à ceci ».

Et le 21 novembre 1906, paraissait le réglement suivant :

« I. Un terme de dix années est fixé pour la cessation, non seulement de l'usage de l'opium, mais de la culture du pavot, avec réduction de 1/10e chaque année pour les surfaces cultivées. Si la règle n'est pas observée, le terrain sera confisqué. Si l'abolition de la culture est réalisée avant l'expiration des délais prescrits, les autorités locales recevront des récompenses.

« II. Des cartes spéciales seront distribuées aux fumeurs, dont le nombre atteint 30 à 40 °/o de la population. Les fonctionnaires et les notables devront se corriger les premiers de ce vice. Les fumeurs sont divisés en deux catégories : ceux de plus de soixante ans et ceux de moins de soixante ans. A ceux faisant partie de la première catégorie, une carte A sera remise ; à ceux de la seconde, une carte B. Mais le titulaire d'une carte B ne pourra pas, lorsqu'il atteindra soixante ans, recevoir une carte A en échange de la sienne. Nul ne pourra acheter de l'opium s'il n'a été immatriculé. Nul ne sera autorisé à en commencer l'usage après la publication de ces règlements.

« III. A l'exception des gens ayant dépassé la soixantaine, envers lesquels on se montrera indulgent, qu'ils soient corrigés ou non, tout fumeur ayant un permis de la classe B, devra diminuer d'année en année sa consommation de 2 ou 3/10e. Des peines sévères seront infligées aux délinquants : les magistrats seront privés de leurs charges, les étudiants se verront refuser leurs diplômes. Les noms de ceux qui continueront, au bout de dix ans, à se livrer à l'emploi de cette drogue, seront affichés dans les endroits publics, et ils seront déchus de leurs droits politiques.

« IV. Un délai de six mois est fixé pour la fermeture des fumeries « à lampe ouverte » ; interdiction est faite de présenter dans les maisons de thé, les restaurants, les cabarets, de l'opium aux clients. Les marchands d'articles pour fumerie devront, dans le délai d'une année, abandonner leur commerce. Les impôts ne devront plus être perçus dans les lits de fumerie, dans un délai de trois mois.

« V. Les débits d'opium seront fermés progressivement dans un laps de temps de dix années, et il ne sera plus ouvert de nouveaux débits. Les patrons de ces établissements ne devront délivrer la drogue aux acheteurs que sur la présentation de leur permis, et ils seront tenus de présenter chaque année un tableau justifiant de la diminution des ventes, sous peine de confiscation.

« VI. Les médecins chercheront les remèdes les plus propres à guérir de la passion de l'opium, mais ne contenant ni dross, ni morphine ; ces médicaments seront distribués par les soins des établissements de bienfaisance.

« VII. Les maréchaux, vice-rois et gouverneurs ordonneront aux fonctionnaires locaux de s'entendre avec les notables pour créer des sociétés pour la suppression de l'opium et encourager officiellement les sociétés déjà existantes.

« VIII. Les fonctionnaires locaux et les notables seront chargés de l'exécution du présent règlement.

« IX. Les fonctionnaires seront traités d'une façon particulièrement rigoureuse, car ils doivent donner l'exemple au peuple. Cependant ceux âgés de plus de soixante ans seront l'objet d'une certaine tolérance. Pour les autres il faut faire une distinction. Les hauts mandarins, fonctionnaires, vice-rois, généraux, ne devront pas chercher à dissimuler leur habitude, mais ils demanderont un congé au gouvernement, durant lequel ils se corrigeront de leur vice ; ils seront remplacés durant leur absence par un intérimaire et, une fois guéris, ils pourront reprendre leurs fonctions. Les mandarins subalternes auront un délai de six mois pour se déshabituer de la drogue ; s'ils ne peuvent rompre avec elle, ils conserveront leur rang, mais devront se désister de leur emploi. Ceux qui continueront à fumer secrètement perdront à la fois leur rang et leur emploi.

« Tous les professeurs, étudiants, officiers de terre et de mer, seront licenciés s'ils n'ont pas, dans un délai de trois mois, renoncé à l'opium.

« X. Le Waï-ou-pou (ministère des affaires étrangères) se référera auprès du représentant de l'Angleterre en Chine au sujet de la réduction annuelle d'opium indien, de façon à ce que cette importation cesse dans un délai de dix années. Il en sera de même à l'égard des autres puissances importatrices d'opium : Perse, colonies hollandaises, etc., mais au cas où ces pays se refuseraient à un arrangement dans ce sens, la Chine se réserve d'agir par elle-même en interdisant formellement l'importation. De sévères mesures seront mises en vigueur pour empêcher la contrebande.

« La morphine étant plus nuisible que l'opium lui-même, l'article 2 du traité Mackay de 1902 et l'article 16 du traité américain de 1903, devront être observés. En conséquence, l'importation, la fabrication et la vente de la morphine et des seringues qui servent à l'injecter est interdite à dater de ce jour en Chine, tant par les Chinois que par les étrangers.

« XI. Les vice-rois et hauts fonctionnaires sont chargés de la proclamation de ce décret par tout l'empire » (1).

Comme le prévoyait l'article X de l'édit, toutes ces mesures ne pouvaient porter des fruits qu'à la suite d'un accord avec l'Angleterre. Les nations, en effet, ne pourront lutter efficacement contre l'opium par des mesures législatives, qu'en vertu d'une entente internationale.

(1) Peut-on évaluer approximativement le nombre des fumeurs en Chine à cette époque ? Les chiffres sont des plus variables, car dans un pays aussi étendu et aussi mystérieux, il est difficile de savoir quelque chose de précis. En 1871, Martin écrivait que la moitié du peuple chinois se livrait à l'abrutissante drogue. D'après l'édit de 1906, le nombre aurait été de 30 à 40 p. 100. Le Yunnan paraît en fournir à lui seul 50 à 65 p. 100. Les femmes entreraient dans la proportion de 10 p. 100.

Les hommes se mettent à fumer, en général, à 18 ou 20 ans ; quelquefois on voit fumer des enfants de 10 à 15 ans.

D'après des calculs faits sur la production totale d'opium et le rendement par hectare, on a évalué à 2,000,000 d'hectares les surfaces cultivées en pavot. Les provinces du Sze-Tchouen et du Yunnan produiraient à elles seules la moitié de tout l'opium récolté en Chine (Gide, *op. cit.*, p. 60).

D'ailleurs, c'était en partie l'Angleterre qui avait suscité le décret chinois de 1906 ; car, après les élections générales de 1906 et le succès de sir Henry Campbell, la société anti-opiumique avait de nouveau porté la question devant le Parlement, et sir John Morley, secrétaire d'Etat de l'Inde, avait offert délibérément son concours au nom du gouvernement anglo-indien, pour favoriser toute tentative sérieuse que ferait la Chine à l'intérieur comme à l'extérieur de ses frontières, en vue de supprimer le commerce de l'opium. L'offre de sir Morley avait été communiquée au gouvernement chinois par le ministre des Affaires étrangères, sir Edward Grey ; c'est alors qu'avait été publié l'édit-ci-dessus.

L'Angleterre se déclara donc prête à aider la Chine, si elle désirait mener à bien l'œuvre libératrice qu'elle avait entreprise.

Par l'intermédiaire de son ministre à Pékin, le gouvernement anglais exprima le désir que les conseils municipaux des concessions anglaises veillassent à l'inderdiction de la vente d'ustensiles de fumeurs ; à la fermeture des fumeries d'opium situées dans leur ressort, dès que les autorités chinoises auraient ordonné la suppression des établissements similaires placés sous leur contrôle. Le gouvernement désirait aussi prendre des mesures contre la contrebande de l'opium préparé dans la colonie de Hong-Kong.

Se conformant au vœu formulé par la Chine, il avisa le gouvernement chinois, après avoir consulté celui de l'Inde, qu'il acceptait en principe de diminuer l'importation en Chine de l'opium indien, à raison d'un dixième par année, à condition que la production chinoise fut réduite dans la même proportion.

Un accord rédigé en ce sens et valable pour trois ans a été signé le 27 janvier 1908.

D'autre part, des mesures étaient prises pour restreindre la culture du pavot au Bengale. Celle-ci, pendant la période de 1901 à 1905, couvrait 615,000 acres; pour 1907-1908 elle n'a pas dépassé 562,000 acres.

En outre, à partir du 1er janvier 1908, l'Inde avait résolu de réduire de 5,100 caisses par an la quantité de ses exportations d'opium et celà jusqu'à la fin de 1917, époque où doit cesser le trafic de la drogue.

Mais les négociations ne devaient pas s'en tenir là. La Chine, prise d'un beau zèle, semblait vouloir mettre fin à son commerce d'opium avant la période convenue; elle pensait que d'ici un ou deux ans, le commerce de l'opium aurait vécu.

M. Max Muller, chargé d'affaires britannique, proposa à la Chine, en juillet 1910, de faire marquer tout l'opium partant de l'Inde à destination de la Chine, et en fait, bien qu'aucun règlement n'ait été pris à ce sujet, le gouvernement de l'Inde met une estampille sur l'opium destiné à la Chine.

Les négociations se poursuivirent pour obtenir le raccourcissement de la période d'application de l'accord de 1908, l'écoulement des stocks accumulés et l'exclusion de l'opium comme article de commerce; cette dernière mesure devant être appliquée par la dénonciation du traité de Tien-Tsin avant le 24 avril 1911.

La Chine demanda qu'au lieu d'une diminution graduelle se prolongeant sur sept années jusqu'au 31 décembre 1917, la fin du trafic eût lieu dès qu'elle-même aurait supprimé entièrement la production de l'opium indigène.

La Chine demandait en outre que si chaque province supprimait la culture du pavot et empêchait chez elle l'importation de l'opium indigène, l'Angleterre prohibât pareillement l'importation de l'opium indien dans ces mêmes provinces. L'entrée aurait pu être interdite par le refus de délivrer le laissez-passer nécessaire.

Le gouvernement britannique, trouvant des difficultés d'application à cette proposition, avait l'intention d'exclure l'opium indien de toutes les provinces de la Chine et de la Mandchourie, même des provinces dans lesquelles existaient des ports à traités, en exceptant provisoirement les sept provinces orientales de Shang-Tung, Kiang-Su, Kiang-Si, Anhui, Tche-Kiang, Fu-Kien et Kwang-Tung, La Chine répliqua que cette concession était plus apparente que réelle, puisque c'était surtout dans ces sept provinces que l'opium indien était importé, ces provinces consommant ensemble dix fois plus d'opium indien que tout le reste de l'empire chinois. La Chine consentait par contre à permettre la continuation de l'importation à Canton et à Shanghaï, les deux principaux ports d'entrée : ce contre quoi d'ailleurs protestèrent ces deux provinces.

Pour compenser les pertes du trésor chinois, le gouvernement britannique autoriserait l'élévation immédiate de 110 taëls à 330 taëls par picul de l'impôt sur l'opium indien.

Restait la question officielle de l'écoulement des stocks accumulés, soit 18,000 caisses d'une valeur de près de 4 millions de livres sterling. La Chine proposait de réduire l'exportation de l'Inde de 6,000 caisses par an pendant trois ans. Mais cette question n'est pas encore solutionnée.

Pendant que ces pourparlers se poursuivaient, des notables de Tien-Tsin se réunissaient le 7 novembre 1910 afin de former une association dont le but serait d'affranchir la Chine des obligations du traité de Tien-Tsin quant à l'opium. L'association publia son programme, dont l'objet essentiel était d'obtenir le droit immédiat d'interdire l'entrée de tout opium en Chine. Cette association, à la suite d'une campagne de presse retentissante, étendait son action à Pékin d'abord, où elle gagnait à sa cause de nombreux membres de l'Assemblée nationale consultative ; puis elle se forma en société nationale contre l'opium, avec des hommes influents à sa tête. Les adhésions affluèrent. Cinq princes impériaux et des ministres d'Etat exprimèrent l'intérêt qu'ils prenaient à la société. Des officiers de l'armée et de la marine lui donnèrent leur approbation. L'assemblée consultative vota pour l'année 1911 l'interdiction totale de tout commerce d'opium et de la plantation du pavot. Enfin, le prince régent approuva cet effort tenté en vue d'affranchir la Chine et fit paraître un édit recommandant aux vice-rois et gouverneurs de tout faire en leur pouvoir pour débarrasser le pays du fléau de l'opium. En même temps, l'association nationale adressa au roi Georges V une pétition signée de 30,000 noms chinois, où elle faisait appel à Sa Majesté britannique pour faire cesser, dès maintenant, l'importation de l'opium des Indes, au lieu d'attendre encore sept ans.

Tous ces efforts ne demeurèrent pas stériles et un nouvel accord fut conclu entre la Grande Bretagne et la Chine, le 8 mai 1911. L'Angleterre reconnaissait la sincérité du gouvernement chinois et la diminution de la production de l'opium en Chine au cours de ces trois dernières années ; aussi consentait-elle à continuer l'arrangement conclu en 1908 pour une période de sept années dans les conditions suivantes :

ARTICLE 1er. — Pendant les sept prochaines années, la Chine diminuera annuellement la production de l'opium indigène dans la même proportion que celle dans laquelle sera diminuée l'importion annuelle de l'Inde

ART. 2. — La Chine ayant adopté une politique rigoureuse en vue de prohiber la production, le transport et l'usage de l'opium indigène, le gouvernement anglais accepte que l'exportation de l'opium de l'Inde prendr. fin d'ici moins de sept années, s'il est prouvé que la production de l'opium indigène a complètement cessé.

ART. 3. — Le gouvernement anglais consent à ce que l'opium indien ne soit pas introduit dans toutes les provinces de la Chine qui auront supprimé la culture et l'importation de l'opium indigène ; toutefois la fermeture des ports de Canton et de Shanghaï à l'importation de l'opium indien ne s'effectuera qu'en dernier lieu.

ART. 4. — Durant la période de la convention, le gouvernement anglais sera autorisé a obtenir des preuves continues de la diminution de la culture de l'opium, au moyen d'enquêtes locales dirigées par les agents britanniques.

ART. 5. — La Chine pourra envoyer un agent dans l'Inde pour surveiller les ventes d'opium ; mais sans que cet agent soit autorisé à intervenir.

ART. 6. — Le gouvernement anglais consent à augmenter le droit qui est actuellement de 350 taëls par caisse, l'augmentation prenant effet simultanément avec l'imposition d'un droit d'accise équivalent sur l'opium indigène.

ART. 7. — Tant que l'article additionnel de l'accord de Tchefoo sera en vigueur, la Chine supprimera toutes les restrictions qui portent actuellement sur le commerce de l'opium indien dans les provinces.

ART. 8. — En 1911, le gouvernement indien délivrera des permis d'exportation pour 3.000 caisses, en réduisant progressivement le nombre jusqu'à l'extinction du commerce d'exportation en 1917.

D'après les articles 9 et 10, cet accord pourra être révisé à toute époque par consentement mutuel et il entrera en vigueur à la date où il aura été signé.

Des difficultés se sont déjà élevées entre l'Angleterre et la Chine pour l'application des articles 3 et 7 de ce traité. S'appuyant sur l'article 3, le gouvernement chinois a demandé à l'Angleterre de supprimer l'importation de l'opium indien en Mandchourie, dans le Sze-Tchouen et le Chan-Si, ces trois provinces ayant évidemment supprimé la culture et l'importation indigène. Le ministre d'Angleterre ne conteste pas le fait, mais invoque l'article 7, en disant que non seulement la Chine n'aurait pas supprimé à Canton les taxes sur l'opium, mais en aurait créé de nouvelles ; donc, tant que la Chine ne respecte pas l'article 7, l'Angleterre n'est pas tenue de respecter l'article 3. Le gouvernement de Pékin n'a pas nettement pris parti, mais a déclaré que les vice-rois et gouverneurs seront responsables des retards apportés par leur faute et au détriment du bien général, à la prohibition.

Après le premier accord avec l'Angleterre, un nouvel édit impérial paraissait le 22 mars 1908 qui, après avoir remercié les étrangers et félicité l'Angleterre de sa promesse de réduire le chiffre d'importation, avait pour but de prescrire aux autorités locales de tenir de plus en plus la main à la répression. « Si notre peuple ne sait se conformer sérieusement à l'interdiction, comment pourrons-nous répondre à l'amitié des nations étrangères, et comment pourrons-nous contenter les négociants étrangers qui ont bon cœur pour nous aider dans cette tentative ? »

En plus, comme parmi les fonctionnaires un certain nombre avait traité le mouvement antiopiumique avec indifférence, faisait même opposition au gouvernement et continuait à s'adonner à l'opium, au mois de juillet 1908, le Conseil supérieur de l'Empire ordonna à Pékin l'ouverture d'un établissement spécial destiné à l'examen des fonctionnaires qui usaient de la drogue. Cet établissement prit la désignation de bureau de l'opium. Les fonctionnaires durent s'y rendre sur simple avis du mandarin-directeur, afin qu'on les soumît à un traitement. En cas de refus de leur part, ils devaient être immédiatement déchus de leurs fonctions. Le règlement du bureau était le suivant :

« I. Aucun fonctionnaire appelé dans l'établissement ne pourra avoir de serviteur avec lui.

« II. Il ne pourra apporter aucune provision avec lui.

« III. Les heures pour les repas et le sommeil seront fixées par les fonctionnaires du bureau.

« IV. Les drogues telles que la morphine, l'opium,

vins médicamenteux, etc., ne pourront être introduits dans l'établissement ; tout fonctionnaire qui enfreindrait ceci serait immédiatement dégradé.

« V. Aucun ami ni aucune relation ne pourra visiter tout fonctionnaire gardé dans l'établissement, sauf en cas d'affaire urgente et en présence du fonctionnaire de cet établissement.

« VI. En cas de maladie, un docteur sera attaché à l'établissement ; mais les malades auront la faculté d'appeler un autre docteur en consultation. Aucun médicament cependant ne pourra être administré par tout autre que le médecin officiel. Si la maladie est très sérieuse, le patient pourra être transporté chez lui ; mais aussitôt guéri, il reviendra à l'établissement pour un nouvel examen.

« VII. Quand la guérison de l'habitude de l'opium aura été constatée, un certificat sera donné et le fonctionnaire reprendra ses droits.

« VIII. Au cas où un fonctionnaire guéri serait accusé d'avoir repris son habitude, il sera ramené pour examen, et si l'accusation est fondée, il sera immédiatement dégradé.

« Tous les fonctionnaires envoyés à l'établissement seront traités de la même façon ; quel que soit leur rang. Ils seront fouillés à leur arrivée. »

Sur l'initiative des quatre commissaires qui devaient faire exécuter les ordres impériaux, il fut établi des certificats où devait être mentionné l'état exact du porteur par rapport à l'opium. Chaque fonctionnaire dut se munir de cette pièce et y apposer son nom dans la catégorie où il estimait devoir se ranger. Ces catégories étaient au nombre de cinq :

1° Les fonctionnaires qui ont fumé l'opium pendant un temps, mais qui en ont perdu l'habitude ;

2° Ceux qui n'en ont jamais fait usage ;

3° Les fumeurs habituels qui entreprennent de se guérir eux-mêmes en un certain laps de temps déterminé.

4° Ceux qui ont déclaré avoir perdu l'habitude mais depuis s'être laissés aller à fumer en cachette ;

5° Ceux qui fumant peu ont jusqu'à ce jour éludé les règlements édictés.

Les certificats une fois remplis par les intéressés eux-mêmes, d'après ces indications, étaient retournés à l'un des quatre ministères dont ils faisaient partie et tout fonctionnaire soupçonné de fausse déclaration était soumis sur le champ à l'examen du bureau de l'opium, où il restait en observation pendant une semaine (1).

Enfin, un autre édit impérial du 19 octobre 1908, stipulait que le délai accordé pour la suppression totale de la consommation de l'opium et de la culture du pavot était abaissé à cinq ans.

La Chine faisait donc des efforts pour se libérer de l'opium ; mais, ainsi que nous l'avons vu, ces efforts ne peuvent donner des résultats que si les différents pays s'entendent d'abord pour lutter chez eux contre l'opium ; ensuite pour s'entr'aider dans la lutte et faire respecter sur leurs territoires les décisions prises par tous d'un commun accord. C'est dans cette vue que les États-Unis

(1) Cf. MILLANT, *op. cit.*, p. 246-247

prirent l'initiative de la convocation d'une Commission internationale d'enquête, qui se réunit à Shanghaï, le 1er février 1909. Cette Commission joua d'ailleurs un rôle assez effacé.

Douze puissances étaient représentées : l'Allemagne, la Chine, les États-Unis, la France, la Grande-Bretagne, le Japon, les Pays-Bas, la Perse, le Portugal, la Russie, le Siam et la Turquie.

Le vice-roi Toang-Fang, dans un discours de bienvenue, déclara que depuis 1906, la consommation de l'opium avait diminué de moitié. Il ne faudra pas, ajoutait-il, pour la suppression totale de l'opium, plus de deux ans, au lieu du délai de dix ans assigné. D'après lui, un monopole de gouvernement serait nécessaire pour assurer le contrôle plus effectif du mouvement et de la vente de l'opium ; mais il craignait que l'établissement d'un pareil monopole ne fût contraire aux traités et recommandait cette question à l'attention de la Commission. Les progrès qui restaient à faire dépendaient beaucoup de la bonne volonté des autres puissances.

La présidence fut donnée au premier délégué américain, l'évêque anglican Brent. La Commission d'ailleurs se borna à émettre des propositions générales et à exprimer des vœux, comme aurait pu le faire un Congrès dont les membres n'auraient pas été investis d'un mandat officiel. Voici les résolutions adoptées :

1° La Commission internationale de l'opium reconnaît la sincérité inébranlable de la Chine dans ses efforts pour extirper la production et la consommation de l'opium dans l'étendue de l'Empire ; elle reconnaît églement la nombre grandissant de ses sujets qui soutiennent ce courant d'opinion ainsi que les progrès actuellement réalisés bien qu'inégaux, dans un but d'une aussi grande ampleur ;

2° En vue de l'action prise par le gouvernement chinois pour la suppression de la pratique de l'opium, ainsi que d'autres gouvernements l'ont fait, la Commission internationale recommande que chaque délégation incite son gouvernement à prendre des mesures pour arriver à supprimer graduellement la pratique de l'opium sur son territoire et ses possessions en s'inspirant des différences spéciales à chaque pays :

3° La Commission internationale estime que l'usage de l'opium, pour tout autre usage que médicinal, est considéré par presque toutes les nations convoquées comme matière à prohibition ou à réglementation sévère ; que chaque pays tend à progressivement augmenter la sévérité des règlements à ce sujet. En enregistrant ces conclusions, la Commission internationale de l'opium reconnaît la grande différence existant entre les différentes conditions dans lesquelles les diverses nations se trouvent ; mais elle désirerait attirer l'attention des gouvernements intéressés sur l'utilité qu'il y aurait à réviser leurs règlements dans le sens des autres nations qui ont à traiter le même problème ;

4° La Commission internationale reconnaît que chaque gouvernement représenté possède des lois strictes, ayant pour but direct ou indirect de sévir contre la contrebande de l'opium, ses alcaloïdes, ses dérivés et préparations ; il est dans l'esprit de la Commission internationale de l'opium qu'il est du devoir de chaque pays d'adopter ses mesures raisonnables en vue d'empêcher le départ et l'embarquement de l'opium et ses dérivés ;

5° La Commission internationale considère que la fabrication non réglementée, la vente et la distribution de la morphine constituent actuellement un grave danger, l'habitude de la morphine montrant des tendances à augmenter ; la Commission insiste donc auprès de tous les gouvernements pour les inviter à prendre des mesures énergiques, chacun en ce qui le concerne, pour contrôler la fabrication, la vente et la distribution de cette drogue, ainsi que les autres dérivés de l'opium, une enquête sciencifique pouvant démontrer les mauvais effets de tels produits ;

6° La Commission internationale n'est pas constituée de telle sorte qu'elle puisse faire une enquête au point de vue scientifique sur les remèdes contre l'opium, ainsi que sur les propriétés de ses dérivés, mais elle estime qu'une enquête en ce sens serait de la plus haute importance ; elle désire donc que chaque délégué recommande à son gouvernement de prendre en ce sens telles dispositions qu'il juge nécessaires ;

7° La Commission internationale de l'opium invite vivement les nations ayant des possessions ou des concessions sur le territoire chinois, et qui n'auraient pas encore pris des mesures effectives en vue d'y fermer les fumeries d'opium, à prendre une décision dans ce sens, dès qu'elles le jugeront possible et dans le sens déjà adopté par les autres gouvernements ;

8° La Commission internationale de l'opium recommande vivement à chaque délégation d'inviter son gouvernement à entrer en négociations avec le gouvernement chinois, en vue de prendre des mesures effectives et rapides pour la prohibition de la fabrication et de la vente dans les différentes concessions en territoire chinois de remèdes dits « anti-opium » et qui contiennent de l'opium ou de ses dérivés ;

9° La Commission internationale de l'opium recommande à chaque délégation de prier son gouvernement de faire appliquer ses lois visant les produits pharmaceutiques dans les districts consulaires, concessions et établissements en Chine. »

Comme on peut le voir, il n'y a là que des vœux platoniques : néanmoins, l'attention des peuples est en éveil. Ces vœux constitueront en outre la base des travaux d'une deuxième Conférence internationale qui devait tenir ses assises à la Cour de La Haye, le 31 mai 1911 ; mais qui ne s'est réunie que le 1er décembre dernier.

Cette Conférence, certains l'appelaient de tous leurs vœux ; d'autres, au contraire, la tournent un peu en ridicule et même la redoutent. M. de Pouvourville estime que la Chine ne veut nullement se débarrasser de l'opium et ne fait rien pour cela ; que même le maintien du caractère chinois avec toutes ses habitudes est la plus forte garantie de la tranquillité en Asie : que cette tranquillité est le principal souci de la France en Asie et qu'elle seule peut nous permettre de conserver notre empire extrême-oriental. Le même auteur ajoute que le Japon partage cette opinion et que la Perse et l'Autriche se rangeront de son côté, à cause de leurs intérêts financiers. La Perse ne demande qu'à voir son commerce d'opium s'étendre, lorsque la Chine ne sera plus pourvue par l'opium anglo-indien ; et comme la Perse n'a pas de capitaux, des capitalistes allemands et surtout autrichiens ont déjà jeté les bases d'un consortium pour la culture en grand et l'exportation du pavot et de son produit. En ce qui concerne l'Indo-Chine, l'auteur espère que la cause française ne sera pas sacrifiée a priori aux objurgations sentimentales et aux avantages commerciaux des étrangers (1).

Quelle que soit l'opinion que l'on ait sur l'efficacité et l'opportunité de la Conférence, voici les diverses parties du programme soumis par les Etats-Unis aux différentes puissances qui sont représentées à La Haye.

1° Adoption de lois et règlements uniformes dans les divers pays pour contrôler la production, la fabrication et la vente de l'opium et de ses extraits ;

2° Opportunité de restreindre le nombre des ports par lesquels l'opium pourrait être exporté par voie maritime hors des pays producteurs d'opium ;

3° Mesures de garantie à prendre pour empêcher l'exportation d'opium vers les pays consommateurs ;

4° Opportunité de faire échange de statistiques relatives aux exportations d'opium ;

5° Réglementation par l'union postale universelle des lettres, boites, échantillons, paquets et colis postaux renfermant de l'opium ;

6° Réduction ou surveillance de la culture du pavot, à

(1) *Dépêche coloniale*, 1er et 4 juillet 1911.

l'effet d'empêcher que des pays non producteurs (ou petits producteurs) ne s'appliquent à cette culture dans l'espoir de prendre sur le marché les places peu à peu abandonnées par les Indes britanniques et la Chine ;

7° L'extension de la législation métropolitaine, relative à la pharmacie, aux nationaux dans les districts consulaires, concessions et établissements en Chine ;

8° Nécessité de réviser les traités internationaux pouvant être invoqués en matière d'opium ;

9° Elaboration de sanctions pénales uniformes relatives à la violation des conventions internationales relatives à l'opium ;

10° Avantage d'un système uniforme de marques sur les récipients contenant de l'opium, confiés à des moyens de transport internationaux ;

11° Etablissement de permis à délivrer aux exportateurs d'opium et de ses extraits ;

12° Droit de visite à exercer par chacune des puissances adhérant à la Conférence, sur des vaisseaux appartenant à une autre puissance adhérente et suspecte de faire la contrebande de l'opium ;

13° Mesures à prendre pour empêcher un vaisseau transportant de l'opium d'employer un pavillon auquel il n'a pas droit ;

14° Etablissement d'une Commission internationale chargée de pourvoir à l'exécution des mesures auxquelles les puissances intéressées auront donné leur agrément.

La première séance plénière de la Conférence internationale de l'opium a eu lieu le 1er décembre 1911 à La Haye, dans la salle des Trèves. Les délégués pour la

France sont MM. Brenier, inspecteur-conseil des services agricoles et commerciaux de l'Indo-Chine, ancien délégué de l'Indo-Chine à la Commission internationale de l'opium à Shanghaï ; Guesde, administrateur des services civils de l'Indo-Chine; le Dr Gaide, médecin-major des troupes coloniales.

Après un discours de M. de Marees van Swinderen, Ministre des Affaires étrangères des Pays-Bas, le Révérend Ch. Brent, premier délégué des Etats-Unis, fut nommé président.

A la deuxième séance, la Conférence décida que les délibérations seraient secrètes, mais qu'un Comité serait chargé d'organiser un service de communication à la presse.

Dans les séances suivantes, la Conférence a adopté un certain nombre de résolutions tendant : à faire élaborer par chaque gouvernement des lois efficaces ainsi que des règlements pour contrôler la production et le commerce de l'opium ; à faire limiter par chacun des gouvernements représentés à la Conférence, le nombre des endroits où l'exportation ou l'importation de l'opium sera permise, en tant que les conditions particulières du commerce ne s'y opposent pas ; à empêcher l'exportation d'opium brut dans les pays qui en ont défendu l'importation ; à défendre l'exportation et l'importation de l'opium par toute entremise autre que celle des personnes désignées à cet effet. La Conférence a adopté aussi une proposition anglaise en vertu de laquelle l'opium brut destiné à l'exportation devra être pourvu d'une étiquette ou d'une marque déclarant le contenu. — la délégation allemande fit ajouter cette restriction : sauf pour les envois de moins de cinq kilos ; — le vœu de voir régler par l'union postale les envois d'opium faits par la poste ; une proposition chinoise en vertu de laquelle les Etats s'engageraient à défendre pour la Chine l'exportation d'opium, autre que celui vérifié par le gouvernement des Indes anglaises, ainsi que l'opium persan et turc dont l'importation doit être défendue en Chine à partir du 1er janvier 1912 ; une résolution par laquelle on conclut, en principe, à la limitation graduelle de la préparation, de la consommation et du commerce de l'opium préparé, en considération toutefois des circonstances particulières dans lesquelles se trouvent les pays en question : une résolution exprimant le désir de faire examiner par les différents gouvernements à quel point il serait possible de faire tomber sous les coups de la loi la possession illégale de la morphine, de la cocaïne et de leurs sels respectifs ; une autre résolution tendant à ce que chaque gouvernement s'engage à limiter la préparation, la vente et l'usage de la morphine, de la cocaïne, etc., uniquement à l'usage médical et licite.

Deux résolutions concernant les mesures à prendre pour la limitation de l'importation de la morphine, de la cocaïne et de leurs sels respectifs ainsi que de l'exportation de ces produits dans les pays, les colonies et les contrées où existe la ferme de l'opium ont été adoptées. Il a été décidé aussi que toutes les conclusions prises par la Conférence, relatives à la morphine et à la cocaïne seront applicables à l'opium médicinal, aux préparations contenant plus de 0,2 p. 100 de morphine, ou 0,1 p. 100

de cocaïne ; à l'héroïne, ses sels et ses préparations contenant plus de 0,1 p. 100 d'héroïne ; à la codéine, ses sels et ses préparations, contenant 0,4 p. 100 de codéine, enfin aux narcotiques analogues nouveaux.

On adopte ensuite une résolution présentée par les Pays-Bas, qui émet le vœu de voir l'étude du cannabis indica entreprise par les différents gouvernements au point de vue scientifique et statistique, afin de combattre l'abus de ce produit. Enfin, une proposition de la délégation américaine en vertu de laquelle les puissances se communiqueront aussi vite et aussi complètement que possible toutes les lois et tous les règlements existants ou à prendre pour l'exécution des articles de la convention de l'opium à conclure, ainsi que les données concernant le commerce de l'opium, de la morphine, etc., par l'intermédiaire du Ministre des Affaires étrangères des Pays-Bas, a été également adoptée.

Sur d'autres points, la conférence avait longuement discuté, mais sans aboutir à des résultats pratiques.

Les travaux ont été suspendus pour reprendre dans le courant de janvier.

Après plusieurs nouvelles séances, on aboutit enfin à une convention qui fut signée le 23 janvier 1912, par les douze délégués plénipotentiaires des puissances représentées à la conférence.

Cette convention comprend vingt-six articles, répartis sur six chapitres.

Le chapitre I traite de l'opium brut et de la définition de ce produit. « Les Puissances contractantes s'engagent à limiter, en tenant compte des différences de leurs conditions commerciales, le nombre des villes, ports ou autres localités par lesquelles l'exportation ou l'importation de l'opium brut sera permise.

« Les Puissances contractantes prendront des mesures : *a*) pour empêcher l'exportation de l'opium brut vers les pays qui en auront prohibé l'entrée ; *b*) pour contrôler l'exportation de l'opium brut vers les pays qui en limitent l'importation. Tout colis contenant de l'opium brut destiné à l'exportation, sera marqué de manière à indiquer son contenu, pourvu que l'envoi excède 5 kilogrammes. L'importation et l'exportation de l'opium brut ne pourront être faites que par des personnes dûment autorisées ».

Le chapitre II est relatif à l'opium préparé dont il est donné définition. « Les Puissances contractantes prendront des mesures pour la suppression graduelle et efficace de la fabrication, du commerce intérieur et de l'usage de l'opium préparé, dans la limite des conditions différentes propres à chaque pays. Les puissances qui ne sont pas encore prêtes à prohiber immédiatement l'exportation de l'opium préparé la prohiberont aussitôt que possible. Ces dernières restreindront le nombre des ports, villes ou autres localités par lesquels l'opium préparé pourra être exporté, de même qu'elles prohiberont l'exportation de l'opium préparé vers les pays qui en interdisent ou pourront en interdire plus tard l'importation ».

Le chapitre III comprend les mesures prises pour l'opium médicinal, la morphine, la cocaïne, etc., de même que la définition de ces produits. « Les Etats devront édicter des lois ou des règlements pour limiter la fabrication, la vente et l'emploi de la morphine, de la cocaïne et de leurs sels respectifs aux seuls usages médicaux et légitimes. Ils coopéreront entre eux afin d'empêcher l'usage de ces drogues pour tout autre objet. Les puissances s'efforceront de contrôler tous ceux qui fabriquent, importent, vendent, distribuent et exportent la morphine, la cocaïne et leurs sels respectifs, ainsi que les bâtiments où ces personnes exercent cette industrie ou ce commerce.

« Des mesures sont prises aussi pour prohiber dans leur commerce intérieur toute cession de morphine, de cocaïne et de leurs sels respectifs à toutes personnes non autorisées ».

Le chapitre IV concerne les puissances qui ont des traités avec la Chine ; elles s'engagent à prendre, de concert avec le Gouvernement chinois, les mesures nécessaires pour empêcher l'entrée en contrebande, tant sur le territoire chinois que dans leurs colonies d'Extrême-Orient et sur les territoires à bail qu'elles occupent en Chine, de l'opium brut et préparé, de la morphine, de la cocaïne et de leurs sels respectifs.

En vertu de l'art. 20 du chapitre V, les puissances contractantes examineront la possibilité d'édicter des lois ou des règlements rendant passible de peine la possession illégale de l'opium brut, de l'opium préparé, de la morphine, de la cocaïne et de leurs sels respectifs.
« Les Puissances se communiqueront les textes des lois et règlements concernant les matières visées par la présente convention ou édictés en vertu de ses clauses,

ainsi que les renseignements statistiques concernant l'opium ».

Le chapitre VI contient les dispositions finales par lesquelles les puissances non représentées à la conférence seront admises à signer la présente convention. Dans ce but, le Gouvernement des Pays-Bas invitera toutes les puissances de l'Europe et de l'Amérique non représentées à la conférence.

Il est à craindre, en présence du vague de ces formules et des restrictions qui y sont contenues, que cette conférence ne marque pas encore une étape décisive dans la lutte contre l'opium et qu'elle ne donne que des résultats peu appréciables.

§ 2. — Difficultés d'application de ces remèdes.

Ces différents remèdes contre l'opium, tirés soit de la législation de chaque pays, soit d'ententes internationales, ne sont pas aussi aisés à mettre en pratique qu'on pourrait le croire tout d'abord. Il semble, en effet, surtout dans les pays où le pouvoir est absolu, qu'il n'y a qu'à commander pour être obéi et que d'un trait de plume on peut défendre ou réglementer l'usage de l'opium. Il n'en est pas ainsi, et pratiquement on se heurte à des difficultés presque insurmontables.

On se trouve d'abord en présence de la passion du gain, qui est assez forte chez certains individus et même chez certains peuples, pour faire braver les peines les plus sévères, et pour faire accomplir les actes les plus immoraux. Le gouvernement veut-il appliquer la réglementation : l'enregistrement des fumeurs, la limitation de l'opium à céder à chacun, l'interdiction de l'entrée des fumeries à certaines personnes ? la fraude vient déjouer ses plans. Les tenanciers de boutiques ont intérêt à vendre le plus possible; et ils passent outre. En Birmanie, on fut obligé de mettre un fonctionnaire à la porte de chaque boutique d'opium, et encore, comme cela arrive souvent surtout en Orient, les Chinois réussissaient à acheter le fonctionnaire.

Dans les pays de monopole, ou dans les pays où l'on a cherché à diverses reprises à appliquer le système prohibitif, l'appât du gain est encore plus tentant, et la contrebande s'exerce sur toute la ligne. L'énorme différence du prix qui existe entre le prix d'achat et le prix de vente de la drogue dans les pays de monopole comme en Cochinchine, ne peut manquer d'exciter la tentation, des Chinois surtout. Quand on songe que l'opium de Bénarès qui se vend à Calcuta 12 à 15 piastres est livré par le gouvernement de Saïgon à raison de 121 piastres, on comprend les bénéfices qu'on peut réaliser de ce fait. Dans les pays où existe la prohibition, les contrebandiers se font payer d'autant plus cher, que les risques sont plus grands. Et en fait, toutes les fois que le prix de l'opium a été élevé, ou que la prohibition est devenue plus sévère, ces mesures n'ont guère profité qu'au commerce clandestin.

Les fonctionnaires, comme nous l'avons dit pour la fraude, se laissent facilement acheter. Dans les différentes phases de la lutte que la Chine eut à soutenir contre l'opium indien, la corruption avait atteint même les agents supérieurs des douanes, qui avaient intérêt à fermer les yeux. Aussi nous avons vu la drogue s'infiltrer lentement mais sûrement parmi les Chinois, malgré les châtiments les plus sévères. Cette contrebande était faite surtout par des bateaux portugais et anglais. Les Anglais avaient inventé des bateaux fixes (receiving ships) qui, pour ne pas éveiller l'attention des autorités chinoises, se tenaient à faible distance des ports, et à la faveur de la nuit, livraient la marchandise prohibée à des barques de contrebande. Plus tard, afin de faciliter encore davantage la diffusion de la drogue, on la désigna sous le nom de ian-io (médecine étrangère); et grâce à ce stratagème elle fit de libres progrès dans la consommation.

Même dans les pays où la douane est bien organisée, et où les douaniers remplissent leur mission consciencieusement, parfois avec trop de zèle au dire des indigènes (1), la contrebande s'exerce quand même. Nous en avons un exemple en Indo-Chine. Comment lutter, en effet, avec une poignée d'hommes contre les Chinois qui sont les plus rusés contrebandiers de l'Ancien et du Nouveau-Monde, sur des frontières de plusieurs milliers de kilomètres, dont plus d'un millier de côtes accessibles presque partout ? Et en fait, on estime que dans ce pays il se consomme les trois cinquièmes d'opium de contrebande.

(1) En Indo-Chine, les bénéfices des douaniers qui saisissent l'opium sont suffisants pour permettre à certains chefs des services actifs des douanes d'entretenir à Hong Kong et Shangaï, des indicateurs, eux-mêmes vendeurs d'opium, qui télégraphient à Saïgon, donnant toutes les indications suffisantes pour qu'on découvre aisément la contrebande (*Dépêche coloniale*, 22 août 1911).

Au Tonkin, on établit plusieurs postes sur le fleuve Rouge, mais les contrebandiers suivirent un haut plateau, et par des sentiers de chèvres, se moquèrent des deux rangées de douaniers qui montaient la garde au fond de la vallée.

Au Laos, la contrebande sévit plus que partout ailleurs. Le Laos est en effet voisin des États Shans, circonscription administrative de la Birmanie, où la culture du pavot est très répandue, et où il nous est très difficile de nous défendre, le Mékong ne pouvant être considéré comme un obstacle sérieux. Les indigènes, en outre, récoltent de l'opium dans la région montagneuse du Haut-Laos et sur le plateau de Tranninh. Ces indigènes sont des descendants des races chinoises, Méos, Hos, Yaos, venus du Yunnan ; populations qui vivent de la vie nomade, par groupements familiaux ; leurs champs de pavots se trouvent à 1200 ou 1500 mètres d'altitude. Pour obtenir ces champs, ils coupent les arbres de la forêt à un mètre du sol environ ; puis y mettent le feu ; les cendres sont employées par eux comme engrais. Théoriquement, tous les indigènes qui récoltent l'opium sont tenus de se faire inscrire au bureau des douanes et de remettre au commissaire du gouvernement les quantités d'opium qu'ils n'utilisent pas pour leur usage personnel ; mais cela n'est pas observé. C'est à peine si une moitié de l'opium récolté au Laos est acquis par les douanes ou consommé par les indigènes, le reste est déversé en contrebande sur l'Annam et le Tonkin ; nous devons donc nous protéger aussi contre l'opium indigène.

Dans l'archipel des Philippines, la surveillance est

aussi difficile à exercer, et la contrebande introduit encore des quantités appréciables d'opium malgré l'interdiction officielle. Il en est de même aux Indes Néerlandaises, au Siam, où le monopole subit de graves atteintes.

Il faut dire à la décharge des douaniers que les ruses employées pour introduire l'opium en contrebande sont innombrables. A l'intérieur du pays, c'est le radeau de bambou qui transporte les produits de la forêt : il porte de l'opium en dessous et en contient jusque dans ses profondeurs. Le milicien qui amène le contrebandier au poste a de l'opium dans le canon de son fusil, tandis que son prisonnier est trouvé les poches vides. Un Annamite passe, la tête haute, la cigarette aux lèvres, tandis que son chignon contient de l'opium. Sur les côtes, les douaniers ne manquent pas non plus de déboires : les mâts évidés des bateaux contiennent la drogue ; l'ancre au fond de la vase recèle dans son enveloppe métallique plusieurs kilos d'opium ; les Chinois qui débarquent en portent dans la semelle de leurs chaussures ; les femmes simulent une grossesse, alors que sous leurs vêtements on trouve de l'opium.

Et la répression est d'autant plus difficile que la contrebande est faite par des sociétés parfaitement organisées dont les ramifications s'étendent à tous les ports d'Extrême-Orient. Lorsqu'un délit est constaté, on se trouve en présence d'un coolie quelconque, sans qu'on puisse jamais mettre la main sur les chefs (1).

(1) Cf. CLAIR, *loc. cit.*, p. 35 et suiv.

En présence de cette contrebande effrénée, certains pays ont cherché d'autres moyens pour se préserver. C'est ainsi qu'à Formose, le gouvernement a fixé le prix de l'opium tellement bas, que l'opium de Chine ne peut entrer en concurrence avec lui, et que les fraudeurs ne peuvent réaliser aucun bénéfice. Au Tonkin, l'administration a été amenée à vendre son opium dans les régions frontières, à un prix égal ou même inférieur à celui offert par la contrebande : c'est l'opium de zone.

A Batavia, où existe une manufacture très bien montée (1), le gouvernement a adopté un système ingénieux tant dans la préparation de l'opium que des tubes qui le contiennent. L'opium, mélange d'opium des Indes et opium du Levant, acquiert une composition et une saveur particulières qui ne peuvent être imitées ; et les tubes métalliques, qui rappellent ceux adoptés pour les couleurs des peintres, une fois ouverts, ne peuvent plus être utilisés sans qu'on s'en aperçoive.

En Indo-Chine, sur la proposition du Dr Calmette, on a adopté un système qui permet de déceler la contrebande par simple saisie d'un échantillon d'opium. A la bouillerie de Saïgon, on met sur chaque boîte un numéro correspondant à la masse contenue dans le vaste récipient de 1000 kilos où passe le chandoo avant d'être mis en boîtes ; un échantillon est prélevé et envoyé au laboratoire pour être analysé ; toute boîte, saisie dans la circulation, dont l'analyse ne donne pas les mêmes résul-

(1) Cette manufacture fabrique du chandoo et un produit inférieur appelé tickee (GIDE, *op. cit.*, p. 145).

tats que ceux portés par le numéro correspondant est déclaré opium de contrebande.

C'est encore l'âpreté au gain qui a poussé l'Angleterre à aller jusqu'à faire la guerre à la Chine, alors que ce pays, par des mesures diverses, plus ou moins couronnées de succès, cherchait à empêcher l'usage et l'importation de l'opium chez lui. L'Angleterre n'a pas voulu admettre que le merveilleux débouché qu'était la Chine pour l'opium indien lui fut fermé.

Il ne sera pas sans intérêt de suivre à ce point de vue spécial la marche du commerce de l'opium aux Indes, commerce qui jusqu'à nos jours non seulement a empêché le gouvernement anglais d'aider la Chine dans ses luttes contre le poison, mais encore, à certaines époques, l'a forcée à le recevoir.

Aux Indes, depuis que l'on avait pris l'habitude de consommer l'opium, c'étaient les Musulmans qui détenaient le monopole de sa fabrication. Après la victoire de Clive à Plassey, en 1757, le privilège tomba aux mains de la Compagnie des Indes.

En 1780, le colonel Watson et le vice-résident Wheeler proposaient au Conseil de Calcutta de tirer profit du goût des Chinois pour l'opium. Leur idée fut adoptée, et à la suite des premiers succès, la Compagnie obtint le monopole de la vente. Comme nous l'avons vu, malgré les prohibitions chinoises, l'opium envahissait de plus en plus l'Empire du Milieu. En 1821, le trafic s'élevait à 30 millions de francs; en 1832 à près de 80 millions de francs. En 1837, le chiffre d'exportation de thé, soies, etc., s'élevait à la somme de 78.689.925 fr.;

tandis que le chiffre d'importation des métaux, du coton, etc., s'élevait à celle de 140.426.300 francs ; somme dans laquelle l'opium entrait pour 86.380.925 fr. ; la balance du commerce accusait donc en faveur de l'Angleterre une somme de 61.736.375 francs. La valeur monétaire de la drogue vendue aux Chinois, l'emportait sur celle du thé ; et la suppression de ce trafic aurait fatalement entraîné un désastre financier pour le commerce anglais (1).

Le gouvernement, poussé par ces considérations financières plutôt que par des considérations morales et humanitaires, se décida à frapper un grand coup. Les mesures prises par la Chine avaient porté atteinte aux intérêts du trésor indien, et bien que certains négociants anglais établis à Canton eussent accepté volontiers ces mesures prohibitives et se fussent engagés à ne plus favoriser la vente de la drogue, l'Angleterre éprouvait des déficits et les intérêts de la mère-patrie n'auraient pas tardé à subir le contre-coup de cette situation. Aussi, profitant de ce qu'au printemps de 1839 le gouvernement chinois avait enjoint à des bateaux anglais chargés d'opium, qui stationnaient dans la rivière de Canton, de prendre le large et ceux-ci s'y étant refusés, avait fait jeter à la mer 20.291 caisses d'opium d'une valeur d'une cinquantaine de millions, elle déclara la guerre à la Chine : ce fut la guerre de l'opium.

La déclaration de guerre fut présentée aux Chambres par la reine Victoria, le 3 avril 1840. Après des débats

(1) Cf. MARTIN, *op. cit.*, p. 69-70.

mouvementés, le Parlement vota les subsides s'élevant à 150,000 livres sterling.

Après des hostilités qui durèrent deux ans, on aboutit au traité de Nankin daté du 29 août 1842 et ratifié à Shanghaï le 26 juin 1843. Il comprend treize articles par lesquels la Chine ouvre cinq ports au commerce anglais : Canton, Shanghaï, Tout-Chao, Ning-Po et Sindao : cède à l'Angleterre, en toute propriété, l'île de Hong-Kong, consent à indemniser les contrebandiers, à payer les frais de guerre et à créer des relations officielles.

Le résultat ne se fit pas attendre : bien que la prohibition subsistât officiellement en Chine, l'opium y pénétrait maintenant avec la plus grande facilité. De 1839 à 1840, l'importation de cette drogue avait été de 20,000 caisses ; de 1849 à 1850 de 52,925 caisses ; de 1854 à 1855 de 78,350 caisses. A cette époque, en 1854, la Compagnie des Indes, qui avait conservé le privilège exclusif de la culture et de la vente de l'opium dans tout l'Hindoustan, cessa d'exister en tant que compagnie commerciale et le gouvernement de l'Inde la remplaça.

Depuis ce moment et actuellement encore, la culture et la fabrication de l'opium sont soumises au contrôle immédiat du gouvernement de la présidence du Bengale. Dans certaines régions, en particulier au nord de la péninsule, le Bengale, le Béhar, la culture s'effectue au moyen d'un système de prêts, d'avances faites par le gouvernement, qui délivre des licences aux cultivateurs indigènes.

Dans la région de Malwa, le pavot se cultive en vertu

d'arrangements spéciaux conclus avec le fisc britannique qui perçoit un droit de passage à la frontière. Enfin certains états indigènes du centre sont libres de tout contrôle, mais leur production est insignifiante. Tout l'opium acheté par le fisc aux cultivateurs à un prix fixé d'avance, variable chaque année, déduction faite des prêts accordés aux cultivateurs, est dirigé sur les manufactures de Béhar et de Bénarès où il est préparé ; il est ensuite vendu aux enchères publiques à Calcutta.

A partir de 1855, l'importation de l'opium s'était ralentie, car la Chine, renonçant à se défendre contre la drogue, s'était mise à la culture du pavot, et d'après le délégué de la Chambre de commerce de Shangaï, en 1869, la production indigène était arrivée à surpasser les envois de l'Inde.

Néanmoins, la prohibition officielle de l'opium qui subsistait en Chine gênait encore l'Angleterre. A la suite de l'expédition anglo-française de 1858, qui cette fois encore se termina par une nouvelle défaite des Chinois, fut signé le traité de Tien-Tsin qui fut ratifié en 1860. Dans ce traité, par une convention annexe à laquelle la France n'eut aucune part, lord Elgin, nous l'avons vu, fit très habilement accepter à la Chine un droit d'entrée sur l'opium et par conséquent sa légalisation, légalisation qu'elle avait toujours repoussée, car elle l'avait toujours considérée comme indigne d'un gouvernement qui se prétendait assez fort pour assurer le triomphe de la prohibition par la seule puissance de la pénalité, si ce n'est par le prestige qu'il exerçait aux yeux de la nation ; et aussi car elle se rendait compte que le peuple ne comprendrait pas qu'on légalisât l'entrée d'un poison qu'on lui interdisait sous les peines les plus sévères (1).

La légalisation ne diminua pas le trafic de l'opium ; au contraire, la marche ascendante reprit ; en 1870 c'est 95,045 caisses ; en 1880, 96,839. En trente ans, l'importation indienne avait donc doublé et comme la culture indigène avait fait de même, on peut se rendre compte de l'augmentation effrayante de la consommation de l'opium en Chine.

Dans ces conditions, comment s'étonner que l'Angleterre ait mis du temps à se décider à restreindre le trafic de la drogue, et comment s'étonner que la Chine, de son côté, qui, par suite de l'élévation successive des droits d'importation était arrivée à toucher 150 millions sur l'opium, ait eu de si grandes difficultés à essayer d'en secouer le joug ?

En Angleterre cependant, dès avant la guerre de l'opium, les progrès de la consommation de ce poison avaient soulevé des protestations. La guerre de l'opium elle-même avait engendré deux courants d'opinion. A la Chambre des lords, ceux qui n'envisageaient que le côté humanitaire de la question s'étaient montrés hostiles à la guerre, et après la victoire, ils voulaient qu'on arrêtât le trafic de la drogue. A la Chambre des Communes, le point de vue humanitaire était relégué au second plan ; de graves intérêts commerciaux étaient engagés et il importait de ne pas céder aux agissements hostiles des Chinois.

(1) Cf. MARTIN. *L'opium en Chine*, p. 8.

Dans la population, on trouvait les deux mêmes courants : les uns dénonçaient l'odieux du trafic et l'iniquité de la déclaration de guerre; d'autres n'envisageaient que la ruine qui résulterait de l'arrêt de ce trafic. Ceux qui s'étaient enrichis de la drogue, « la morale commerciale n'étant ni soupçonneuse ni indiscrète », n'avaient rien perdu de leur considération et avaient toujours soutenu lord Palmerston dans la lutte contre la Chine (1).

La polémique continua d'ailleurs après la victoire, Le mouvement anti-opiumique faisait des progrès. Lord Elgin lui-même, qui avait signé le traité de Tien-Tsin ne l'avait fait qu'à contre-cœur. Le 9 décembre 1857, il écrivait : « Rien ne saurait être plus misérable que l'origine de notre querelle ». Et le 22 décembre, tandis qu'il remontait vers Canton : « A la vue de ces rives fleuries, des preuves luxuriantes d'une fertilité sans pareille, j'ai songé avec amertume à ceux d'entre nous qui foulent aux pieds, pour le plus égoïste des objets, toute une antique civilisation » (2). Et il n'est pas douteux que les avantages considérables concédés à l'Angleterre avaient été arrachés de force contre la conscience de la nation.

Il semblait même qu'aux Indes, où le gouvernement encourageai par des primes la culture du pavot, la population n'était pas toujours d'accord avec lui. Une pétition remise à lord Brassey disait : « Nous préférerions cultiver la canne à sucre ou la pomme de terre ; nous ne semons du pavot que sous la pression du gouvernement ; notre prière c'est d'en être débarrassés » (3).

(1) MARTIN, *Abus de l'opium*, p. 91-92.
(2) Cité par MILLANT, *op. cit.*, p. 156.
(3) Cité par J. PANNIER, *La lutte contre l'opium*, p. 5.

En 1874 se fonda en Angletere la Société pour la suppression du commerce de l'opium, qui a pour organe le *Friend of China*. Le 30 juillet 1890, la société adressait au gouvernement un long mémoire de 18 articles, qui embrassait la période de 1879 à 1889 ; il réclamait la prohibition du commerce, protestait contre les licences accordées aux Indes aux débitants d'opium, licences qui donnaient une « voie légale au vice et instituaient une sorte de patronage administratif préjudiciable au bien public » ; contre les opium shops, où « tout ce qui est vil et criminel est sûr de trouver un refuge protecteur » et il concluait en disant : « s'il est impossible de fermer immédiatement ces repaires à opium parce que le préjudice serait trop considérable pour les finances de l'Inde, il est préférable qu'ils soient revêtus d'un caractère illicite et exposés aux rigueurs de la surveillance policière ; il faut qu'ils cessent de s'établir en plein jour, affichant ouvertement la licence de l'impératrice-reine et l'estampille du gouvernement indien. »

Le gouvernement général de la colonie nomma une Commission de sept membres pour répondre à ce mémoire. Celle-ci établit que les faits signalés étaient très exagérés, que la suppression de l'opium serait une atteinte trop sévère aux intérêts des finances de la colonie, sans compensations hygiéniques et morales, que cette suppression était chose impossible, car elle entraînerait des maux incalculables.

A la suite de cette campagne, en 1891, la Chambre des Communes, sous la pression de l'opinion publique, par 160 voix contre 130, flétrissait l'immoralité du commerce de l'opium, mais les propositions de la société anti-opiumique furent rejetées.

Cette société ne se tint pas pour battue ; elle reprit sa campagne, encouragée par des personnages influents, par de hauts dignitaires de l'Eglise, par des membres de l'aristocratie, de la magistrature, de l'industrie, par des médecins et même des Chinois.

En mars 1892, le *Friend of China* adressait au vicomte Cross, sous-secrétaire d'Etat, un nouveau mémoire en 14 articles ; il réclamait de nouveau la prohibition ; faisait valoir que cette prohibition troublerait surtout les immigrants chinois ; que les raisons d'ordre fiscal n'avaient pas toute l'importance qu'on leur prêtait, car la culture du pavot était cause de terribles famines (1). En 1865, un million et demi d'Indiens étaient morts à Orissa faute de céréales qui avaient laissé place au pavot ; en 1868, douze cent mille dans le Radjpoutana ; en 1874, lord Northbrook eut à nourrir quatre millions d'individus au Bengale pendant quatre mois, ce qui coûta six millions de livres sterling ; enfin la guerre de l'opium contre la Chine avait coûté près de sept millions de livres sterling (2).

En 1893, à l'instigation de Gladstone, une Commission d'enquête fut nommée pour envisager la question sous toutes ses faces. Après avoir entendu un grand nombre de témoins hindous, chinois et européens, les commissaires conclurent que l'Inde anglaise ne pouvait se passer

(1) Nous avons nous-même été témoin de ces famines pendant notre séjour aux Indes, où nous avons vu des foules affamées et hurlantes se presser aux portes du palais du Rajah de Jeypore pour réclamer quelques victuailles.

(2) Cf. MARTIN, *op. cit.*, p. 30 et suiv.

du revenu fiscal de l'opium, ni défendre radicalement la culture du pavot.

Malgré cet avis défavorable, la campagne continua plus âpre que jamais ; les pétitions au Parlement, les meetings populaires, adjuraient l'Angleterre de mettre fin à « l'abominable et dégradant commerce de l'opium. » En avril 1902, le *Friend of China* adressait encore un mémoire au marquis de Salisbury, dans lequel il condamnait le trafic de l'opium indien avec la Chine ; ce trafic engendrait des racines profondes d'hostilité envers les sujets britanniques dans l'esprit du peuple chinois ; le commerce de l'Angleterre ne pouvait qu'en souffrir ; en outre, il était indigne d'une grande nation chrétienne d'être intéressée commercialement à un tel degré.

Le 30 mai 1906, la Chambre des Communes demandait, à l'unanimité au gouvernement anglais de prendre les mesures nécessaires pour abolir le commerce de l'opium « moralement injustifiable. »

C'est alors que parut le fameux édit de l'Empereur de Chine. L'Angleterre se déclara prête à donner sa collaboration ; en 1907, 51.000 caisses avaient été importées des Indes en Chine ; en 1908, seulement 42.122 ; en 1909, un peu plus soit 42.183. Les marchands d'opium qui ne croyaient pas à la sincérité de la Chine avaient augmenté leurs réserves, payant des prix énormes, escomptant la hausse de leurs marchandises. Leur espoir jusqu'à présent a été déçu, car l'importation en 1910 n'a été que de 30.654 caisses. Cela continuera-t-il ? L'avenir nous le dira ; néanmoins, la situation économique de l'Inde à ce point de vue est plus favorable qu'elle ne l'aurait été en 1888 par exemple où les droits perçus annuellement sur l'opium s'élevaient à 215 millions de francs alors qu'ils sont tombés à 75 millions ; ou qu'en 1895 où le revenu de l'opium représentait 14 p. 100 des ressources budgétaires totales de l'Inde, alors qu'il est tombé à peine à 7 p. 100.

Cependant, à la suite du dernier accord entre l'Angleterre et la Chine du 8 mai 1908, le *Times* exprime ses craintes sur la répercussion qu'entraînera cet accord sur la situation économique de l'Inde. L'arrêt immédiat du commerce de l'opium provoquera probablement de nouveaux impôts. Or, les sources de revenus sont si limitées que le paysan hindou sera heureux, si, d'ici un an ou deux, il n'a pas par exemple à payer davantage pour son sel.

Le résultat est fâcheux pour les petits états indigènes ; quelques-uns seront réduits à la banqueroute par la nouvelle politique. Aussi les princes et les chefs de l'Inde demandent-ils des compensations, bien qu'ils conviennent eux-mêmes qu'il sera difficile de rémunérer suffisamment les nombreux cultivateurs que le nouvel état de choses affectera profondément. Ces réclamations, ajoute le *Times*, sont justifiées et il faut espérer que ces importantes considérations ne seront pas perdues de vue dans le nouvel accord de Pékin.

Si l'Angleterre éprouve ainsi de graves difficultés économiques, la Chine en éprouve de plus graves encore. Il est vrai qu'en 1881, époque à laquelle les droits d'entrée sur l'opium rapportaient au trésor 50 millions, Li-Hung-Chang écrivait au secrétaire de la Société antiopiumiste une lettre, parue dans le *Times* du 29 juillet, dans laquelle il disait que son gouvernement se désintéressait à l'avenir d'un revenu puisé à une source impure et qu'il n'était mu que par un sentiment de moralité quand il dirigeait ses efforts contre le trafic de l'opium.

Cependant, ces dernières années, les droits de douane sur ce produit représentaient une somme de 160 millions de francs environ, somme qu'il faudrait trouver ailleurs si ce trafic venait à être totalement supprimé.

En outre, la culture du pavot est d'un excellent rapport. Voici, d'après Paul Gide, les dépenses et les recettes annuelles pour 10 hectares plantés en pavot.

DÉPENSES

Amortissement du capital pour défrichement ...	150 fr.
— — pour drainage..........	50
— — pour construction de fermes, etc......	200
— — pour matériel (outils, animaux..	400
Surveillance..................................	1.000
Préparation du terrain....	300
Fumures.......	100
Achat de semences (1 kilo 1/2 par hectare).......	5
Semis..	25
Main-d'œuvre pour culture............	200
Irrigation..........	70
Récolte...........	500
TOTAL......	3.000 fr.

RECETTES

Rendement : 20 kilos à l'hectare soit 200 kilos à 20 fr. 83 le kilo (prix du Yunnan)...	4.166 fr.

En défalquant les dépenses, on obtient un bénéfice de 1.166 fr. pour 10 hectares, soit 166 fr. à l'hectare (1).

Puisque le gouvernement a interdit la culture du pavot, il faut la remplacer par autre chose ; on l'a remplacée en différents endroits, notamment au Yunnan par des grains et des céréales diverses : du blé, du maïs, du riz ; et aussi par des fèves, des haricots et du soja, cette légumineuse qui fait en Mandchourie l'objet d'un trafic énorme. Mais c'est un peu changer de l'or pour du plomb ; les cultivateurs en souffrent et demandent à être dégrevés d'impôts jusqu'à ce que leurs nouveaux champs soient en rapport. Malgré cela, on exige d'eux les mêmes redevances, sinon des redevances plus élevées que par le passé ; et les autres impôts vont croissant et se multipliant.

La suppression de la culture du pavot au moins pour le Yunnan a eu une conséquence tout-à-fait inattendue : la disparition sur le marché régional de deux denrées importantes : la cire et le miel ; le blé et les nouvelles cultures, en effet, n'ont pu, comme pour l'homme, remplacer les fleurs blanches du pavot pour les abeilles et celles-ci, ne trouvant plus de fleurs pour butiner, sont mortes.

On espère toutefois que peu à peu les cultures nouvelles seront une compensation suffisante ; mais pour qu'il en soit ainsi, notamment pour le Yunnan, il faut que ce pays puisse exporter les produits, à concurrence tout au moins des quantités en excédant des besoins de

(1) Cf. Paul Gide, *op. cit.*, p. 40.

la consommation locale. Malheureusement, on se heurte à des édits impériaux qui interdisent la sortie des grains et des céréales. Aussi, les agriculteurs Yunnanais ne développent-ils guère leur production au-delà de ce qui leur est strictement nécessaire pour leur subsistance et celle de leur famille, jugeant avec raison inutile un travail qui, faute de moyens d'écouler le surplus de leur récolte, risque de rester pour eux sans profit aucun. Le Tonkin, d'ailleurs, est intéressé de son côté par cette question en raison de l'accroissement des échanges entre les deux pays et de l'augmentation du trafic de la ligne Haïphong-Yunnan-Sen, qui résulterait de la levée de l'interdiction dont est frappée actuellement l'exportation des grains et céréales du Yunnan. En même temps que le gouverneur général de l'Indo-Chine demandait cette mesure au Ministre des Affaires étrangères à Pékin, l'autorité provinciale du Yunnan elle-même la réclamait et l'Administration des Douanes chinoises la préconisait auprès du gouvernement impérial.

Cette interdiction, qui était une mesure de précaution contre les disettes, n'a plus sa raison d'être depuis la mise en exploitation commerciale de la voie ferrée du Yunnan. En tous cas, la prohibition qui s'appliquait aux céréales ne saurait s'étendre au soja, qui est une légumineuse, et qui, selon toute apparence, est destiné à devenir l'objet d'un trafic considérable dont le Tonkin, sous forme d'importation directe ou de transit, est appelé à prendre la plus grosse part (1). D'ailleurs, actuellement, le Yun-

(1) *Quinzaine coloniale*, du 25 novembre 1910

nan fait preuve d'un redoublement d'activité économique et les tarifs des douanes remontent aux chiffres que l'on avaient connus avant la suppression de la culture du pavot.

Dans certaines régions, le gouvernement a fait distribuer des œufs de vers à soie. Le coton a aussi remplacé le pavot ; les gouverneurs de province ont reçu des graines de semences avec des instructions spéciales sur le mode d'emploi ; ils procèdent à la distribution, font surveiller les cultures et les récoltes. Pour soutenir ces efforts une Société s'est fondée à Shanghaï se chargeant de guider les cultures et de faciliter les ventes. Les récoltes de coton pour l'an dernier s'annonçaient magnifiques ; et comme l'exportation de coton chinois en Russie et en Amérique va toujours se développant depuis plusieurs années, ce produit promet de devenir une nouvelle source de richesse pour le pays.

Mais ce n'est pas seulement dans la suppression de la culture du pavot que la Chine rencontrera des difficultés ; c'est aussi dans la suppression de toutes les industries qu'entraînait le commerce de l'opium : emballage, préparation, location d'hommes, de chevaux ou de mulets pour le transport ; et aussi, dans la suppression des boutiques d'opium, des marchands d'appareils à fumer, etc. Tout cela faisait partie de la vie économique du pays et ne peut se supprimer sans une période de crise.

Si les Indes et la Chine, les deux centres les plus étendus de production et de consommation d'opium du monde entier éprouvent des difficultés économiques dans la lutte contre le poison, d'autres pays de moindre importance et des colonies en éprouvent aussi. Ils ne peuvent arriver à équilibrer leurs budgets sans les ressources qui proviennent de l'opium.

En Perse, dès le XVIIe siècle, la culture du pavot représentait une des industries les plus prospères ; et depuis, elle fut toujours encouragée par le gouvernement qui en retire d'appréciables bénéfices. En 1870-71, l'année fiscale pour l'opium avait donné 15.200.000 francs ; en 1880-81, 21.175.000 francs. Cet état, cependant, était représenté à la Commission de Shanghaï en 1909, et l'a été aussi à la Conférence de La Haye.

Au Siam, la taxe sur l'opium constitue un des éléments importants du revenu de l'État. Au cours des trois années budgétaires de 1905 à 1908, cette taxe a produit les sommes suivantes :

1905-1906........................	10.260.961	ticaux (1).
1906-1907........................	11 363 743	—
1907-1908........................	8.989.758	—

Dans la colonie anglaise des Straits Settlements, le problème est plus difficile encore à résoudre. La Commission d'enquête estime de 43 à 59 p. 100 par rapport au revenu total le revenu provenant de l'opium. En 1907, sur un revenu total de 10.117.363 dollors, 4.224.000 provenaient des droits sur l'opium. En 1908, l'appoint était de 4.505.000 dollars sur un total de 9.646.932 dollars. En présentant le budget au Conseil législatif pour l'an-

(1) Le tical vaut environ 1 fr. 50. — Le prix de l'opium, au Siam, varie de 60 à 80 francs le kilogr. (GIDE, *op. cit.*, p. 82).

née 1910, le gouverneur des Straits Settlements n'a pas craint de déclarer qu'au point de vue financier l'avenir de la colonie n'était pas très satisfaisant.

D'après les prévisions, l'exercice de 1910 devait se solder par un déficit de 766.015 dollars. Il est facile de comprendre que l'intention du gouvernement de la Métropole de tarir la source la plus importante du budget de la colonie ait été fort mal accueillie. Et cela, d'autant plus que la colonie traverse une phase critique. Tandis que ses ressources diminuent, ses charges augmentent pour mettre le port de Singapore en état de lutter avec ses rivaux étrangers : de plus, le War office lui demande 20 p. 100 de son revenu comme contribution militaire.

D'ailleurs, la Commission d'enquête avait recherché les différentes ressources susceptibles de combler le déficit créé dans le budget par la suppression de l'opium. Elle les avait toutes éliminées. Une douane tuerait la prospérité de la colonie ; un impôt de capitation ferait partir les Chinois et diminuerait le revenu ; un impôt sur le revenu serait si facilement éludé par les Chinois qu'il ne rapporterait presque rien ; une taxe sur les économies emportées en Chine par les Chinois serait très difficile à percevoir ; en tous cas, toute taxe nouvelle serait très impopulaire. Dans ces conditions, on conçoit combien actuellement la lutte contre l'opium est difficile aux Straits Settlements

Aux Indes néerlandaises, l'opium est aussi une grande source de revenus ; à Java, le chandoo revient à 80 fr. le kilo et est revendu 720 (1).

(1) Gide, *op. cit.*, p. 82.

Pour notre Indo-Chine française, le problème est le même (1).

Nous y trouvons les budgets locaux et le budget général. Les budgets locaux sont alimentés par les impôts directs. Ceux-ci sont perçus sur les Européens (patentes, taxes foncières) ; sur les indigènes sujets français (impôt personnel, foncier, rachat de corvées) et sur les indigènes non sujets français, appelés asiatiques étrangers (impôt de capitation).

Le budget général, d'après le décret du 31 juillet 1898, est alimenté tout entier par les impôts indirects : produit des douanes, des régies, de l'enregistrement, des domaines et du timbre ; des postes, télégraphe et téléphone ; par l'exploitation des chemins de fer, des forêts ; par les intérêts de capitaux, la contribution des budgets locaux et de l'emprunt aux dépens des différents ser-

(1) Peut-on évaluer approximativement le nombre des fumeurs en Indo-Chine ? Les avis sont très partagés. En 1885, certaines évaluations portaient à 4 p. 100 de la population totale le nombre des fumeurs, y compris les Chinois, qui fument ordinairement plus que les Annamites ; d'autres évaluations donnaient 3 p. 100 ; d'autres 10 p. 100. Des gens bien informés estiment que dans toute l'Indo-Chine, on peut compter pour les Annamites 2 p. 100 de fumeurs d'opium et 30 à 40 p. 100 pour les Chinois. M. Jeanselme, sans donner de chiffres, estime d'après ce qu'il a vu, que la proportion des fumeurs est certainement considérable.

La Cochinchine représente comme consommation environ 55 p. 100 du chandoo de toute l'Indo-Chine. A Cholon, pour la ville seulement, il y a de 100 à 110 fumeries pour une population de 150,000 âmes. En province, les fumeries sont réparties assez inégalement ; une province de 300.000 habitants en compte 30 ; une autre de 100,000, aussi 30 ; elles sont tenues par les Chinois.

Dans la province d'Annam, l'administration des douanes pour 1907, évaluait le nombre des fumeurs à 22,868 dont 20,501 Annamites et 2,367 Chinois.

Au Tonkin, dans les centres urbains, on peut compter 38 p. 100 de fumeurs. Au Cambodge, l'usage est moins répandu ; au Laos, au contraire, on fait de l'opium un usage immodéré.

vices ; enfin par des produits divers. Ce budget s'élevait pour 1910 à 35.601.500 piastres, et pour 1911 à 38.360.000 piastres. Or, sur cette somme, les produits de douanes à l'importation et à l'exportation, les tabacs, les pétroles et allumettes, la taxe à la sortie du riz, l'enregistrement, les postes et télégraphes, les chemins de fer et les forêts produisent 18.900 000 piastres. Le reste, c'est-à-dire plus de la moitié, soit 19.460.000 piastres, est produit par les trois régies de l'opium, du sel et des alcools. La régie de l'opium qui, en 1908, a rapporté 7.822.361 piastres était prévue pour 1910 pour 8 millions de piastres et pour 9 millions pour 1911 (1).

Dans ces conditions, comment supprimer les recettes provenant de l'opium ? Et par quoi les remplacer ? Actuellement personne n'en sait rien. Les matières imposables sont en Extrême-Orient en nombre très restreint ; le désarroi serait considérable et les effets qui résulteraient des nouvelles charges imposées à la population déjà surchargée, seraient désastreux. Aussi, est-ce avec anxiété que les indigènes passent en revue les rares produits libres encore de tout droit, ou susceptibles de voir augmenter ceux qui les frappent déjà : riz, bestiaux, viandes, poissons, arec, tabac, etc.

La Commission de 1906 s'était bornée pour solutionner la question à proposer le relèvement des droits de douane déjà existants sur les articles de consommation, les articles de luxe, en particulier ceux provenant d'Extrême-Orient et employés surtout par les Chinois. Ce

(1) A. DE POUVOURVILLE, in *Dépêche coloniale*, 2 mai 1911.

relèvement de taxes devait porter principalement sur les thés, les tissus de soie d'origine chinoise, les papiers chinois, articles dont les droits seraient doublés ; sur les poissons secs, les nids d'hirondelles, les broderies, dont les droits seraient triplés ; sur les étoffes, les éventails en plumes dont la taxe serait élevée de 50 à 200 francs les 100 kilos, enfin sur la nacre, l'écaille, dont la taxe serait élevée de 50 à 800 francs (1).

Actuellement, on propose de combler le déficit qui se produit déjà sur l'opium par un impôt sur le tabac dont la production atteint jusqu'à 15 millions de kilos. La taxe actuelle à la circulation ne produit presque rien ; on la remplacerait par une taxe à la culture ou une taxe à la production, l'Etat s'adjugeant le monopole de la fabrication et de la vente. En améliorant la préparation du tabac, le tabac indo-chinois deviendrait un article d'exportation et une source de richesse qui compenserait le sacrifice demandé par un nouvel impôt. Le point délicat du problème serait d'acclimater les indigènes à ce nouveau monopole d'Etat. La proposition a été très vivement combattue comme devant être très coûteuse et aléatoire.

La solution du problème au point de vue budgétaire est donc infiniment complexe.

Et non seulement les coloniaux se préoccupent des difficultés que soulèverait la suppression de l'opium en Indo-Chine, mais aussi de la situation compliquée que créent déjà à la colonie les mesures prises contre l'opium

(1) MILLANT, *op. cit.*, p. 300-202.

par l'Angleterre et la Chine. L'Indo-Chine où le pavot ne pousse pas, pouvait se procurer au Yunnan de l'opium brut en boules qui donnait un produit avantageux, de prix raisonnable et très apprécié du consommateur. Comme la Chine a interdit l'importation de l'opium au Yunnan, la colonie n'a plus de secours que dans l'opium de Bénarès ; mais, lorsque la manufacture de Saïgon s'est adressée à ce marché, par suite des agissements de quelques spéculateurs qui aussi bien en Chine qu'aux Indes ont profité du courant d'opinion, elle a trouvé les prix triplés. Pendant un an, elle a vécu sur son stock d'opium du Yunnan et à la fin de l'année 1910 elle a tenté un suprême effort : un inspecteur de la régie s'est rendu au Yunnan et a pu assurer l'exportation de 500 caisses ; mais tandis qu'autrefois le prix variait de 30 à 35 cents le taël de 37 grammes, il a fallu payer la drogue la somme exorbitante de 1 piastre 15 le taël. Pendant ce temps, sur le marché de Calcutta, la caisse d'opium qui valait 900 piastres montait rapidement à 1.500, 2.000 et même 3.000 piastres. Dans ces conditions, l'Indo-Chine n'achète plus d'opium brut qu'au fur et à mesure de ses besoins : ce qui, d'après ceux qui ne voient que les intérêts budgétaires et les agréments du consommateur, a un double inconvénient.

D'abord, les prix sur le marché de Calcutta peuvent encore monter ; ensuite on livre au consommateur un opium fraîchement préparé, alors qu'on sait que pour être bon à fumer, l'opium doit être conservé au moins six mois. Ce sont d'ailleurs les réclamations des consommateurs qui avaient poussé l'administration, toujours désireuse de leur être agréable, à constituer un stock de prévoyance représentant la consommation de 18 mois. C'était la caisse de réserve du budget général qui fournissait les fonds nécessaires à la constitution de ce stock ; et l'opium préparé en provenant ne pouvait être livré à la consommation que contre remboursement immédiat à la caisse de réserve.

Mais, depuis un certain temps, on avait négligé de reconstituer au fur et à mesure les manquants ; et lors qu'est arrivée la campagne anti-opiumiste de 1906, l'Indo-Chine s'est trouvée désemparée. Un arrêté du 16 janvier 1911 prévoit bien un prélèvement de 1.600.000 piastres sur la caisse de réserve destiné à l'achat d'un stock de prévoyance ; mais cela ne rassure pas les coloniaux, car ils ne sont pas certains que cette somme pourra avoir exactement cette destination et qu'on ne sera pas obligé de l'utiliser pour les achats ordinaires. Déjà au budget de 1911 on a prévu une augmentation de dépenses de 1.500.000 piastres : ce qui fait que malgré une augmentation de prévision de recettes de 960.000 piastres, la régie de l'opium produira un déficit de 550.000 piastres par rapport à 1910 (1).

Les partisans de l'opium se montrent néanmoins satisfaits de ce résultat, car ils constatent que malgré l'élévation considérable des prix, la consommation dans la colonie n'a pas diminué ; aussi, concluent-ils joyeusement, il faut que l'opium procure à ses adeptes des jouissances bien agréables, puisque la majorité d'entre

(1) Certaines propositions tendent à faire acheter aux Indes de l'opium de Malwa qui est moins cher.

eux supporte allègrement ce sacrifice ; et si l'on songe que la moyenne quotidienne d'un fumeur est de 20 grammes, la dépense afférente est de 3 piastres, soit 7 francs ; les plus riches fumeurs de cigares ne sauraient être comparés aux plus modestes fumeurs d'opium.

Quoi qu'il en soit, de l'avis des coloniaux eux-mêmes, la situation par suite de l'attitude de la Chine et des Indes vis-à-vis de l'opium ne peut que s'aggraver et cela au moment où l'impôt sur le sel diminue aussi ; on est en train de remanier cet impôt ; car on avait négligé d'établir des taxes de zones et de différencier devant l'impôt le sel industriel du sel de consommation. De ce fait, les industries saunières et saumurières, très florissantes sur les côtes d'Annam, furent ruinées. On cherche actuellement à remédier à cet inconvénient ; mais ces modifications entraînent un fléchissement des recettes sur le sel.

Par ces considérations, on peut voir combien sont sérieuses les difficultés financières pour la suppression de l'opium et aussi quel est l'état d'esprit des coloniaux. Ajoutons que des intérêts commerciaux en France se trouveraient lésés par cette suppression, car la manufacture de Saïgon emploie une telle quantité de feuilles de laiton pour la confection de ses petites boîtes à opium que chaque année des maisons de première importance se trouvent en concurrence en France, pous obtenir ces fournitures des commissionnaires, qui sont adjudicataires responsables à l'égard des douanes et régies indochinoises.

C'est ainsi que :

en 1902 l'Administration demandait		93 000 k.	de feuilles	de laiton	
en 1903	—	—	100.000	—	—
en 1904	—	—	160.000	—	—
en 1905	—	—	180.000	—	—
en 1906	—	—	300 000	—	—
en 1907	—	—	305 000	—	—

Si l'on ajoute encore à tout cela, considération qui n'est pas sans valeur, que la régie de l'opium est une grande administration qui permet aux parlementaires de caser un certain nombre de leurs protégés comme fonctionnaires, on verra que nous sommes probablement assez éloignés du jour où l'on prendra des mesures énergiques contre la drogue.

Cet état d'esprit se manifeste d'ailleurs par le peu d'empressement que met la France à supprimer les fumeries dans sa concession de Shanghaï et s'était déjà manifesté par l'attitude qu'avaient eue ses délégués à la Commission internationale réunie dans cette même ville en 1909. Alors que dans la concession anglaise les fumeries ont été fermées, que dans la concession internationale elles le sont graduellement, dans la concession française les mesures sont moins énergiques. On a fait valoir que cette fermeture n'était pas pratique tant que la vente de la drogue ne serait pas complètement interdite, car les dangers d'incendie augmenteraient en proportion du nombre de fumeurs qui feraient usage de lampes dans leur propre maison ; et on s'est borné à augmenter les taxes payables par les fumeries enregistrées, d'après le nombre de lits, de façon à amener la fermeture automatique de ces établissements en diminuant leurs bénéfices. La taxe a déjà été doublée deux fois en deux ans ; le résultat a été une diminution de 5 p. 100 dans le nombre des établissements et de 25 p. 100 dans le nombre des lits utilisés. Malgré cela, il reste encore plusieurs centaines de fumeries ouvertes.

D'autre part, le gouvernement français recommanda aux délégués chargés de le représenter à la Commission internationale de Shanghaï, de ne pas oublier que la question de l'opium présente un intérêt considérable pour l'Indo-Chine dont les finances peuvent être affectées par les travaux de la Commission ; les commissaires français ne devaient jamais s'écarter de leurs instructions limitatives ; ils ne devaient pas s'engager à fond ; mais dire que la question intéressait peu la France, et envsager la question pour l'Indo-Chine presque exclusivement au point de vue financier. C'est dans ce sens que fut rédigé le rapport de M. Brenier, sous-directeur de l'Agriculture et du Commerce en Indo-Chine.

De même, pour le territoire de Quang-Tchéou-Wan (1), situé entre le Tonkin et Hong-Kong, et cédé à bail à la France pour 99 ans en 1898, celle-ci pourrait agir plus directement; elle n'a pas paru très empressée. M. Ratard, délégué à la Commission, a lu à la fin de la session à Shanghaï la déclaration suivante : « Bien que ni l'Indo-Chine française, ni la France, ne soient des pays producteurs d'opium, et que l'usage de l'opium, pratiquement inconnu en France, ne fasse en Indo-Chine pour

(1) A la conférence de Shanghaï, on y a estimé à 7,000 le nombre des fumeurs, soit 20 p. des adultes.

ainsi dire aucun ravage dans la population indigène, la délégation tient à déclarer :

1° Qu'en ce qui concerne l'Indo-Chine française, l'administration française continuera à tenir fermement la main à l'observation des prescriptions dont l'effet a été déjà de réduire en très notable proportion les importations de l'opium brut et la consommation du chandoo ;

2° Qu'en ce qui concerne Quang-Tchéou-Wan, où le gouvernement français est lié par un contrat avec la ferme existante, jusqu'à la fin de l'année 1911, les délégués français croient de leur devoir vis-à-vis de leurs collègues Chinois d'être ici les interprètes de la ferme intention de M. le Gouverneur général, d'appliquer dans tout le territoire de Quang-Tchéou-Wan, des dispositions analogues à celles qui seraient effectivement prises par la Chine, au moment de l'expiration de notre contrat ».

La France doit-elle s'en tenir là ? Nous ne le croyons pas. Pris entre l'Angleterre d'une part, qui a engagé la lutte aux Indes et dans les Straits Settlements, entre la Chine, d'autre part, qui paraît vouloir sortir de sa torpeur séculaire, nous pourrons être amenés presque malgré nous à nous passer des ressources que nous procure l'opium. Ne vaut-il pas mieux faire un effort sérieux pour combattre le fléau dans la mesure de nos moyens, et concilier ainsi notre intérêt avec l'obligation morale, car, comme le dit M. Jeanselme, l'opium amoindrit la valeur de nos fonctionnaires civils et militaires, et abâtardit la main-d'œuvre indigène, sans laquelle il n'est pas de colonie prospère sous les tropiques.

Enfin, en dehors des difficultés économiques que nous venons d'étudier, les gouvernements en rencontrent une autre beaucoup plus grave dans l'application de la prohibition et de la réglementation : c'est l'impossibilité dans laquelle on se trouve de violer brusquement les habitudes séculaires d'une nation. En Chine, par exemple, l'opium était devenu pour ainsi dire une substance familière et nationale ; dans l'Ouest, le voyageur n'emportait pas d'argent, c'était l'opium qui le remplaçait, et en tenait lieu pour les frais de route et d'entretien. Les étudiants venant à Pékin pour passer leurs examens, emportaient sous forme d'opium les fonds nécessaires au séjour dans la capitale (1). Dans ces conditions, si l'on heurte de front ces habitudes, il se produit des soulèvements. C'est ainsi qu'au Yunnan, en 1908, des émeutes éclatèrent partout, à la suite d'une interdiction spéciale du vice-roi ainsi conçue : « Que tout le monde s'abstienne de cultiver l'opium, que ceux qui en possèdent s'empressent de le vendre, car, après la première lune, tout détenteur d'opium sera sévèrement puni. Au lieu donc de l'opium, plantez les cinq céréales ; l'homme doit vivre de riz et de froment, et non d'opium. Ainsi donc, qu'à partir de la première lune, on n'entende plus parler de ce poison qu'on nomme tabac européen ». Ces soulèvements avaient été réprimés par des troupes régulières, à la suite de véritables combats, et les opiumistes avaient été enchaînés et emprisonnés par douzaines. Nous avons vu de semblables soulèvements se produire

(1) MARTIN, *op. cit.*, p. 105 et note.

aux Indes Néerlandaises ; nous en verrions peut-être en Indo-Chine, si des mesures trop rigoureuses étaient appliquées. Mais, en dehors de ces soulèvements qui peuvent parfois être réprimés, si la population oppose la force d'inertie plus redoutable encore, tout l'effort gouvernemental vient se briser contre elle.

Aussi, en présence de ces difficultés de toute sorte, croyons-nous que les remèdes tirés de la législation : prohibition ou réglementation sont insuffisants.

§ 3. — Insuffisance de ces remèdes.

Quels sont donc les effets produits par les mesures prises contre l'opium par les différents pays ? La question est assez difficile à résoudre, car, lorsque les fumeurs sont traqués, ils se cachent, prennent des précautions, mais n'en continuent pas moins à fumer. Il en est de l'opium comme des autres passions : l'alcool, le jeu, etc. ; la passion de l'opium est même plus tyrannique que les autres, aussi, lorsqu'on ne peut plus s'y livrer en plein jour, on s'y livre au besoin dans les caves, pour ne pas être inquiété.

En France, il n'existe plus une seule fumerie tant soit peu publique ; mais le nombre des fumeurs à domicile ne paraît pas avoir diminué.

Aux Philippines, la lutte entreprise par les Américains paraît avoir porté des fruits ; car, malgré la contrebande, le nombre des fumeurs est devenu plus restreint. Il faut dire que les Américains emploient des moyens persuasifs à côté des moyens légaux.

A Formose, les Japonais espèrent qu'en trente ans ils seront débarrassés complètement de l'opium : actuellement, la diminution est notable ; de 169.064 fumeurs inscrits en 1904, le chiffre pour 1907 est tombé à 113.937. Mais là encore, d'autres moyens sont employés : et surtout l'exemple des Japonais qui ne fument pas, est d'un grand secours pour l'extirpation du fléau.

Arrivons à la Chine, qui a été et est encore le pays de l'opium, qui a toujours essayé de se défendre de lui, qui paraît avoir engagé actuellement contre lui une lutte à mort, et qui, par conséquent, va nous fournir le plus beau sujet d'étude.

Depuis longtemps, comme nous l'avons vu, la Chine avait interdit l'opium, et quelquefois, sous les peines les plus sévères. Comment se fait-il que dans ce pays, où les entraves à la liberté individuelle étaient bien acceptées, où la population croyait qu'un pouvoir souverain, un Empereur, père du peuple et intermédiaire entre le Ciel et elle, ne pouvait la tromper, comment se fait-il que la pratique de l'opium se soit répandue en dépit des défenses ? C'est à cause de l'exemple venu d'en haut. Le peuple savait très bien que les hauts mandarins et jusqu'à l'Empereur, dissimulés aux regards de la multitude, fumaient comme lui et plus que lui, malgré les édits qu'ils prenaient ; et il est certain qu'on ne peut imposer le respect de ce que l'on commande quand on ne commence pas par s'y soumettre soi-même.

Depuis le fameux édit de septembre 1906, que s'est-il passé ? Un certain nombre d'auteurs ont soutenu que la Chine n'avait pas le sincère désir de mener à bien la réforme ; et ils ont même exprimé cette idée que le mouvement anti-opiumique n'était qu'un vaste bluff organisé en vue de réaliser le monopole de l'opium. La Chine, disent-ils, reprend l'idée que poursuivait Li-Hung-Chang. Elle a besoin de ressources énormes pour la constitution de son outillage militaire et économique ; or, elle répugne de plus en plus à faire appel aux capitaux étrangers pour ses transformations. Le but de cette transformation n'est-il pas d'ailleurs de libérer la Chine de la main-mise étrangère, et l'un de ses objectifs n'est-il pas de racheter ses chemins de fer et ses mines aux capitalistes étrangers ? Et quand même elle ferait appel au crédit européen ou américain, ne faudrait-il pas qu'elle offrit à ses prêteurs des gages pour assurer le paiement régulier des annuités de leurs créances ? Or, quel gage pourrait valoir comme importance et comme sécurité les recettes à provenir du monopole de l'opium ?

La Russie, avec une population de 130 millions d'habitants, se fait 1350 millions par an de monopole de l'alcool ; la Suisse, avec 3 millions d'habitants, bien que la régie ne fasse pas la vente au détail, se procure 2 millions par an. Quel bénéfice peut espérer un pays de 400 millions d'habitants du monopole de l'opium, où un quart des adultes mâles fument, et alors qu'il s'agit d'une passion beaucoup plus tyrannique que celle de l'alcool ? Comme, d'après les chiffres officiels donnés à la Commission de Shanghaï ,la consommation de l'opium en Chine s'éléverait à 37 millions de kilos (1), on peut

(1) En 1910, au Yunnan, le prix du kilo d'opium variait de 11 à 13 fr. 50, mais le prix n'est pas le même dans chaque région ; le transport double le

juger des sommes se chiffrant par milliards que le monopole mettrait à la disposition du gouvernement chinois. Cela est bien tentant pour un gouvernement qui pourrait, tout en faisant œuvre fiscale, se prévaloir d'intérêts moraux et se poser en défenseur de l'intégrité physique et morale de son peuple.

Mais, pour arriver à ce résultat, un certain nombre de conditions préalables sont nécessaires. Il faut d'abord habituer le consommateur à l'intervention administrative dans la vente de l'opium et à l'exercice d'un contrôle officiel sur le commerce de cette denrée. Il faut ensuite familiariser le producteur avec un contrôle analogue sur la culture du pavot. De là, le décret de 1906, dont les dispositions restrictives, envisagées sous cet aspect, revêtent le caractère de dispositions transitoires, destinées à préparer les voies au régime projeté, à ménager le passage de la culture et de la consommation libres au système de la culture surveillée, limitée, localisée, et de la vente monopolisée par l'Etat.

Ce programme suppose encore une autre condition. Si la Chine reste ouverte à l'importation de l'opium indien, l'établissement du monopole devient impossible ou tout au moins les bénéfices sont très diminués. Il fallait donc amener l'Angleterre à consentir à la suppression de cette importation par voie de réduction annuelle des quantités importées. Ç'a été le triomphe de la diplomatie chinoise, qui n'a pas hésité à faire vibrer la corde

prix de l'opium quand il arrive dans les ports de la côte. Certaines bouilleries de Chine livrent le chandoo plus ou moins pur de 45 à 60 fr. le kilo (GIDE, *op. cit.*, p. 78 et 82).

humanitaire et a su intéresser les puissances civilisées à ses desseins, en les lui présentant comme une œuvre de haute moralité sociale. Ainsi s'explique la sévérité déployée à l'occasion contre les fumeurs : au prix de quelques têtes, on achète la confiance dont on a besoin ; l'Angleterre, il est vrai, a pris ses précautions ; mais que vaudraient-elles le jour où la Chine la mettrait en face du fait accompli. Referait-elle la guerre de l'opium ? Risquerait-elle, pour conserver à l'Inde un commerce de plus en plus réduit, de soulever des complications internationales et de rouvrir la question chinoise à l'heure où le souci de maintenir l'équilibre européen dominera toutes les autres préoccupations ? (1).

Sans prendre parti dans une question que l'avenir seul résoudra, nous allons examiner la manière dont l'édit impérial a été appliqué. Ici encore, les opinions sont partagées et les renseignements contradictoires. Dans les provinces maritimes, qui reçoivent leur opium de l'Inde, à Canton, à Shanghaï, à Pékin, les mesures prohibitives ont été rigoureusement exécutées.

Au Yunnan, les autorités ont agi énergiquement, on a même fait du zèle. Le vice-roi Tsé-Liang, nommé depuis à Moukden, a pris, dès 1909, des arrêtés interdisant complètement la culture du pavot, contrairement aux édits de la Cour, qui accordaient un délai de dix ans. L'exécution de ces ordres a été assurée de la manière la plus rigoureuse : on a coupé des têtes ; ces mesures implacables ont été prises parce que le Yunnan était

(1) Cf. *Dépêche coloniale*, 11 janvier 1911

la province de l'empire où l'on s'adonnait le plus à l'opium. A Shanghaï, sur l'ordre du tao-tai ou principal magistrat, les fumeries d'opium de la cité, au nombre de 2,216, ont été fermées. A Pékin et dans la plupart des grands centres, six mois après l'édit, presque toutes les maisons de thé, maisons publiques, restaurants, furent soumis à une étroite surveillance. Les tribunaux sévirent avec beaucoup de fermeté contre les marchands d'opium.

Par contre, on voyait d'autres agissements des autorités qui paraissaient encourager, en sous-main, la culture du pavot dans les provinces où l'on ne fumait que l'opium indigène. L'extrait d'une notice du Bureau de la taxe consolidée de l'opium indigène dans le Tchili disait : « Le pavot peut être cultivé dans une partie quelconque du pays, pourvu qu'une seule taxe consolidée soit payée. Les fermiers cultivant l'opium ont à vaquer à leurs occupations comme d'ordinaire. » Cette disposition est évidemment en contradiction flagrante avec la stipulation de l'édit : « Aucun terrain nouveau ne peut être livré à la culture du pavot. » Le vice-roi de Nanking essaie d'établir un monopole de l'opium dans sa province. Une importante maison de Canton tente de s'assurer le monopole de la vente de l'opium, en offrant au vice-roi des conditions si avantageuses, que l'abolition du commerce de la drogue doit certainement lui sembler encore très lointaine. Ailleurs, des magasins officiels s'ouvrent ; les acheteurs doivent seulement présenter un permis : pour les riches ce sont de petites plaques d'ivoire ; pour les pauvres, des pancartes de 10 centimètres de côté, que les fumeurs sont obligés de porter sur eux ; ce à quoi d'ailleurs ils se résignent volontiers.

Le Dr Legendre, médecin de l'hôpital français de Tchen-Tou, capitale du Sze-Tchouen, province où la culture du pavot a pris le plus d'extension, écrivait récemment dans le Bulletin du Comité de l'Asie française, que le mouvement contre l'opium a un caractère factice. A Tchen-Tou, dit-il, on avait officiellement annoncé la fermeture définitive d'un tiers environ des principales fumeries, et les autorités locales s'étaient empressées d'en rendre compte à Pékin. Mais elles oubliaient d'ajouter que les fumeries supprimées dans l'intérieur de la ville, avaient été remplacées, au fur et et à mesure, extra muros, par d'autres fumeries.

Enfin, certaines provinces ont obtenu l'ajournement de l'application du décret à une date indéterminée.

Quels furent les effets de ces mesures si inégales et si irrégulières ? Ils furent eux-mêmes inégaux et irréguliers ; et ici encore les opinions sont contradictoires.

Dans les grands centres, l'enthousiasme de la population et des autorités fut extrême. Des proclamations furent lancées, des affiches placardées ; les étudiants montèrent la garde à l'entrée des fumeries ; des sociétés anti-opium se fondèrent ; des quantités d'hôpitaux et de dispensaires furent ouverts pour entreprendre la cure des fumeurs. A Canton, le juge provincial lui-même établit les bases du règlement de la future société anti-opium qui se constitua quelques semaines après. Elle ouvrit un hôpital le 9 août 1907, jour de la fermeture des fumeries. Cette cérémonie s'accomplit en grande pompe, avec cavalcades dans les rues, où l'on exhiba des fumeurs d'opium dans des accoutrements inspirant la pitié ou le dégoût. Tous les anti-opiumistes avaient arboré à leur coiffure un ruban où on lisait : « Société de rupture avec l'opium. »

Le 5 octobre suivant, à Lian-Kiang (Fou-Kien), eut lieu dans le temple du dieu de la guerre, une réunion solennelle pour l'inauguration de la société anti-opiumique « Pour écarter le poison ».

A Shanghaï, le lendemain du jour de la fermeture des fumeries, la ville était en fête, on entassa des pipes et des ustensiles de fumeur dans de grandes corbeilles et on les brûla.

A Chao-Hing (Tché-Kiang), on vit également des feux de joie de 2,000 pipes d'opium. Sur tous les établissements publics flottait l'étendard du Dragon avec cette inscription : « A partir de ce jour, la Chine entre dans la catégorie des grandes puissances. »

Au début de septembre, la grande fête de Hang-Tchéou-Fou, la capitale du Tché-Kiang, vit une nouvelle manifestation ; 10,000 pièces de fumerie, accumulées en pyramides de trois mètres de haut, furent détruites par le feu en présence d'une foule énorme de peuple, d'étudiants et de mandarins (1).

Le Dr Mazzolani, professeur à l'école militaire de Yunnan-Sen, dans une lettre qu'il écrivait au Dr Jeanselme le 1er janvier 1909, racontait que les fumeurs, pour prouver leur sincérité, apportaient leurs pipes à la

(1) Cf. Millant, *op. cit.*, p. 233-240.

FIG. 8. — Guirlandes de pipes à l'une des portes de Yunnan-Sen.

G. STEINHEIL, éditeur.

capitale, où elles sont suspendues à la façade et sous les voûtes des portes monumentales de l'enceinte. Jusqu'à présent, 22,000 pipes ont été envoyées.

En ce qui concerne la culture du pavot, voici les opinions optimistes. Au Szé-Tchouen, sur 61 districts sur lesquels on a des renseignements précis, 53 en 1910 ont déjà réalisé la suppression complète du pavot. On pénètre dans le Szé-Tchouen en remontant le Yang-Tsé depuis Shanghaï. Un voyageur qui, venant en Europe quelques mois auparavant, avait vu les rives du fleuve couvertes de champs de pavot, souvent juxtaposées sur de longues distances, écrit en rentrant à son poste en 1910 : « J'avais beau regarder avec une extrême attention, les kilomètres suivaient les kilomètres sans que je puisse voir autre chose que de belles moissons d'avoine, de pois, de haricots. Un peu plus loin, je revis quelques champs d'opium, mais à peine un sur cent » (1).

Dans un district où la populace voulait maintenir la culture du pavot et où l'administrateur local avait cédé, le vice-roi l'a dégradé, condamné à l'amende... et à la résidence jusqu'à ce qu'il eût fait arracher la dernière plante de pavot.

Pour le Yunnan, le Dr Mazzolani écrit : « Pendant mon voyage de Mongtsé à Yunnan-Sen, j'ai pu voir moi-même que de vastes étendues de terrain plantées encore en pavot l'année précédente, produisent maintenant du maïs ou des fèves. Toute la région située à l'est du lac Haï-Men-K'iao (1,820 mètres d'altitude) n'a pro-

(1) Lettre du Rév. J. VALE, 3 mai 1910, in brochure : *Has china proved her sincerity ?*

duit cette année que du tabac ; partout on voyait des claies en bambou sur lesquelles on le faisait sécher. La récolte du riz, des haricots et autres légumineuses a été en 1908 en général très bonne, et le prix des subsistances, par rapport à l'année précédente, a presque diminué de moitié. »

M. Alexandre Hosie, consul général anglais, spécialement chargé de l'enquête à ce sujet, écrit dans son rapport, daté de Yunnan-Fou, le 15 avril 1911 : « Estimée à 60,000 piculs avant l'introduction des mesures de suppression, la production d'opium au Yunnan a diminué dans des proportions très sensibles ; je suppose que pour 1910-1911, elle ne dépassera pas 15,000 piculs ; il y a donc eu réduction d'environ 75 % » (1).

Dans le Tchili, autour de Pékin, on a labouré des champs dans lesquels le pavot avait été semé et empêché la croissance. Au cours d'une tournée de huit jours dans l'intérieur, un voyageur rapporte avoir vu une seule et unique fleur de pavot. En Mandchourie, les indigènes ont cessé la culture. Autour de Shanghaï, les rizières ont remplacé en beaucoup d'endroits les champs de pavot.

M. Muller, conseiller britannique à la légation de Chine, déclare que la réforme est en bonne voie et que le progrès réalisé est assurément fort sensible en ce qui concerne la restriction de la culture du pavot. Le correspondant du *Times* à Pékin écrit au début de l'année 1911 que des enquêtes scrupuleusement faites permettent

(1) Cité par PANNIER, *Mémoire sur la question de l'opium*, p. 51.

d'évaluer à 25 % la diminution de la culture du pavot en Chine pendant ces trois dernières années. Et déjà en 1909, à la Commission de Shanghaï, le délégué chinois déclarait officiellement que les mesures prises par le gouvernement avaient eu pour effet de réduire la production de l'opium de 534.000 piculs à 367,250.

Pour la consommation, nous trouvons encore des témoignages divergents. La mission du commandant d'Ollone, qui depuis plus de deux ans explore le sud-ouest de la Chine et fit un assez long séjour au Szé-Tchouen, émet une opinion optimiste : « Une des choses qui frappèrent le plus la mission, c'est le sérieux avec lequel les autorités chinoises poursuivent la lutte contre l'opium. On a dit et répété que celle-ci est toute de façade, qu'en réalité les fumeries fonctionnaient toujours presque toutes. Cela est peut-être vrai en certaines régions, car les populations, quelles qu'elles soient, ne se laisseront jamais arracher facilement à une passion comme le besoin de fumer la drogue aux rêves enchanteurs. Il n'en est pas ainsi au Sze-Tchouen. La plupart des fumeries y sont fermées ; beaucoup de fonctionnaires ont été cassés et, dans l'armée surtout, l'opium est une cause d'exclusion immédiate. La plupart des citoyens reconnaissent le bien-fondé de cette prohibition. La mission a rencontré à chaque pas des gens qui lui demandaient un remède pour se guérir de leur funeste habitude. »

Au Yunnan, d'après les autorités, il n'y aurait plus que 50 p. 100 des habitants qui continueraient à fumer clandestinement.

Au Shangtung, tandis que dans la concession anglaise de Weï-Haï-Weï, la consommation locale avait presque entièrement cessé, l'importation de l'opium indien avait beaucoup augmenté pour compenser la suppression des arrivages du Yunnan et du Sze-Tchouen. Mais de grandes quantités de caisses ont été laissées pour compte aux importateurs, faute de clients en nombre suffisant.

Dans la concession allemande de Kiao-Tchéou, un phénomène analogue s'est produit : plus de la moitié des caisses d'opium importées est restée dans les magasins des douanes ; il y a eu une crise commerciale intense que les banquiers ont eu peine à conjurer après de très grosses spéculations (1).

En plus, le prix de l'opium monte considérablement : ce qui diminue encore la consommation. Au Sze-Tchouen, ceux qui veulent fumer à tout prix paient quinze fois plus cher qu'autrefois. A Nanking, le prix de l'opium importé a augmenté de 60 p. 100.

M. Muller est encore d'avis que la consommation a diminué notablement dans la plupart des provinces, dans les capitales et dans les grandes villes en particulier. Et à la Commission de Shanghaï, on déclarait officiellement que le nombre des fumeurs avait diminué dans les mêmes proportions que le nombre des piculs produits, c'est-à-dire de près de moitié.

Mais tout le monde n'est pas de cet avis. Voici maintenant les opinions pessimistes.

On a dit que les gens qui faisaient brûler les pipes ou

(1) Cf. PANNIER, *La lutte contre l'opium*, p. 13.

les envoyaient à la capitale, s'ils en détruisaient une en gardaient plusieurs chez eux. On affirme même que les pipes que l'on brûle ne sont pas des pipes, mais bien des morceaux de bambou de 60 centimètres, coupés pour la circonstance, dans la forêt prochaine.

Pour la culture du pavot, le Dr Legendre, qui a exécuté durant trois années de longs voyages dans les principaux centres de production, affirme qu'elle gagne du terrain, accaparant partout le meilleur sol, et M. Wilson, botaniste anglais, qui a parcouru dans ces dernières années toute la province du Sze-Tchouen, est du même avis. M. de Pouvourville, dans la *Dépêche coloniale*, nous dit aussi que si la culture a disparu près des routes fréquentées par les Européens, elle continue dans les vallées.

De statistiques publiées par des journaux chinois, il ressort que la culture du pavot prend chaque jour plus d'extension dans les provinces de l'intérieur : telles que le Kan-Sou et le Chen-Si.

Au Yunnan, dans la partie montagneuse du Nord de de la province, les populations aborigènes, à demi-sauvages, Lolos, Sifans, etc., narguent les arrêtés du vice-roi et continuent la culture du pavot. Dans la province voisine de Kouéi-Tchéou, la culture et la préparation de la drogue n'ont subi aucun ralentissement.

Pour la consommation, même note pessimiste. Le bel enthousiasme des premiers jours ne dura pas ; et dès 1908 un fléchissement se produisit dans le mouvement antiopiumique. Au Yunnan, le nombre des fumeurs recommença à augmenter ; on se remit à fumer, notamment dans les bateaux de fleurs de Canton ; des fumeries clandestines se rouvrirent. En Mandchourie les habitants fument encore presque tous. Dans le Hou-Pé, la douane constate une progression constante dans la vente de l'opium. Et une lettre de M. Jean Rodes, adressée au *Temps*, le 14 avril 1909, dit que rien de ce qu'il a vu ne l'autorise à croire que la passion des Chinois pour l'opium a diminué, au contraire. Tout au plus se cache-t-on davantage ; la passion sévit dans les fumeries clandestines.

Que conclure de tout cela ? Un rapport de M. Leech, conseiller à la légation de Pékin, paraît bien résumer le caractère de la campagne entreprise et répondre à l'opinion des différents auteurs : c'est la constatation de l'énergie déployée par le gouvernement central opposée à l'apathie et à l'indifférence des fonctionnaires provinciaux qui n'ont jamais exercé contre la drogue qu'une action molle, toute de circonstance.

Pouvait-on demander davantage à la Chine ? Dans cet immense empire, aussi vaste que l'Europe, le pouvoir central est faible ; les provinces dont quelques-unes sont peuplées de 40 et même 60 millions d'habitants, ont en quelque sorte leur autonomie ; comment leur imposer par la force une réforme, incompréhensible pour le plus grand nombre, qui amoindrit momentanément la richesse publique, qui modifie l'assiette de l'impôt et qui lèse les intérêts des particuliers ?

Ajoutons à cette considération que les mandarins sont souvent cupides et vénaux et ont intérêt à fermer les yeux sur l'inobservation de la loi ; que la soif de l'opium est si impérieuse pour ceux qui ont goûté à la fatale drogue qu'on ne peut espérer les guérir par la persuasion, encore moins par la crainte des châtiments ; que seules les jeunes générations peuvent être soustraites à l'empire de l'opium ; et nous comprendrons qu'il faut faire crédit à la Chine et que c'est seulement dans un assez grand nombre d'années qu'on pourra apprécier la portée de la réforme.

L'Angleterre en a jugé ainsi puisqu'elle a passé avec la Chine le nouvel arrangement du 8 mai 1911. En 1908 cependant, elle avait estimé que la réforme n'allait pas assez vite et avait envoyé une note au gouvernement de Pékin. L'impératrice douairière fit alors venir les commissaires impériaux pour la prohibition de l'opium et les réprimanda sévèrement en leur demandant des explications. La Chine parut alors redoubler d'efforts. Néanmoins les deux nations se suspectaient l'une l'autre. La cour chinoise déléguait deux mandarins aux Indes pour se rendre compte du nombre de charges d'opium importées en Chine. Deux mois plus tard, le gouvernement anglais chargeait le correspondant du *Times* d'une mission d'étude sur l'opium en Chine.

Toutefois, les mesures prises par le gouvernement de Pékin paraissaient justifier l'opinion optimiste. Le 1er novembre 1910, prononçant un discours dans la ville universitaire de Cambridge, le sous-secrétaire d'Etat anglais pour l'Inde, M. E. S. Montagu faisait cette déclaration : « Peu de réformes, dans le cours de l'histoire universelle, ont été aussi merveilleuses que l'effort viril, énergique, décisif, que les Chinois ont fait et font encore pour se débarrasser de la drogue maudite qui asservissait leur nature. Les progrès déjà réalisés et qui continuent de plus en plus à s'étendre, dépassent de beaucoup tout ce qu'auraient pu annoncer et considérer comme possible des Chinois eux-mêmes, il y a très peu de temps ».

Et l'Angleterre, estimant d'après ses enquêtes que la production de l'opium en Chine a été réduite de 80 p. 100 et que dans certaines provinces elle a complètement disparu, a consenti à passer avec le gouvernement chinois le nouvel arrangement. Mais sur ce point encore et sur la valeur du nouveau traité, certains journaux demeurent sceptiques en faisant constater que le revenu de l'opium aux Indes, qui a été de 4.425.000 livres sterling pour l'année du 31 mars 1909 au 31 mars 1910 est de 6.500.000 livres du 31 mars 1910 au 31 mars 1911.

Quoi qu'il en soit de ces contradictions et de ces indécisions, ce ne sont pas seulement les résultats que nous venons de passer en revue qui nous font proclamer insuffisants les remèdes contre l'opium tirés de la législation. Quelque chose nous inquiète bien davantage et est beaucoup plus significatif. Nous voyons l'opium sous d'autres formes et surtout sous forme de morphine forcer de toute part les frontières de l'empire chinois et d'autres pays qui luttent contre l'opium que l'on fume.

En Europe, la morphinomanie est assez répandue ; l'usage de fumer l'opium s'y est ajouté dans des proportions restreintes. Dans les pays d'Extrême-Orient, la morphinomanie était peu connue ; devant les difficultés où l'on se trouve de fumer l'opium, la pratique des injections hypodermiques de morphine tend à prendre des proportions considérables ; aussi bien que l'absorption de l'opium par la voie digestive.

La Commission d'enquête nommée pour les Straits-Settlements signale ce danger et donne un avis défavorable à l'augmentation trop considérable du prix du chandoo qui, dit-elle, ne manquerait pas de développer l'usage de la morphine moins chère.

Au Siam, le gouvernement redoute, dans le cas où il engagerait une lutte plus active contre l'opium, que l'usage de la morphine ne se répande et il a déjà pris des mesures contre la vente de cet alcaloïde.

Beaucoup de Célestes de leur côté avaient peu à peu abandonné la pipe pour la seringue de Pravaz et la morphine. Aussi toutes les puissances, à l'exception du Japon, avaient-elles donné leur assentiment à l'application des clauses contenues dans les traités anglais et américain de 1902 et 1903, interdisant l'importation de ces produits, sauf dans un but médical et à l'usage des dispensaires et hôpitaux. Les Japonais importaient dans l'Empire du Milieu des stocks énormes d'aiguilles hypodermiques. Mais les Chinois n'eurent pas toujours besoin des Japonais pour la fabrication des seringues à morphine. Au fur et à mesure de la promulgation des décrets se développait une importante production locale qu'un édit impérial en date du 16 juillet 1908 tenta de réprimer : « Les Chinois qui manufacturent de la morphine ou autres produits analogues d'application hypodermique et les commerçants qui vendent de la morphine sans autorisation des douanes seront bannis vers une « pestilential frontier » de l'empire et leurs boutiques seront fermées ». Cet édit correspondait à un mémoire du ministère des lois, demandant que des dispositions sévères soient prises pour supprimer l'usage de ce poison si violent et la fabrication des instruments servant à l'injecter.

Il était grand temps de prendre des mesures énergiques, car, au dire du Dr Apsland, de Pékin, il n'était pas de village où l'on ne trouvât la Pravaz chez plusieurs de ses habitants.

Une enquête vers la fin de 1908 montra que trois hauts fonctionnaires se faisaient de gros bénéfices par la vente de pilules anti-thébaïques, qui n'étaient autres que des pilules de morphine ; d'autant plus que ces produits entraient en franchise sous la rubrique : Remèdes contre l'opium. Mais le gouvernement chinois en septembre 1908 provoqua un nouvel accord des puissances pour probiber l'importation en Chine de la morphine en dehors de la quantité nécessaire à l'usage médical. Cette mesure est entrée en vigueur le 1er janvier 1909 (1).

Cette même année 1909, la Commission internationale de Shanghaï s'occupa de nouveau de la question et émit deux vœux que nous avons déjà rapportés. Elle recommandait aux puissances de prendre, chacune en ce qui la concernait, des mesures coercitives pour contrôler la fabrication, la vente et la diffusion de cette morphine et leur demandait aussi de s'entendre avec la Chine pour les mesures à prendre contre ce produit dans leurs concessions ou établissements en Chine.

(1) Cf. Millant, *op. cit.*, p. 230-231.

Dans sa séance du 27 octobre 1910, le Conseil municipal de Hong-Kong, composé de membres anglais, a voté un ordre du jour ainsi conçu : « Le Conseil municipal de Hong-Kong attire respectueusement l'attention du Secrétaire d'Etat aux Colonies sur le fait que toute la morphine importée dans ce pays provient directement du port de Londres. Il le prie humblement de déposer au Parlement un projet de loi qui permette au gouvernement de Hong-Kong d'enrayer les progrès croissants de la morphine, plus dangereuse encore dans ses effets que l'opiomanie. » Sir F.-H. May, gouverneur de Hong-Kong, se refusa à transmettre ce vœu qu'il considérait comme injurieux pour le gouvernement de S. M. Britannique. Il voulut bien cependant faire savoir aux pétitionnaires que le gouvernement avait déjà été saisi de la question et que s'il n'avait pas pris des mesures pour la prohibition des importations de morphine en Chine, c'est qu'il considérait comme absolument vaine une action isolée. Le jour où tous les pays fabricants et exportateurs de morphine se seraient engagés solennellement à ne plus en vendre aux Chinois, le gouvernement britannique pourrait alors se croire obligé d'imiter leur exemple.

La Conférence internationale qui vient de tenir ses séances à La Haye a repris la question. D'ailleurs, depuis que l'on prend des mesures énergiques contre la morphine, la fraude et la contrebande commencent à se faire jour et on se heurte, pour elle comme pour l'opium, aux mêmes difficultés et aux mêmes impossibilités dans la lutte. Et si l'on arrivait à en réduire considérablement l'emploi sans avoir modifié la mentalité des hommes, un autre excitant, un autre poison surgirait, contre lequel il faudrait encore engager la lutte dans les mêmes conditions défavorables, et ce serait toujours à recommencer.

Nous voyons, en effet, d'après des statistiques et des rapports médicaux que la consommation de l'alcool augmente en Chine. L'ivresse, jadis très rare, commence à se rencontrer plus fréquemment, surtout dans la classe aisée. Sans doute, chez les Orientaux, l'alcool se substitue moins facilement à l'opium que la morphine à cause de leur tempérament, et à cause de l'action différente des deux produits ; mais cela n'est pas absolu. Et malgré l'élévation de l'impôt sur l'alcool, nous trouvons, notamment à Hong-Kong et à Singapore, une consommation beaucoup plus grande de ce produit et cela surtout du fait des Chinois qui deviennent les meilleurs buveurs lorsqu'ils en ont pris le goût.

Telles sont les raisons pour lesquelles nous estimons insuffisants les remèdes tirés de la législation, tant qu'une réforme profonde ne sera pas intervenue dans les mœurs.

Un pays cependant paraît nous donner tort : c'est le Japon qui par sa législation prohibitive et la sévérité de ses pénalités semble s'être préservé et s'est préservé effectivement de l'opium. Mais il y a dans ce pays des raisons plus profondes qui ont écarté le fléau. Ces raisons ont été remarquablement exposées dans le rapport de la Commission d'enquête américaine pour les Philippines. Le Japonais, en tant qu'homme, craint l'opium « comme nous craignons le cobra ou le serpent à sonnettes » et il méprise les victimes de l'opium. D'ailleurs, comme nous avons pu le constater, il se livre peu aux excitants : il ne boit pas de café ; son thé est faible ; il fume du tabac exempt de préparations narcotiques. Cette crainte de l'opium est même si forte que la société frappe d'ostracisme celui qui n'a pas cette crainte : quelqu'un qui se sert de l'opium au Japon est considéré socialement comme un lépreux. La loi n'est donc pas une injonction imposée au peuple par la volonté d'autorités despotiques ; ni le résultat d'une victoire d'une majorité sur une minorité, mais bien l'opinion publique elle-même cristallisée. Le peuple non seulement obéit à la loi, mais en est fier ; c'est la loi du gouvernement, mais c'est aussi la loi du peuple. Cette loi prohibitive n'a jamais été appliquée comme remède curatif, mais comme remède préventif, puisque jamais le désir de l'opium ni son usage vicieux n'ont existé au Japon. De plus, le Japonais est soumis à la loi et a pour elle un grand respect : ce qui assure encore le succès de ses défenses ; la police est confiée à une classe d'hommes supérieurs. Ajoutons que la question de l'opium au Japon est envisagée seulement au point de vue moral, sans qu'on s'occupe de questions d'intérêts : ce qui simplifie beaucoup le problème.

On ne peut donc généraliser et conclure du Japon aux autres peuples, bien au contraire ; nous voyons, en effet, que dans ce pays, le point de vue moral est prépondérant ; l'individu a une mentalité telle qu'il ne veut pas se livrer à l'opium ; nous croyons que là est la clef du problème.

DEUXIÈME GROUPE

REMÈDES TIRÉS DE LA MORALE ET DE LA RELIGION

Devons-nous, parce que nous pensons que les remèdes dont nous allons parler sont fondamentaux, rejeter et mépriser ceux que nous avons exposés plus haut : prohibition et réglementation ? Loin de nous cette pensée. Nous estimons au contraire que ces moyens doivent être mis en œuvre avec un esprit large, mais d'une manière très ferme. Le gouvernement doit faire tout ce qu'il peut pour que l'opium ne soit pas mis librement à la disposition des individus ; pour rendre aussi difficile que possible l'acquisition de ce produit ; pour supprimer les fumeries, qui sont une tentation de tous les instants, au même titre que les cabarets pour les buveurs. Toutes les mesures réglementaires ou même prohibitives dirigées dans ce sens sont hautement recommandables ; il est impossible, en effet, d'obtenir un résultat soit curatif, soit préventif si, matériellement, on laisse sous la main de l'individu l'objet de sa passion et de sa tentation : Mais ce que nous ne craignons pas d'affirmer, c'est qu'un gouvernement quel qu'il soit, qui, tout en faisant des lois, ne s'occupe pas des lois morales ou même quelquefois les combat, court à un échec certain : et cela, parce que ses défenses et ses conseils manquent de base ; parce que les individus se soucieront fort peu, toutes les fois qu'ils le pourront, de violer ou de tourner la loi, et parce que le gouvernement laissera l'homme aux prises avec ses instincts mauvais et ses plus basses passions, sans chercher à développer en lui un idéal moral.

Nous devons donc maintenant, à la suite des remèdes tirés de la législation, nous occuper des remèdes que l'on peut tirer de la morale et de la religion.

§ 1er. — La Morale.

On a si bien compris l'insuffisance des remèdes législatifs, que partout où on lutte contre l'opium, on essaie par différents moyens d'obtenir une transformation de la mentalité de l'individu et de créer un courant d'opinion qui condamne les fumeurs.

A Formose, où les Japonais font une croisade active contre l'opium, ils ne négligent pas de faire la cure morale : on peut recevoir dans les hôpitaux des soins médicaux, en même temps que des conseils pour l'avenir, qui auront pour but d'empêcher le fumeur de retomber dans sa passion ; dans les écoles publiques, on instruit les enfants des méfaits de l'opium ; on cherche à entraîner les Chinois à jouer au tennis, au foot-ball, au polo, etc. L'exemple des Japonais, qui s'abstiennent complètement de la drogue, paraît aussi très efficace sur les Chinois.

Aux Philippines, les Américains ont pris des mesures analogues : les soins médicaux et moraux à recevoir dans les hôpitaux sont même rendus obligatoires par la loi.

La Commission nommée pour étudier la question en

Indo-Chine préconisait comme adjuvant utile : l'affichage dans les lieux publics, les écoles, d'images moralisatrices figurant l'irrémédiable déchéance réservée aux fumeurs ; ainsi que des conférences mettant les jeunes gens en garde contre la nocivité de la drogue.

La Commission d'enquête pour les Straits Settlements déclarait que la campagne des sociétés antiopiomiques fondées à Singapore, à Penang, à Perak et à Selangor avait eu pour bon résultat de rendre le fumeur impopulaire ; et elle concluait que le vrai moyen de supprimer l'opium, c'était d'en détruire l'idée dans l'esprit des individus, et que ce but ne pouvait être atteint que par l'éducation populaire.

En Chine, les mêmes moyens ont été employés et le sont encore. Liberman nous dit avoir eu entre les mains un album trouvé dans le palais de Yen-men-Yen et destiné à réagir contre l'opium. Sur la première planche, on voit un riche fumeur, couché sur un canapé ouvragé avec soin et entouré de tout le luxe désirable ; peu à peu sur les planches suivantes, on le voit passer à une misère profonde et il finit sur une natte après avoir ruiné femme et enfants.

La littérature populaire elle-même a lancé quelques pièces qui stigmatisent l'opiomane, en exposant ses tares, ses misères, ses ridicules et ses vices et qui livrent au mépris de tous sa passion devenue insurmontable. La comédie traîne aussi sur les planches le fumeur intoxiqué, le fustige de coups cinglants, le perce de traits acérés. Sous son masque squelettique, elle en fait le type du misérable loqueteux, du fripon éhonté, toujours en quête de sapèques nécessitées par l'achat du poison indispensable.

Actuellement, les Chinois font tous leurs efforts pour accroître la réprobation vis-à-vis des fumeurs. Par le livre, par l'image, ils cherchent à moraliser le peuple. Des albums coloriés, de grossières enluminures retracent les vicissitudes du fumeur, qui réduit les siens à la misère, qui s'enrôle ensuite dans quelque bande de brigands et accumule forfaits sur forfaits pour se procurer de la drogue jusqu'au jour où le coupe-coupe du bourreau vient mettre un terme à ses crimes.

A Mongtsé, une affiche apposée par les soins du Comité de lutte, composé de mandarins civils et militaires, représente toute une légion d'êtres squelettiques, au visage décharné, au regard éteint. Et pour que nul n'ignore la cause de leur déchéance physique, quelques-uns d'entre eux au premier rang tiennent le bambou fatal ou aspirent la fumée délicieuse, mais troublante et mortelle. Les fumeurs y sont encadrés de diverses légendes. En haut : « La caste des fumeurs d'opium divisés en trois classes et qui sont un fumier de diables ». A droite, des caractères chinois constituent une estampille de la mission catholique et signifient : « Cela est conforme à ma manière de voir » ; et « Envoi de la Bibliothèque de l'Eglise chrétienne de Canton, au directeur de la ligue contre l'opium ». A gauche, en rouge, deux gros caractères signifient : « la vérité ». Enfin, au-dessous, un long discours peu compréhensible : « Il y a plus de riz noir que de riz blanc. Les diables fumeurs des trois classes ont dépensé nos ressources de Canton,

FIG. 9. — Affiche chinoise moralisatrice montrant la déchéance des fumeurs.

plus de trois cent mille taëls par jour. Hélas ! cela est vraiment dangereux. Les étrangers de toutes les nations qui résident à Shanghaï et à Hong-Kong, nous aident à défendre de fumer l'opium. Les étrangers sont dans le vrai. Ils ont divisé clairement les fonctionnaires et les voleurs, et ils n'ont pas de délégués qui protègent les fumeurs ; par conséquent, ils ont bien arrangé les choses pour qu'on ne puisse être volé : oh ! ah ! ceux dont nous parlons, vous pouvez les connaître au bout d'un an. Nous venons d'apprendre que les faubourgs de toutes les sous-préfectures ont été fortement fréquentés par les fumeurs. Nous avons décidé de lever des troupes pour détruire toutes les fumeries » (1).

Dans les nombreux recueils, destinés aux écoles du Céleste Empire, on trouve aujourd'hui des tirades vengeresses contre la « fumée diabolique » dont l'abus marquerait pour les Jaunes l'apparition d'épouvantables calamités et la fin même de la race. Partout, on enseigne aux enfants ces principes fondamentaux : « Ne vous adonnez ni au vin, ni au jeu ; ne touchez pas à l'opium ». La chanson populaire propage ces idées. En voici une intitulée, les cinq veilles de l'opium :

« A la 1re veille, la lune éclaire le devant du lit. Pourquoi hélas ! les hommes fument-ils l'opium ? Malheur indicible... Parents et amis viennent me supplier de ne plus fumer l'opium ;

« A la 2e veille, la lune éclaire le côté est de la maison. Les effets de ce poison, l'opium, sont terribles... Messieurs, n'en usez pas, on dépense son argent, on devient

(1) *Semaine médicale*, 3 mai 1911.

laid. Si vous contractez cette habitude, vous n'aurez plus un seul jour de tranquillité : votre vigueur s'en ira et votre vie sera en danger ;

« A la 3e veille, la lune éclaire l'espace. Le poison de l'opium est terrible. On prie un ami de vous apporter la lampe à opium sur la table ; on tient la pipe à la main ; on enduit d'opium brut le bout de l'épingle ; on le fait griller, puis on aspire bouffée par bouffée. Ivre comme si on était dans les nuages ! Ma vie n'est bonne à rien ; je ne suis bon à rien ;

« A la 4e veille, la lune est tombée à l'Ouest. Les fumeurs d'opium sont bien à plaindre. Tes deux yeux sont enfoncés dans leur orbite ; tes quatre membres n'ont plus de force ; ton échine est courbée ; tu ne saurais faire un pas ; un flot de larmes coule sans interruption de tes yeux ;

« A la 5e veille, les coqs font leur vacarme ; plus de ressources dans l'avenir pour les fumeurs d'opium ; l'argent de la famille est passée en fumée ; sur la tête ils portent un vieux chapeau ; leur veste est rapiécée en mille endroits ; leurs souliers autrefois brodés d'un papillon, aujourd'hui percés au bout et éculés, quittent leurs pieds à chaque pas : c'est triste à voir.

« Messieurs, ne fumez pas l'opium ; l'étudiant se fatigue à lire, le paysan à cultiver les champs, les femmes ne quittent jamais l'aiguille ; les cent mandarins civils et militaires ont tous à remplir les devoirs de leur charge. Je vous conseille de ne pas fumer même l'opium qui vous est offert et que vous n'auriez point à payer » (1).

(1) Cité par MILLANT, *op. cit.*, p. 206-207.

Ces moyens d'ailleurs, de l'avis de tous, ne paraissent pas avoir eu grand résultat. Faut-il s'en étonner ? Nous pensons que ces conseils, excellents en eux-mêmes, ne pourront avoir une efficacité réelle que s'ils sont basés sur une idée d'ordre supérieur qui dépasse l'homme.

Les Chinois s'étaient déjà rendu compte à plusieurs reprises de cette nécessité, et avaient fait appel contre l'opium aux sages préceptes de la philosophie confucéenne. Les pensées morales de Confucius, en effet, tout en ne visant pas l'opium, contiennent cependant un certain nombre de conseils qui peuvent parfaitement s'appliquer à lui. En voici quelques-unes :

VI. « Le Ciel a lui-même imprimé dans l'homme la raison naturelle ; on peut l'appeler la règle, parce que sa nature s'y conforme et la suit. Rétablir cette règle dans la pratique en l'observant nous-même et en la faisant suivre à ceux qui dépendent de nous, c'est obéir aux véritables lois de la vertu.

VII. « Puisque cette règle forme l'essence de la raison naturelle, l'homme ne peut ni ne doit jamais s'en écarter. Si l'on pouvait quelquefois l'abandonner impunément, ce ne serait plus une règle imposée par le ciel à la nature.

VIII. « Aussi l'homme parfait est-il sans cesse attentif sur lui-même ; il veille diligemment jusque sur les choses que les yeux ne peuvent apercevoir ; tels que sont les plus légers mouvements de l'âme. Il éprouve une sage timidité sur les choses mêmes que les oreilles ne peuvent entendre et ne s'éloigne jamais, dans aucune action de la vie, de la loi immédiate de la droite raison.

X. « Le germe des passions est naturel à l'homme, ou plutôt il est la nature même ; sans cesse il tend à se produire par des actions. Mais le sage impose à ses passions le frein que lui présente aussi la nature, en tant qu'elle est le principe de la raison.

XVII. « Tout homme dit aujourd'hui : je sais ce qu'il faut faire et ce dont on doit s'abstenir. Ceux qui parlent avec tant d'orgueil ont bien sous les yeux les profits et les avantages, mais non les désavantages et les dangers. Ils se jettent d'eux-mêmes et s'enveloppent dans mille filets dont ils ne pourront jamais se dégager. Vous êtes assez prudent, dites-vous. Je vois bien que vous saisissez le point juste du bien ; vous vous y conformez d'abord, mais vaincu par votre faiblesse, et bientôt fatigué, à peine y persisterez-vous un mois entier. A quoi vous sert donc une connaissance dont vous tirez si peu de fruits ?

XLVI. « Le plus haut degré du courage consiste dans une victoire continuelle sur soi-même.

LVIII. « Conduisez-vous toujours avec la même retenue que si vous étiez observé par dix yeux et montré par dix mains.

LXIII. « Nourris-toi sans te livrer aux délices de la table ; loge-toi sans rechercher les aises de la mollesse ; agis avec soin, parle avec prudence et ne t'applaudis point à toi-même. Recherche surtout le commerce des sages ; que leurs conseils soient tes lois ; et te voilà bien avancé dans l'étude de la sagesse.

CXI. « Que mon disciple Hoéi est sage ! Un peu de riz bouilli fait sa nourriture ; une tasse d'eau le désaltère, un coin de la place est son gîte. Homme vulgaire, sa vie te paraît misérable; mais elle ne lui fait rien perdre de sa gaieté.

CCIII. « Trois joies sont utiles, et trois pernicieuses. Il est utile de se réjouir de la pratique de ses devoirs, du récit des bonnes actions, de l'amitié d'un grand nombre de sages. Il est pernicieux de mettre sa joie dans l'orgueil et la vanité; dans la vie oisive et licencieuse; dans les festins et les voluptés ».

Et le second philosophe de la Chine, Meng-Tseu, auteur d'un livre classique qui porte son nom exprime des pensées analogues :

LXXXI. « Peu de gens périssent par le poison et cependant il fait horreur. Les délices de la volupté tuent des hommes sans nombre et personne ne les redoute.

CIV. « Se vaincre soi-même, c'est le moyen de n'avoir pas d'autres maîtres.

CXIII. « On cherche de bons remèdes contre les maladies; il vaudrait mieux s'appliquer à conserver sa santé. On se fait des associés pour se secourir et se défendre mutuellement; la réputation d'homme juste et fidèle serait une garde plus sûre. On veut passer pour riche et accrédité; il vaudrait mieux passer pour droit et sincère; on tâche de surprendre l'estime des hommes, il serait plus sage de la mériter. On se glorifie d'avoir de grandes terres et des bâtiments somptueux; il serait bien plus glorieux d'avoir des mœurs. »

Par ces quelques citations, on peut voir que la morale de Confucius prescrit la sobriété, la simplicité des goûts, l'empire sur soi-même, la répression des passions : condamne l'oisiveté et la volupté ; et cela, au nom de la raison naturelle imprimée dans l'homme par le ciel. Toutes ces règles peuvent s'appliquer à l'opium.

Ces sages conseils n'ont pas non plus porté beaucoup de fruits, car les Chinois savaient trop bien que ceux qui y faisaient appel ne les suivaient pas.

Tout récemment enfin, à la Commission internationale réunie à Shanghaï, le vice-roi Tang, soulignant l'importance du point de vue moral de la question de l'opium, terminait ainsi son allocution : « Un grand fonds de morale, c'est la plus grande force sur laquelle nous pouvons compter en Chine pour remporter la victoire dans cette lutte, et hors de Chine, on a aussi le sentiment de cette force immense, plus grande que toutes les armées et que toutes les flottes, plus grande que tout l'or et tout l'argent du monde : la conscience chrétienne. Avec ces forces derrière nous, nous pouvons entrer avec confiance dans ce qui peut bien être appelé une des plus grandes croisades morales du XXe siècle. Quelles que soient les dispositions légales que les nations puissent décider d'adopter les unes à l'égard des autres, nous ne devons jamais oublier qu'il y a une loi plus haute que toutes les lois humaines, une loi plus forte que toutes les lois économiques, une loi qui dépasse même la loi de la nature, et c'est la loi éternelle du ciel qui, par la bouche de Confucius dit : « Ne fais pas à autrui ce que tu ne voudrais pas qu'on te fasse », et par la bouche de Jésus-Christ : « Tu aimeras ton prochain comme toi-même. »

§ 2. — La Religion.

A côté de cette morale naturelle, les différentes religions sont intervenues pour condamner l'opium et pour apporter leur concours dans la lutte entreprise contre lui. La question de l'opium d'ailleurs, à notre avis, n'est pas et ne doit pas être une question confessionnelle. C'est une question pour laquelle tous les hommes doivent s'entendre, qu'ils aient ou non des convictions religieuses, et dans laquelle tous doivent agir de concert. Néanmoins, les religions peuvent beaucoup dans cet ordre d'idées. Elles peuvent intervenir de différentes manières : elles peuvent, au nom de la morale, demander aux gouvernements de prendre des mesures contre l'opium ; elles peuvent aider le pouvoir civil en faisant comme lui l'éducation des individus par des conférences, des affiches, des images, etc. ; elles peuvent surtout créer chez l'individu une mentalité supérieure, une conscience délicate, un caractère bien trempé qui le rendront respectueux des lois morales en même temps que des lois civiles, toutes les fois que celles-ci ne seront pas en opposition avec celles-là. Enfin, elles peuvent agir plus directement encore, en défendant l'opium, à cause des dangers qu'il présente pour l'âme et pour le corps ; et leurs adeptes, respectueux de leurs prescriptions, s'abstiendront de la drogue.

Ce dernier fait a été constaté à plusieurs reprises par la Commission américaine d'enquête pour les Philippines. Au Japon, où l'on ne fume pas, il y a une forte crainte religieuse de la part des bouddhistes à l'égard de l'usage de l'opium.

Il en est de même en Birmanie ; dans certaines régions de ce pays, un bouddhiste qui fume est rangé parmi les voleurs, les menteurs et les proscrits. Et comme le bouddhisme perd de son pouvoir, la crainte de l'opium diminue et sa pratique augmente. D'ailleurs, ajoute la Commission, lorsqu'un peuple passe d'une religion à une autre, il y a une période de désorganisation pendant laquelle les influences mauvaises peuvent triompher ; ainsi les Birmans, qui passent du bouddhisme au christianisme, sont dans une situation morale dans laquelle l'opium peut faire le plus grand mal. Cette période, du reste, n'est que passagère.

A Java, la Commission constate que le vice de l'opium est excessivement variable suivant les districts ; dans les uns, il est complètement inconnu, dans d'autres très étendu. Après enquête, la Commission a estimé que l'éducation et la religion avaient exercé une influence prépondérante sur le développement du vice de l'opium ; et cette opinion est confirmée par ce fait que le peuple de l'ouest, étant le plus religieux, est en même temps celui qui est le moins contaminé par le vice.

Plusieurs religions, en effet, parmi celles que l'on rencontre en Extrême-Orient, ont dirigé tous leurs efforts contre l'opium. Le Coran, qui défend les boissons alcooliques, n'a eu aucune influence sur l'usage de l'opium ; au contraire, les Musulmans, s'abstenant en principe de vin et d'alcool, remplacent ces excitants par l'opium, qu'ils mangent en grande quantité, mais qu'ils fument peu. En Perse, cependant, ils s'abstiennent de l'opium pendant tout la Ramadan.

La religion de Bouddha ne contenait pas non plus de règle concernant l'opium. Mais on avait étendu à ce produit l'un des cinq grands commandements : « Vous ne boirez pas de liqueurs intoxiquantes », et ce commandement avait été interprété pour empêcher l'usage de l'opium. Nous avons vu plus haut que cette interprétation avait été suivie d'effets dans certains pays.

Les protestants, de leur côté, se sont toujours élevés contre l'usage de l'opium et contre l'immoralité du trafic de cette drogue. Ils ont vivement critiqué l'attitude du gouvernement anglais qui, se moquant des principes abstraits, avait profité de la faiblesse et de l'ignorance des Chinois pour les opprimer au lieu de les protéger, et qui n'avait pas été capable d'accomplir le précepte : fais le bien parce que c'est le bien, au mépris des conséquences.

Cette opinion s'est d'ailleurs traduite plusieurs fois officiellement : d'abord à la conférence des Missions protestantes qui eut lieu à Shanghaï en 1889, où l'on décida de continuer l'opposition systématique contre l'opium ; ensuite à la conférence de Lambeth, en 1908, où les 241 évêques réunis pour la reconstitution du corps de la Communion anglicane, émirent une série de vœux analogues : « La conférence considère l'opium en dehors de son emploi médical, comme un très grave fléau physique et moral, aussi faut-il envisager comme bienvenus les efforts faits pour supprimer un tel usage et spécialement ceux du gouvernement et du peuple chinois. Il faut reconnaître les progrès faits dans la réduction de la culture du pavot, mais il faut apporter encore toute l'insistance auprès de la Chambre des Communes pour que soit posée en fait l'immoralité indigne de tout commerce de l'opium entre les Indes et la Chine. Il est urgent de poursuivre rigoureusement tout ce qui a trait au vice de l'opium. En résumé, il est fait appel au monde chrétien pour demander une effective répression de ce fléau. »

Enfin, au Congrès des Missionnaires, tenu au mois de juin 1910 à Edimbourg, les membres envoyèrent une pétition au gouvernement anglais, appuyée chaleureusement par l'évêque de Durham. Les neuf cents signataires envisageaient la question au point de vue de la morale chrétienne. L'évêque résumait ainsi leurs conceptions : « L'appel moral fait à l'Angleterre pour la suppression des importations d'opium en Chine doit peser dans la balance d'un poids incalculable. Une grande puissance chrétienne ne serait-elle pas irrémédiablement déshonorée du jour où l'on pourrait dire d'elle avec juste raison qu'elle a décliné le devoir qui lui incombait et qu'elle a refusé d'aider la Chine à se débarrasser de ce fléau national. Dira-t-on de l'Angleterre, pour une misérable question d'intérêt, qu'elle a reculé pour ce peuple l'heure de la délivrance ? »

Certains auteurs anglais et certains journaux comme le *Friend of China*, journal de l'Association pour la suppression du commerce de l'opium, envisagent le trafic de ce produit à un point de vue purement confessionnel. Si, disent-ils, les adeptes de certaines théories philosophiques qui ne voient dans chaque grande catastrophe de l'histoire que la conséquence des mauvaises actions humaines, doivent condamner l'opium, à plus forte raison, les croyants à la morale chrétienne le doivent-ils ; le principe fondamental de cette morale ne les pousse-t-il pas à faire aux autres ce qu'ils voudraient qu'on fît pour eux, et leur plus haut idéal n'est-il pas « l'avancement de la gloire de Dieu parmi les hommes ? » Or, le trafic de l'opium empêche l'extension de la religion protestante, car les missionnaires anglais sont identifiés dans l'esprit des Chinois avec ceux qui importent la drogue ; et les Chinois ne peuvent manquer d'objecter qu'un peuple qui importe un pareil poison ne doit pas avoir une religion meilleure que la leur.

Au point de vue pratique, les missionnaires protestants emploient tous leurs efforts contre l'opium, bien qu'un auteur anglais ait cherché à démontrer l'innocuité de ce produit sur la race chinoise et ait reproché aux missionnaires d'avoir dénoncé ses ravages. La conférence des missions protestantes de Shanghaï en 1889, prit la résolution suivante : « Nous engageons chrétiens et missionnaires, à étudier les moyens capables d'aboutir à la suppression de l'opium. Nous invitons à former des sociétés anti-opium avec filiales, dans toutes les stations de missionnaires, et nous prions ces dernières de mettre les populations en garde contre l'usage des médicaments antiopiumiques, qui contiennent la plupart du temps tout ce qu'il faut pour que le fumeur continue à s'intoxiquer ».

Enfin, dans les écoles protestantes, on apprend aux enfants à considérer la drogue comme un élément de déchéance individuelle et nationale, de sorte que les Chinois chrétiens et même non chrétiens sortent des écoles imbus de cette idée.

La religion catholique, elle aussi, n'a pas manqué de s'intéresser à la question.

Tout d'abord, au point de vue moral pur, et sans viser aucun des cas particuliers qui peuvent se présenter dans la pratique, la doctrine catholique se résume dans les propositions suivantes :

« 1° L'usage de l'opium pour seule raison de volupté est intrinsèquement mauvais ; légèrement ou gravement, suivant le degré des mauvais effets qui en résultent :

« 2° L'usage de l'opium qui cause un notable détriment à la santé ou à la vie est gravement mauvais ; car la vie, la santé et l'intégrité de l'organisme ne sont pas notre propriété ; nous n'en sommes que les usufruitiers ; Dieu s'en est réservé la propriété ;

« 3° Il est permis, s'il existe une raison grave et proportionnée au mauvais effet produit, d'user de l'opium jusqu'à ce qu'il cause l'ivresse, en dehors du danger de mort. La raison doit être proportionnée au mal de l'ivresse, et surtout aux mauvais effets qu'entraîne l'usage de l'opium ;

« 4° Quand il y a péril de contracter l'habitude, il faut des raisons absolument graves, à cause des misères physiques et morales quasi-irréparables qu'entraîne l'habitude.

« L'habitude de l'opium semble devoir être plus sévèrement proscrite que celle de l'alcool ; mais c'est aux médecins qu'il appartient de voir la gravité du mal dans les effets particuliers. A l'article de la mort, l'usage de l'opium est interdit, que le moribond soit ou non bien disposé, parce que les derniers instants de la vie sont trop précieux pour se bien préparer au jugement de Dieu.

« En résumé, on peut avoir facilement des raisons suffisantes pour un usage passager de l'opium ; plus difficilement pour un usage fréquent ; jamais pour contracter l'habitude. »

Au point de vue pratique, en Extrême-Orient, les missionnaires se sont trouvés aux prises avec l'opium et ils ont apporté tous leurs soins à combattre le poison. Dans les écoles, les enfants reçoivent un enseignement où on leur montre ses dangers ; des conférences, des affiches instruisent les adultes chrétiens et non chrétiens.

D'ailleurs, si nous voulons nous rendre compte des idées de l'Eglise catholique sur ce sujet, et des efforts tentés par elle, nous n'avons qu'à consulter les instructions de Rome, suscitées par les questions complexes qui se sont maintes fois présentées dans la pratique, et nous verrons que tous les remèdes que l'on peut employer contre l'opium : éducation populaire, transformation de la mentalité des individus par la persuasion, respect de la loi civile, respect de la loi morale, interdiction, y sont contenus.

La première instruction date du 23 juin 1830. Certains vicaires apostoliques d'Extrême-Orient avaient demandé des conseils sur la conduite à tenir vis-à-vis des chrétiens qui exerçaient le commerce de l'opium, ce commerce étant défendu sous peine de mort par les lois civiles. La Propagande répondit que les chrétiens sont tenus à l'observation des lois civiles, même si ces lois ont été faites par des infidèles, pourvu qu'elles ne soient pas contraires à la doctrine chrétienne et à la morale évangélique. Et elle citait à l'appui de son dire un texte tiré d'une épître de Saint-Paul aux Romains, et invoquait l'exemple des premiers chrétiens qui avaient obéi aux lois civiles des princes païens, tant qu'ils avaient pu le faire sans dommage pour la foi et les bonnes mœurs.

L'instruction contenait ensuite une discussion d'ordre théologique sur la division des lois civiles en lois purement pénales dont la violation entraîne une peine, mais pas de faute théologique, et les lois qui obligent en conscience. La Propagande ne cherchait d'ailleurs pas à trancher cette question, ni à savoir dans quelle classe on devait ranger la loi sur le commerce de l'opium ; elle constatait seulement que la loi humaine peut obliger sous peine de faute grave, quand elle est nécessaire pour le bien public ; mais que cette nécessité du bien public est essentiellement variable selon les circonstances particulières qu'il est impossible de prévoir.

L'instruction se terminait par deux avertissements : « La Congrégation de Propagande enseigne et veut que dans la solution des cas variés qui peuvent se présenter, les missionnaires ne négligent pas la loi civile qui défend le commerce de l'opium, mais qu'ils en tiennent un grand compte ; elle veut en second lieu que l'on tienne compte des maux très grands qui sont répandus par l'abus de l'opium. Sur le premier point, il est certain que l'ordre public est garanti par les lois civiles, que le bien public dépend de l'observation de ces lois, et que tout dans une société est bouleversé, si les citoyens n'obéissent pas à ces lois. Quant au deuxième avertissement, les chrétiens doivent s'y conformer très scrupuleusement, eux dont toute la religion est fondée sur la charité non seulement envers Dieu, mais aussi envers le prochain. La religion catholique, en effet, enseigne que chacun doit écarter les maux du prochain, qu'il est tenu par la loi divine d'aimer comme lui-même. Sans doute, cette loi de charité a ses limites; mais ces limites sont d'autant plus reculées que les maux à éloigner du prochain sont plus nombreux et plus graves ; or, les maux temporels et spirituels, qui naissent dans votre vicariat de l'abus de l'opium, et qui peuvent être écartés par l'observation de la loi civile, prohibant le commerce de l'opium, sont très nombreux et très graves. Si vos missionnaires ont sous les yeux ces deux règles, il ne leur sera pas difficile de savoir ce qu'ils doivent faire dans les cas particuliers, et de trouver la voie qui leur permettra de se tirer des cas douteux » (1).

Le 30 septembre 1848, la Propagande adressait une lettre au vicaire apostolique de la presqu'île de Malacca, qui, dans un excès de zèle, avait demandé pour les missionnaires le pouvoir d'excommunier les vendeurs, les acheteurs d'opium, et ceux qui font usage de la drogue. Cette lettre se terminait ainsi : « S'il faut apporter tous ses soins à extirper l'usage de l'opium, il faut le faire avec prudence et précaution pour éviter des maux plus graves. Vous savez combien les sanctions ecclésiastiques doivent être peu appliquées et seulement pour des causes graves, canoniques et bien démontrées ; il vaut mieux

(1) *Collectanea*, I, p. 479-480.

imiter le Christ qui a donné l'exemple d'une si grande douceur et d'une si grande bienveillance; car la plupart des hommes ont tout à gagner des exhortations, des conseils et de la charité » (1).

Quelques années plus tard, en 1852, Mgr Chiais posait une nouvelle question à Rome. Il exposait d'abord les raisons pour lesquelles le gouvernement chinois défendait l'opium : « Etant données, ajoutait-il, les conséquences immorales de l'usage de l'opium, il est évident que les Chinois et les Européens qui le vendent ou en font usage marchent dans une voie contraire aux mœurs et à la religion chrétienne. Il est certain pour tout le monde que l'usage de l'opium est très nuisible pour la santé du corps et de l'esprit ». Il faisait ensuite un tableau bien tracé mais très sombre des maux qui s'abattent sur le fumeur. Dans ces conditions, il trouvait l'instruction de 1830 insuffisante, parce qu'elle ne contenait que les principes généraux, et il demandait une règle définitive sur cette grave question. Le Saint Office répondit le 10 mars 1852 : « Le commerce et l'usage de l'opium, tels qu'ils sont exposés, sont illicites; aussi les vicaires apostoliques doivent-ils, en agissant avec prudence, apporter tous leurs soins à extirper ce commerce et cet usage » (2).

A la suite de cette décision, les missionnaires furent presque unanimes à refuser le baptême aux fumeurs, aussi bien qu'aux producteurs et trafiquants d'opium.

(1) *Collectanea*, I. p. 562.
(2) *Ibid.*, I, p. 577.

Mais cette manière d'agir parut trop radicale et deux ans plus tard, une nouvelle question était posée à Rome : « Ceux qui fument l'opium et qui ne peuvent cesser immédiatement par suite de l'habitude qu'ils ont contractée, sous peine de mort ou de maladie grave, et qui cependant font tous leurs efforts dans la mesure de leurs forces pour se corriger, peuvent-ils être admis au baptême, s'ils sont préparés autrement ». La réponse du 20 septembre 1854 fut affirmative (1).

En ce qui concerne l'absolution, certains missionnaires la refusaient toujours ; d'autres l'accordaient ; d'autres prenaient telle décision que comportaient les circonstances. Il en était de même pour ce qui concernait directement l'opium : tandis que certains faisaient détruire les champs de pavot et afficher sur les murs des maisons catholiques la défense de fumer, de vendre et de cultiver l'opium, d'autres ne pouvaient s'empêcher de constater le grand obstacle qu'apportaient ces mesures aux conversions. Aussi Mgr Lions, vicaire apostolique de la province de Kouéi Tchéou, s'adressa-t-il de nouveau au Saint-Siège.

Il exposait d'abord la situation particulièrement misérable de sa province ravagée par les guerres civiles, et faisait savoir que l'indulgence impériale avait abrogé pour dix ans la défense de cultiver le pavot ; qu'étant données la pauvreté du pays et la foi chancelante des chrétiens, les lois de l'Eglise n'empêcheraient pas cette culture. Il estimait aussi que les effets de l'opium

(1) *Collectanea*, 1, p. 588.

avaient été dépeints sous des couleurs trop sombres dans le rapport de 1832 et posait les questions suivantes :

1° Tous ceux qui plantent l'opium, sans acception des personnes, peuvent-ils être admis aux sacrements ?

2° Dans une famille, si le père n'est pas admis, la femme, les enfants, les domestiques qui aident le père peuvent-ils être admis ?

3° Ceux qui ne peuvent, par suite d'une habitude invétérée, renoncer à l'opium sans péril de mort ou de maladie grave, peuvent-ils être admis ?

4° L'opium peut-il être pris à titre de médicament, même quand il y a danger de contracter l'habitude ?

5° Ceux qui louent les champs, peuvent-ils permettre aux locataires de planter de l'opium ?

La propagande répondit le 27 mars 1878 :

1° Oui, les planteurs peuvent être admis aux sacrements, étant donnés les faits qui ont été exposés.

2° La réponse est comprise dans la première.

3° Oui, mais à condition de prendre beaucoup de soins et de précautions pour éviter les mauvais effets provenant de l'abus de l'opium.

4° Oui, en appliquant les précautions prévues dans la réponse 3.

5° Oui, dans les conditions prévues dans la première réponse (1).

A la suite de cette décision, où la culture de l'opium paraissait dans une certaine mesure tolérée, on se demanda pourquoi le commerce et l'habitude ne le

(1) *Collectanea*, II, p. 118-119.

seraient pas. Un véritable débat s'engagea sur ces différents points. Aussi par une lettre du 4 juillet 1883 aux vicaires apostoliques de Chine, la Propagande répondait aux deux questions suivantes : 1° Le décret du Saint-Office du 27 mars 1878 doit-il être étendu à toute la Chine ; 2° Le commerce de l'opium est-il permis, ou seulement toléré ? La réponse était : le décret ne doit être appliqué que dans les provinces et pour les circonstances pour lesquelles il a été pris et seulement dans les lieux et pendant le temps où ces circonstances seront vérifiées. La lettre ajoutait que les vicaires apostoliques devaient lutter de toutes leurs forces pour extirper l'abus de l'opium spécialement par des sociétés de tempérance (1).

Et le 29 décembre 1891, le pape Léon XIII, qui traitait toutes les questions avec l'ampleur de vues qui le caractérisait, résumait en quelque sorte toutes les instructions précédentes, en faisait ressortir l'harmonie, montrait l'unité de vues qui avait présidé à leur rédaction et fixait la doctrine sur les points litigieux. Il arrivait aux conclusions suivantes :

1° La culture de l'opium n'est pas illicite en soi, mais elle devient dangereuse en Chine à cause des abus qu'elle engendre et qu'a démontrés une expérience journalière ; elle devient donc illicite et par conséquent interdite d'une façon générale aux fidèles ;

2° Il en est de même du commerce de l'opium qui n'est pas mauvais en soi, mais qui le devient à cause des graves abus qui en découlent presque pour tous et à

(1) *Collectanea*, II, p. 184.

cause des lois qui le défendent ; c'est pourquoi il doit être défendu, non seulement à ceux qui l'exercent directement, mais aussi à ceux qui le favorisent, qui prêtent sciemment de l'argent aux marchands d'opium ou qui louent des champs pour la culture de l'opium ;

3° L'usage de l'opium tel qu'il se pratique en Chine est jugé par l'Église comme un détestable abus et déclaré illicite.

4° Cet usage peut être permis à ceux qui ont contracté l'habitude et qui ne peuvent s'en abstenir complètement sans danger de mort ou sans grave dommage ; de même l'opium peut être pris pour les usages médicaux, à condition que le mode d'emploi soit conforme au mode médical ; que la quantité ne dépasse pas les doses médicales et qu'on s'entoure de toutes les précautions nécessaires pour prévenir les abus et les mauvais effets qui en découlent.

L'instruction se terminait par un encouragement aux missionnaires à faire tout ce qui dépendait d'eux pour détourner les fidèles de la culture, du commerce et de l'usage de l'opium par des avertissements constants, des exhortations, des brochures répandues dans le public, des sociétés de tempérance et par tous autres moyens qui leur paraîtraient les plus efficaces et les plus appropriés aux circonstances, aux lieux et aux personnes (1).

(1) *Collectanea*. II, p. 267-268. Après cette magistrale instruction, une autre décision du 25 avril 1894, disait : que les chrétiens qui louent leurs champs aux païens ou qui les donnent en nantissement, ne doivent pas être inquiétés, pourvu qu'ils n'imposent pas au locataire ou au prêteur la culture de l'opium et qu'ils ne reçoivent pas l'opium lui-même pour régler le prix convenu (*Collectanea*, II, p. 303).

Tels sont les efforts qui ont été tentés au nom de la morale et de la religion contre l'usage de l'opium. Le moyen de lutte le plus efficace dans cet ordre d'idées, en même temps que le plus général, le plus digne de l'homme, le plus sûr, quoique le plus lent, est à notre avis de se servir de la morale et de la religion pour créer chez les jeunes générations un idéal supérieur. Nous avons vu dans notre première partie que les fumeurs d'opium étaient presque tous des désœuvrés, des désabusés ou des désespérés. Si les individus étaient imbus d'idéal, le désœuvrement, le dégoût et le désespoir ne trouveraient pas place dans leur vie. Soutenus par une idée d'ordre supérieur, ils ne songeraient même pas à l'opium, ni à ses jouissances factices et sauvegarderaient du même coup leur santé physique, intellectuelle et morale.

CONCLUSIONS

L'opium tiré du pavot blanc (papaver sommiferum album) est transformé pour être fumé en une substance brune et fluide appelée chandoo.

Les fumeurs habituels sont en général recrutés parmi les désœuvrés, les désabusés ou les désespérés, en un mot parmi les individus qui ne sont pas soutenus par un idéal supérieur.

L'opium procure à la plupart de ses adeptes des jouissances et une ivresse en rapport avec leurs penchants, leurs goûts, leurs aptitudes et leur capacité cérébrale. Mais, pour que ces jouissances restent les mêmes et pour que les mauvais effets produits par l'opium sur l'organisme ne dépassent pas ceux qui sont agréables, les individus devront augmenter graduellement la dose du poison ; ainsi se créera un état de besoin de plus en plus impérieux et tyrannique.

L'intoxication, qui résulte de cet accroissement des doses, fait perdre à l'individu sa volonté d'abord, sa sensibilité ensuite et tout-à-fait en dernier son intelligence ; les facultés éthiques et morales disparaissent aussi, considérées sinon comme concepts, du moins comme mobiles d'action ; l'opium diminue et supprime leur influence déterminante, leur vertu directrice de la conduite. Au point de vue physique, l'opium atteint tous les organes de l'économie et au bout d'un temps plus ou moins long finit par entraîner la mort soit directement, soit indirectement.

L'opium ruine la famille au point de vue matériel et pécuniaire, au point de vue physique et au point de vue moral.

L'opium affaiblit la société en diminuant la quantité et la qualité du travail et en troublant profondément les rapports des hommes entre eux.

L'opium, comme les autres passions malsaines, empêche la marche en avant de l'humanité au point de vue scientifique, littéraire et artistique ; au point de vue politique et économique ; au point de vue moral.

Le fumeur d'opium peut se guérir, mais il a beaucoup de chances de retomber dans sa funeste habitude, car la volonté reste absente après la cure.

Parmi les remèdes généraux employés pour détourner les individus de l'opium et les préserver de ses méfaits, les uns sont tirés de la législation des différents pays et d'ententes internationales ; les autres de la morale et de la religion.

Les premiers sont nécessaires mais insuffisants, car ils se heurtent à des difficultés de toute nature, suscitées par le désir du gain, par des questions économiques, par les passions humaines qui poussent les individus aux jouissances factices et malsaines.

Ces remèdes devront donc marcher de pair avec ceux tirés de la morale et de la religion qui consisteront à convaincre l'individu et à créer chez lui une mentalité nouvelle. Un gouvernement qui appliquerait les premiers remèdes, en négligeant les seconds ou en les combattant, courrait à un échec certain.

BIBLIOGRAPHIE

Boissière (Jules). *Fumeurs d'opium*. Paris, 1896.

Bonnetain (Paul). *L'opium*. Paris, 1886.

Bosc de Vèze (Ernest). *De l'opium et de la morphine ; leur emploi, leur utilité, leurs dangers ; guérison assurée des troubles physiques du morphinisme*. Paris, 1908.

— *Traité théorique et pratique du haschich... opium*. Nice, 1904.

Broomhall. *The opium question from a new point of view*. London, 1906.

Brouardel (Pr Paul). *Cours de médecine légale de la Faculté de Médecine de Paris*. Opium, morphine et cocaïne, 1906.

Brunet (Dr). *La mort des fumeurs d'opium*, Paris, 1903.

— *Une avarie d'Extrême-Orient. La fumerie d'opium et possibilité de la guérir*. Paris, 1903.

Clair (J.-B.). Causerie sur l'opium. *Annales de la Société des Missions étrangères*, 1909.

Collectanea Sac. Cong. de Prop. Fid.

Dalloz. *Répertoire de Jurisprudence*.

Dassier (Pierre). La répression de la contrebande en Indo-Chine, in *Dépêche coloniale*, 22 août 1911.

Davenport (Arthur). *China from within. A study of opium fallacies and missionary mistakes*. London, 1904.

Delphi (Fabrice). *L'opium à Paris*. Paris, 1907.

Demontporcelet. *De l'usage quotidien de l'opium. Les mangeurs d'opium*. Paris, 1874.

Desroches (Henri). Les divers systèmes de fiscalité aux colonies, in *Dépêche coloniale*, 20 novembre 1910.

Dupré (Dr Ernest). *L'affaire Ullmo. Extrait des archives d'anthropologie normale et pathologique*. Lyon, août-septembre 1908.

Edkins (Dr). *Opium historical note or the poppy in China*. Shanghai, 1889, publisted at the statistical department ot the inspectorate general of customs.

Farrère (Claude). *Fumée d'opium*.

Fonssagrives. Article opium, in *Dictionnaire encyclopédique des sciences médicales*.

Fontenoy. La Chine morphinomane, in *Dépêche coloniale*, 22 janv. 1911.

Fox. *Observations in China with especial references to chinese colonisations; the french, the opium question in English colonies*. London, 1884.

Fuzier-Herman. *Répertoire général alphabétique du droit français.*

Gazette de Hollande, décembre 1911 et janvier 1912.

Gide (Paul). *L'opium*. Paris, 1910.

Hamelin (Maurice). L'opium, in *Dépêche coloniale*, 22 février 1911.

Has China proved her sincerity? London, 1910.

Hill. *The indo-chinese opium trade considered in relation to its history, morality and expediency and its influence in christian missions*. London, 1884.

Jeanselme (Dr E.). *Fumeurs d'opium*. Extrait du *Bulletin de la Société de l'Internat*, février 1909.

— *La question de l'opium en Extrême-Orient à l'époque contemporaine*. Extrait de la *Revue scientifique* du 7 mai 1910.

Kane. *Drugs that enslave, the opium, morphia, chloral and haschich habits*. Philadelphie, 1881.

La Chine et le commerce de l'opium. *Dépêche coloniale*, 13 mai 1911.

La Chine et l'opium Indien, *Dépêche coloniale*, 21 avril et 16 mai 1911.

La lutte contre l'opium en Chine. *Semaine Médicale*, 3 mai 1911.

La question de l'opium. Que fera l'Angleterre? *Revue Jaune*, 15 mai 1911.

Laurent (D^r). *Essai sur la psychologie et la physiologie des fumeurs d'opium*. Paris, 1897.

— *L'opium*. Extrait du *Bulletin de l'Institut général psychologique* de décembre 1902. Tours, 1903.

Les grains et céréales au Yunnan. *Quinzaine coloniale*, 25 nov. 1910.

Lettres de Chine. *Dépêche coloniale*, 9 janvier 1911.

Liber (Henri). L'opium et la Chine. *Dépêche coloniale*, 11 janvier 1911.

Liberman (D^r). *Les fumeurs d'opium en Chine. Etude médicale*. Boulogne-sur-Mer (1886).

Martin (Dr E.). *L'opium en Chine, étude statistique et morale*. Paris, 1871.

— *L'opium, ses abus, mangeurs et fumeurs d'opium; morphinomanes*. Paris, 1893.

Matgioi (A. de Pouvourville). *L'esprit des races jaunes. L'opium, sa pratique*. Paris, 1903.

Message from the President of the United States, transmitting the report of the committee appointed by the Philippine commission to investigate the use of opium and the traffic therein, and the rules, ordinances and laws, regulating such use and traffic in Japon, Formosa, Shanghaï, Hong-Kong, Saïgon, Singapore, Burma, Java and Philippine Islands; and inclosing a letter from the Secretary of war submitting the report for transmission. Washington, 1906.

Meunier (Raymond). *Le haschich. Essai sur la psychologie des paradis éphémères.*

Millant (Dr Richard). *La Drogue.* Paris. 1910.

— Un coin de Chine à Londres. Les fumeurs d'opium de l'East End. in « *A travers le Monde* », 19 novembre 1910.

Pannier (Jacques). La lutte contre l'opium. Etat actuel de la question. in Revue « *Foi et Vie* ». 16 mai 1910.

— *La lutte contre l'opium.* Paris, 1911.

— *Mémoire sur la question de l'opium telle qu'elle se présente en France et dans les colonies françaises.* Cahors et Alençon, 1911.

Pouvourville (Albert de). *Comité des Congrès coloniaux français.* Congrès de 1908, à l'Ecole des Hautes-Etudes commerciales. Paris. L'opium. Conférence donnée le 1er juin 1908.

— En Indo-Chine; les projets fiscaux, in *Dépêche coloniale*, 2 mai 1911.

- La deuxième conférence de la Haye, in *Dépêche coloniale*, 1er et 4 juillet 1911.

Réveil (O.). *Recherches sur l'opium. Des opiophages et des fumeurs d'opium.* Thèse Paris. 1856.

Rhodes (Jean). La lutte contre l'opium au Yunnan, in *Bulletin de la Société de Géographie*, 15 mars 1911.

Robert (Paul). L'opium en Indo-Chine, in *Dépêche coloniale*, 11 mars 1911.

— Nos achats d'opium dans l'Inde, in *Dépêche coloniale*, 27 juillet 1911.

Simon (Nikolaus). *Uber Darstell ng undz usammensetzung von Rauchopium sowie die im opiumranch wäksamen Stoffe.* Thèse de Berne, 1903.

Straits settlements and federated Malay states opium commission. Procès-verbaux publiés à Singapore, 1908.

Vabran (Gaston). Le coton contre l'opium, in *Dépêche coloniale*, 19 août 1911.

TABLE DES MATIÈRES

Saint-Brieuc. — Typ. F. Guyon (555-2-12).

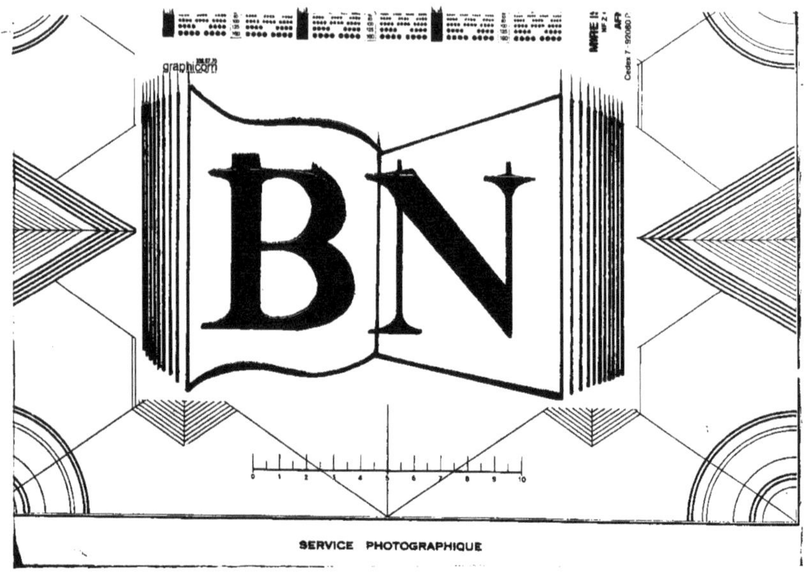

graphicom
BN
SERVICE PHOTOGRAPHIQUE

www.ingramcontent.com/pod-product-compliance
Ingram Content Group UK Ltd.
Pitfield, Milton Keynes, MK11 3LW, UK
UKHW020604230726
13926UKWH00005B/2187

9 782016 190449